叢書・ウニベルシタス　1035

ライプニッツのデカルト批判・下

イヴォン・ベラヴァル
岡部英男・伊豆藏好美 訳

M. フィシャン，谷川多佳子 解説

法政大学出版局

YVON BELAVAL
LEIBNIZ CRITIQUE DE DESCARTES
N.R.F. Bibliothèque des idées, Éditions Gallimard, 1960

目次

第三部　世界観

第六章　自然学の基礎　385

形而上学に遡る必然性　385

I

可能的なもの——デカルトの場合　386／ライプニッツの場合。可能的なものをライプニッツは実在的なものの尺度とする　392

II

偶然的なものは、デカルトにとっては神の意志にのみ依存する　396／ライプニッツにとっては、第一に、至高の知性に依存する。そこでは共可能的なものが可能的なものに最善の考察を付け加える。現実存在する諸真理は完了し得る分析を超える。十分な理由の原理の場所　398／第二に、神の意志に依存する。デカルトの場合は判断するためには欲しなければならないのに対して、ライプニッツの場合は欲するためには判断しなければならない　408／第三に、至

高の意志と知性との関係に依存する。選択：最善の決定と創造　411

Ⅲ

合目的性、偶然性の根源　419／創造する意志の目標であるためには、世界はまず神の知性の対象でなければならない　419／目的の価値をもつためには、世界はさらに組織化されていなければならない。あらゆる組織は異質性を含む。デカルトの機械論の仮説への批判　421／全体の建築術。最善の決定。〈最善と最大〉　424／デカルトに対して、光学の法則から与えられた合目的性についての証明　429／「最も決定されたもの」の定義は「最も決定的なもの」になる。連続的変化の〈最善〉としての完全性。完全なものは絶対的で、不完全なものは相対的　432／支配原理：諸部分を組織化する全体　435／未来の組織化、または到達すべき目標。第一に、「魂に満ちた」世界。動物－機械論への批判　436／第二に、すべてが魂で満ちているならば、時間は連続的で、終わりは始まりの条件である。原因からの時間（デカルト）と目的からの時間（ライプニッツ）。場所的運動と運動－過程との類比的な違い　441／要約：プラトン（ライプニッツ）対アナクサゴラス（デカルト）　450

Ⅳ

実在的なものの合理性、デカルトでは仮説的、ライプニッツでは絶対的　453／可知的ではあってもそれ自体では非理性的な、魂とは無縁の物質に、ライプニッツは物質－魂を対置し、対象の側の論理と主観の側の論理との一致を予示する　454／ライプニッツにとっての非理性的なものは、第一に、被造物の制限性において。第二に、分析の無終極性において要約される　455／実在的因果性と観念的因果性　456／それらの関係　459／因果関係の可知性　468／結論：〈原因すなわち理由〉という定式はライプニッツに関わるが、デカルトには適用できない　474

第七章　自然学の諸原理　477

I

決定論。ライプニッツはこの概念にデカルトよりも近づいているように見える　477

II

法則の観念もまた同じく、われわれの哲学者においては現在のような定式化を与えられてはいない　480／デカルトにとっての自然とライプニッツにとっての自然　481

III

諸原理とそれらが確立される方法　485

IV

構造の諸法則：感覚的なものと感覚できないものとの主観的な対比。デカルトは一方から他方への移行で、結果的にア・プリオリなものとア・ポステリオリなものの間に裂け目を残し、ライプニッツはそれを連続律により消去する　487／不可視の構造により説明された物体の多様性。それはデカルトではア・プリオリに、ライプニッツによってはア・ポステリオリに説明される　491

V

量的諸法則。ライプニッツによる級数としての法則概念　494／心身関係。心理学的法則と歴史的法則　498

Ⅵ

デカルトと自然学における経験〔実験〕 499／ライプニッツの批判 502／しかしライプニッツはデカルトと同じく経験〔実験〕に従属的な役割しか与えていない 503

Ⅶ

学知における感覚的なものの場所 507／感覚的なものの主観性をデカルトは魂とは異質な実体の侵入として解釈し、ライプニッツはすべての被造物に本来的な制限として解釈する 508／感覚的なものの理論的意味 511／実践的意味 514／自然学における感覚の効用 515

Ⅷ

自然学の数学化。デカルトの場合 518／ライプニッツの場合 519／デカルトとライプニッツは量を同じ仕方で考えてはいない。機械論はライプニッツにとっていかなる点で部分的に想像的なところを有するのか 520／デカルト的機械論の第一の超克：動力学 522／第二の超克：目的論 523

Ⅸ

その数学化の失敗。彼らが数学から取り上げるのはその方法の確実性の源泉だけである 525／デカルトとライプニッツはアプリオリズムのもとで再合流する 527／彼らは計測を行わない 529／そこに彼らの応用自然学の失敗の原因がある 531

Ⅹ

蓋然的なもの。ライプニッツも確率〔蓋然性の〕計算を諸学に応用してはいない 531／デカルトにおける確からしいこととは可能的なものから考察された現実存在である 535／ライプ

結　論　555

◉上巻目次

凡例

一、本書は Yvon Belaval, *Leibniz critique de Descartes*, Paris, N.R.F. Gallimard, 1960 の翻訳である。原書は当初 Bibliothèque des Idées 叢書中の一冊として刊行され、一九七八年には同書店の Collection TEL 叢書中の一冊として再版されているが、版による内容の異同はないものと思われる。刊行にあたっては上・下巻に分冊化し、上巻には序文、第一部および第二部を、下巻には第三部および結論ならびに文献一覧・解説等を収録した。

一、原注は章ごとに番号を通し、巻末にまとめて訳出した。

一、原文中のイタリック体には、訳文では原則として傍点を付した。また重要な語句については、必要に応じて原語を（　）内に入れて明示した。

一、原文中のラテン語（およびギリシア語）は〈　〉に入れて表記し、さらにイタリック体の場合には加えて傍点を付した。

一、訳者による注や補足は、適宜〔　〕内に挿入した。

一、原書に散見された誤記のうち、自明な誤植についてはとくに断りなく訳者が訂正を加えた。それ以外の変更点は、〔　〕を用いて訂正の中身を示した。

一、原書で目次と本文中での節の区切りが異なっている箇所については、目次に合わせて本文中の節の区切りを適宜変更した。

一、翻訳の分担については、第六章を岡部が担当し、第七章および結論を伊豆藏が担当した。全体にわたり訳者間での訳文の検討・調整を行い、また可能な限り訳語の統一を図った。

一、原注で用いられている文献の略号は以下の通りである。

《デカルトの著作》

A. T. : *Œuvres*, édition Charles Adam et Paul Tannery, 11 volumes + t. XII Biographie + Supplément. Paris, 1897-1913.

A. M. : *Correspondance* publiée avec une introduction et des notes par Charles Adam et Gérard Milhaud. t. I-VI, Paris, 1936-1956.

《ライプニッツの著作》

R. : *Gottfried Wilhelm Leibniz Sämtliche Schriften und Briefe*, herausgegeben von der preussischen Akademie der Wissenschaften. Darmstadt. Erste Reihe, Bde. I, II; Zweite Reihe, Bd. I; Vierte Reihe, Bd. I; Sechste Reihe, Bd. I. 1923-1931.〔ただし、訳者による註や補足では、現行の慣用に従い略号としてA.を用いた。〕

P. : *Die philosophischen Schriften von Gottfried Wilhelm Leibniz*, herausgegeben von C. I. Gerhardt, 7 Bde., Berlin, 1875-1890.

M. : *Leibnizens mathematische Schriften*, herausgegeben von C. I. Gerhardt, Bde. I-II, London-Berlin, 1850; Bde. III-VII, Halle, 1855-1863.

第三部　世界観

第六章　自然学の基礎

可能的なものについて人が作り上げる考え方、そしてそれを通して偶然的なもの、蓋然的なもの、真実らしいもの、仮定的なもの、等々について人が作り上げる考え方に従って、経験〔実験〕の概念は変化する。ところで、十七世紀において――十八世紀においてさえ、経験という語は、一つの方法の実際の使用を意味するというよりも、哲学的理念を意味しているが――概念はなお実践とまったく同程度に、しばしばそれ以上に重要であった。パスカルに関してA・コイレは、「行われていない実験や行うのが不可能な実験の科学における役割について非常に示唆的な書物(1)」が書かれるほど、十七世紀の科学的文献には架空の実験〔経験〕が多かった、と指摘することができた。ではそうした経験はどのように獲得されたのであろうか。道具〔器具〕は不足していたか、あるいは未発達なままであった。経験という観念は学者にとってさえ、それが無学な者にとってさえ今日得ているような実験的背景を、ほとんども得なかった。科学的精神が、一八三五年までガリレオを禁書目録に入れたままにしておく神学的命令から、どの点で解放されねばならなかったかだけでなく、G・バシュラールが示したように、事物に魂を与えたり風変わりなものを気にかけたりする想像力に科学的精神がどの点で精神分析を施さねばならなかったのか、こうしたことを理解するためには、『学術雑誌』の最初の巻（一六六五年）を参照するだけで十分である。そこではきわめて有効な観察と、われわれにとっては信じ難くなった証言――例えば、人魚との出会いについての証言であり、この話は一世紀後にロビネがまじめに再びとりあげることになる(2)――とが隣り合っている。ライプニッツその人に「きわめて異常な角をもったノロジカの姿(3)」に関する最初期の論文を書かせたのもそうした物珍しさではなかったか。神学的命令と感情的欲動との狭間で、科学者の精神が少しずつ実証的になっていくのは、抽象的で合理的な、形而上学的反省をとおしてである。したがって、自然学の基礎を理解するためには、そうした反省に立ち戻ることが重要である。

I

可能的なものについての考え方を、デカルトは創造された論理に結びつけ、ライプニッツは創造されざる論理に結びつける。

二人とも可能的なものの伝統的定義を繰り返している。すなわち、矛盾をまったく含まないもの(4)、という定義である。しかしすぐにデカルトは、そうした矛盾はわれわれの知性に関係する(5)、と明言する。つまり、可能的なもの――あるいは不可能なもの――が問題であるのはわれわれの思考においてであって、存在においてではない。有限な被造的知性の法則は、無限な存在、創造者の尺度ではあり得ず、その全能を限定することはできないであろう。数学においてさえも、われわれの論理は、それ自身の力によって無限への移行を可能にするような原理を含んではいない。かくして――神にとっては〈見て取ること（*videre*）〉と〈欲すること（*velle*）〉は一つのことでしかないから(6)――神の中に可能的なものについての思考があるとわれわれが肯定できる論拠は何もない。可能的なものがもつ現実存在への要求については語らないことにしよう。つまり、それを説明するためには、われわれは、われわれの創造された論理に創造されざる論理の地位を与えなければならないであろう。神は、すでにそこにある諸観念、直観に先行する直観の対象を、自分のなかに見出さねばならないであろうが、これは創造された知性に相応しいのであって、創造する精神に相応しいのではない。結局のところそうした理論は、ライプニッツにおいてそうであるように、観念が形相〔イデア〕としての働きをもつよう求めることになるだろう。デカルトはいつもわれわれを、われわれの知性の限界に立ち返らせる。その向こうは、われわれの理由にも、われわれの理性にも還元できない神の全能が支配する。換言すれば、原因は観念に還元できないひとつの力である。意志と観念を互いに、ライプニッツの仕方で、十分な理由の原理のもとで、一方を他方に帰着させるためには、意志は観念の連続でなければならず、そのために観念は、可能的なものがもつ現実存在への要求を基礎づけるような形相的働きをもっていなければならないであろう。しかし、デカルトにおいては、諸原因がそれら自体で、われわれが連続性や合目的性といった論理的原理を確立できるような可知的世界を、少なくともわれわれにとって構成することはない。諸原因の実在性は、われわれにとっての可能的なものを超え出ている。カントがライプニッツに反対して、実在的な可能を論理的な可能と同一視するのを拒絶するとき、カントはデカルトが示した結論に、別の途を経て至ることになる。「というのも、なんらかの事物自身のうちに、このものの存在することを阻害するような何ものも知解されなくて、それでいてその際に、原因の側においては、このものが産出されるのを妨害するような何ものかが知解される、ということがあり得るからである」(8)。

しかしながら、実在的なものがわれわれの判明な観念に対応していなかったなら、神は欺瞞者であることになろう。われわれのもつ可能的なものから実在的なものへの移行は、可能的なものについてのわれわれの内なる直観と、神の誠実への信頼とに基づくだろう[9]。最初の基準は、矛盾を孕んでいないとわれわれが識別する必要のある一切の複合概念にとっての論理と、結局は同じ役割を果たす。第二の基準は神学的なものだが、次の二つの場合だけは、それが介在する必要はない。すなわち、〈コギト〉が問題である場合と神が問題である場合には、われわれは事物それ自身の直観をもっているからである。それ以外の場合にはどこでもそれ〔第二の基準〕は介在する。それは、完全な形而上学的または実践的確実性の基礎である[10]。したがって、可感的認識において、あるいは感情によって、判明な観念が欠けているところでは、まさにこの第二の基準が物質的事物の存在を信じるわれわれの衝動を保証する。すぐにこう指摘されるだろう。思考と実在的なものとの一致を、まったくの論理的な原理に基づいて確証せずに――そうすることは創造されざる論理を含意し、それゆえに現実存在の創造者ではあっても本質の創造者ではないような神を含意することになったであろう――神学的原理に基づいて確証することにより、デカルトは、ライプニッツが自分の認識理論全体の基礎にしている〈表出〉理論に比肩し得るような、〈表出〉(*expressio*)理論を完成できなかったと。すなわち、デカルトにおいてはわれわれの思考と実在的なものとの一致は、ライプニッツにおけるように存在の本性からの帰結ではもはやあり得ず、全能の神からの恵み深い賜物であり、――機会原因論に関するライプニッツの言葉を借りれば――一種の機会原因論による不断の奇蹟である。〈表出〉に関する純粋に論理的な理論の欠如は、われわれの知性の限界に注意を払うデカルトに、実在的なものが端から端まで合理的であるのを肯定する――または否定する――ことを禁じる。ここからまず最初に、ある種の躊躇が生まれると思われる。デカルトは可能的なものについて、あるときは実在的なものよりも大きくないと言い、またあるときは実在的なものよりも大きいと言っている。可能的なものが実在的なものよりも大きくないのは、われわれにとっての可能的なものが――本質に関してであれ現実存在するものに関してであれ――偶然的な創造物にすぎないからである。[11] さらに、「推論の力」では理解できない「無数の異なる仕方で[12]」神が調整することができた基本要素が問題だからである。あるいは、「神がすべてのものを作り得た無数の相異なる仕方」が問題だからである。「そうした各々の仕方によって神はこの世界のすべてのものが今そう見えるようになし得たのだが、そうしたすべての仕方のうちどれを神がすべてのものを作るのに用いることを望んだか、これを人間精神は認識できない[13]」。われわれが語りうる唯一可能的なもの、すなわち、われわれにとっての可能的なものは、実在的なものの無限の――または無際限の――豊かさのこちら側〔手前〕にとどまる。そもそも、可感的質は無意識的判断から構成されるのではない。さらには、学知においてさえ、機械的曲線は代数幾何学による知解を超越していることにならざるを得ないのである。しかしながら、われわれの有する可能的なものは実在的なものよりも大きい、と言うこともできる。すなわち、デカルトはこう繰り返している。私の哲学の原理は「きわめて広大であるので、そこから、われわれが世界のうちに見るものよりもはるかに多くのものを、さらにまた、われわれが一生の全時間に思考によって通覧しうる……よりもはるかに多くのものを演繹することができる[14]」。たとえ混沌状態からであろうと、われわれは現実世界を再創造することができる。というのも――スピノザに通じる主張をそこに見て取ってしまうライプニッツにとっては大いに問題のある言い回しだが――自然法則「のおかげで物質は、それのとり得るあらゆる形を、つぎつぎにとるので、それらの形を順序正しく考察するなら、ついにわれわれは、現にこの世界のものであるところの形に、到達し得るであろう[16]」からだ。しかし、デカルトは矛盾したことを言ってはいない。彼にとっては、彼が無限を考えるたびにわれわれの可能的なものは実在的なものよりも大きくはなく、われわれの知性が実在的なものの尺度であり得るたびに逆のことが起こるのである。量的な無限でさえもわれわれを超越しており、それについてわれわれは無際限なもののように語れるにすぎない。では、個別的なものの方へ向かおうとしたらどうか。われわれは、物質の基本要素の実在的な大きさ、速度、軌道を考えるのに必要な理解力をもってはいないし、組合せによって現実世界を形成することができた手段のすべてをもっているわけでもない。しかしながら――そしてまさにここで、われわれにとっての可能的なものは、創造された実在的なものの全体を包括するのだが――魂は尊厳において物体に優っており、魂は世界の表現の原因となり得るだけの実在性を、魂自身のなかにもっている。つまり、「物体的な事物の観念に関していえば、これらのなかには、私自身から生起したとは思えないほどに大きい優れたものは何も見あたらず……」、さらに「それら物体的事物の観念のうち若干のもの、すなわち、実体、持続、数、その他これに類するものは、私自身の観念からとりだされ得たように思われる[17]」。ところで、私が判明に把握する――したがって、神の誠実によって保証される――ものとは、要するに機械論の諸原理である。例えば、大きさ、形、それぞれの位置、運動、数、持続、実体は、私の外に実在的な現実存在をもっている。それらは、神が創造した永遠真理から創造され得るすべての可能的なものの、まさしく鍵〔手掛かり〕を私に与えてくれるのであって、すべてはそうした創造された永遠真理に対応する機械的仕組みから機械論的に作られるのである。ただし、われわれにとっては、原理の普遍的一般性から事実の個別性へと下降するにつれて困難が増大することになろう。権利問題としては、私はすべての事実を演繹できる。すなわち、原因から結果へ降りることができる。実際には、私の原理の知性的な豊かな働きは、実現可能なもの以上に多くの仮説を生み出してしまうために、それらのうちのどの仮説が実際に実現可能かを私は自分の知性の力だけで決定できない。そこで、結果から帰納的に原因をつきとめることを可能にしてくれる経験〔実験〕が私には必要となる。しかしながら、もっと注意深く見れば、デカルトにとって、演繹においてわれわれを押しとどめ、われわれが経験に頼らざるを得なくするような困難は、たんなる事実的な困難ではなく権利上の困難でもあることが分かる。二種類の可能的なものがある。すなわち、可能的なものは、演繹されるか、帰納されるか、である。ある原因から私が可能な結果を演繹するのか、あるいは、ある結果から私が可能な原因を帰納するのか、のいずれかである。第一の場合、明確になるのは精神の優越性である。すなわち、そうした精神のもつ可能的なものは、創造された実在的なものよりも大きい。しかしそうした可能的なものは、「すべてのうちでいちばん普通で、いちばん単純で、したがっていちばん認識しやすい[18]」事物の段階に位置づけられる。私が「もっと特殊なもの」に降りていこうとするやいなや――私はこの第二場合、私のもつ可能的なものを帰納しなければならないだろう――「私の前にはじつに多種多様なものが現れたので、もし神が望めば地上に存在することのあり得た、ほかの無限に多くのものから、現に地上に存在している物体の形相ないし形質を区別することも……人間の精神には不可能だと思われたほどだ[19]」。そうした「ほかの無限に多くの」形相と「神の意図」とによって、われわれは、有限な創造された「人間精神」がそれ自身の可能的なものを超越できないという権利上の無力さに再び陥る。すなわち、われわれの可能的なものが実在的なもの全体を包括していないことを、われわれは改めてもう一度認めなければならないのである。

デカルトの推論を素描しよう。ただし神の無限性の権利を繰り返したり、精神が世界についての学知をもつことができるようにする、物体に対する魂の優位について繰り返したりはしない。『「哲学」原理』第三部と第四部の方法論はこう要約されるだろう。すなわち、仮説‐演繹的体系がしだいに複雑になりながらも一貫性を少しも失わず、経験によって反証もされないとき、「事物が、われわれがそれについて判断するのと別のものであることは決して可能ではない、とわれわれは考え[20]」、われわれはそれについての実践的確実性をもつのである。ところで、事物が別様にあると考えることの不可能性が依拠しているのは明証性による強制であり、それが可能的なものから実在的なものへ移行するための第一原理なのであった。ところが、演繹的な明証性は、神の誠実の原理という、第二の原理によって保証される。実践的確実性は、それによって形而上学的確実性に高められる。いつものようにデカルトにおいては、神の誠実という神学的原理が、極限への移行という〔それもまた〕われわれを実践的確実性から形而上学的確実性へと導いてくれるはずの手続きを打ち切る。デカルトはここでまさに、接線決定問題において、〔補助的量eを〕ゼロにするという操作をせずに方程式の根の判別式をゼロと見なすことにより、割線の極限への移行を——それがフェルマに対してデカルトの接線の定義となるにもかかわらず——ごまかした際とまったく同じようにふるまっている。神の誠実という神学的原理はデカルトにおいては、彼が拒絶する——おそらくはどんな直観主義も拒絶する——創造されざる論理に代わる位置を占めている。

われわれが先ほど注意を促した可能的なものの学説の部分に関する、ライプニッツとデカルトの対立項のすべてを遂一詳説することは不必要であろう。われわれは途中でライプニッツの名をあげた。つまり、彼の体系のもっとも知られた命題に言及して、われわれは彼のことを考えていることを十分に示した。デカルトに反対してライプニッツは創造されざる論理の存在を信じていること、ライプニッツにとって神はもはや本質の創造者ではないこと、神における無限数の可能的なもののおかげでデカルト形而上学はスピノザ的帰結に陥るのを免れうること、観念の形相的働きのおかげでそうした可能的なものはそれ自身から現実存在を目指すこと、これらは誰もが知っている。他方からすれば、神の誠実という神学的原理をひとたび拒絶すれば、実在的なものは、われわれにとってだけでなくそれ自体においても合理的なものになる。認識にとっての可能的なものは存在へと及んでおり、すべての実在的なものが思考において表出されている。なぜなら、どんな思考も実在的なものの総体を論理の唯一の諸法則により表出しているからである。

ただし、神の思考にとっては判明で制限のない表出も、人間の思考にとっては無限の段階を経て無意識に至るような仕方で混濁しており、被造的世界に限定されている。デカルトにおいては、現象の原因は観念に還元できないままであった。つまり、二元論と機械論は結局のところ、現象の原因を実在的な延長と運動、すなわち、魂の実体性と実在的に区別された延長する物質の実体性に与る延長と運動に帰していた。ライプニッツにおいては、すべてが〈機械的に〉(*mecanice*) 生じるとしても、延長と運動はもはやよく基礎づけられた現象にすぎない。魂の本性に属しデカルトの物質に属するのではないモナドに、実在的なものは帰着する。それゆえに、機械論は十分ではない。機械論は、神の選択と観念と諸観念の働きとを前提する。それらは延長と運動との現象を基礎づけているのだから、〔実在的な延長や運動とは〕まったく別の仕方で実在的である。そうした実在的観念は次の二つを含んでいる。第一は〈位置〉(*Situs*)、すなわち各モナドの視点、の観念である。これが自分の系列の論理法則によってその個体的本質を定義するものである。第二は、合目的性と偶然性とを包蔵する選択原理である。だから、現象の原因が論理的〈理由〉(*ratio*) に帰着することは疑いない。〔物体は〕たとえ〈瞬間的〉であろうとも、とにかく〈精神〉なのだから、それにとって原因はすべて何らかの理由であるほかはない。このことにより打ち壊されるのは、物質と精神という根源的な二元論であり、さらには知性と意志の二元論であるが、後者もまたデカルトの体系では静止と運動の対立と同じくらい根源的な二元論である。その結果、可能的なものは実在的なものの尺度であるということになる。実在的なものは可能的なものがもつ存在への要求を越えないからである。けれども、神の知性に属する実在的なものと創造された実在的なもの——実在的 (*real*) と現実的 (*wirklich*)[21] ——とを区別しなければならない。すべての可能な原因や観念は可能な結果を包蔵している。そしてだからこそ、神においては無限数の可能的なものが無限数の可能的なモナドを決定している。しかし、創造された世界のすべての可能な——あるいは、われわれがまもなく見るように、共可能的な——原因や観念は、創造された実際の原因や観念となる。だからこそわれわれの世界は——それはすなわち、世界の中のすべてのモナドということだが——その歴史全体を完成するよう運命づけられている。すなわち、その系列の法則が包蔵しているすべての可能的なものの無限性〔無限に多くの可能的なもの全体〕を実現するよう運命づけられている。ここでもまた、実在的なものは可能的なものを越えないと言わなければならい。このことは、われわれのうちで、各モナドのうちで、依然として真であり、そこでは創造された世界の全体——過去、現在、未来——が表出されるのである。しかし、われわれにとってはどうなのか。われわれの認識は限られている。確かにそうである。ただしそうした制限は、デカルトにおけるのともはや同じ意味ではない。デカルトにおいては制限は外延的なものであり、限定された受動的な延長というイメージ——後にマルブランシュによって活用されることになるイメージ——に関わっている。観念は直観の受動的対象であるのだから、そうなるのも当然のことである。ライプニッツにおいてはその制限は内包的である、と言うべきであろう。有限な一〔一性〕における無限な多の表出は、無意識の無限に多くの段階で、表出されるものの凝縮を要求する。われわれは意識の領野の外に出る必要はない。われわれにとっての可能的なものが経験可能なものを超え出ていることもあり得るのは、それら可能的なものが、実際に現実存在へともたらされる以上の数の共可能的なものを結合する創造されざる論理によって措定されているからであり、それゆえにライプニッツにとっての法則は、後で見るようにデカルトが顧慮することのない建築術的な諸原理を含意することになる。ライプニッツは実在的なものの合理化においてデカルトよりも（文字通り）無限に先まで行くが、実在的なものは彼の体系においては可能的なものと同じ生地でできているのである。デカルトの主張とは反対に、「例えば人間の顔にも、その輪郭が幾何学的な線の一部をなさず、一定の規則的運動によって一気に描けないような顔はない」[22]のであって、質もそれ自体が知性化されて判断となる。説明するとは、ライプニッツにおいては明示すること（*explicier*）であり、デカルトにおいては再構成すること（*reconstruire*）である。実際には、われわれの可能な説明の一般性と、説明すべき事実の汲み尽くせぬ個別性との隔たりを埋めるために、両者ともに経験を必要としている。両者にとって、可能的な一般性は実在的なものよりも大きく、同時に、実在的な個別性はわれわれの可能的なものよりも大きい。しかしながら、経験に頼ることは両者にとって同じ意味をもっているのではない。デカルトにおいて経験が必要になるのは、幾何学者が事物を構成している図形を中断されない運動によって演繹することがもはやできなくなったときである。そのとき、経験によって幾何学者は、そこから仮説的に再出発できるような図形を思い浮かべて、いわば問題が解かれたものと仮定することができる。「結果から原因をつきとめる」という言い方とは裏腹に、経験に頼ることが演繹的な着想に由来しているのが見て取れる。ところがライプニッツにおいては、経験に頼ることが必要になるのは、分析家が――論理学者でも数学者でも構わない[24]――十分な理由にまで遡ることができなくなったときである[23]。そのとき、たとえ数学においてであってもまず重要になるのは、事実を集めて記述し分類することであり[25]、その結果、諸事実に内在する論理[26]が明らかとなり、それらの事実の諸理由を結びつける一つの体系ができあがるようにすることである。ここでも、われわれの二人の哲学者のうちでより論理学者であるライプニッツにおいては、まさにそのために、経験に頼ることは帰納的な着想に由来しているのであり、ここからわれわれは、なぜライプニッツがあれほどしばしばデカルトは経験を無視していると非難したのかを理解し始めることになる。

II

われわれは、可能的なものの概念を論じ尽くしはしなかった。すなわち、その分析は偶然性の概念に導くのである。二つの概念が混同されるからではない。デカルトにおいて偶然的なものは、可能的なものをわれわれに対して設定する。われわれの論理はそれ自体創造された偶然的なものだからである。それはわれわれにとって実定的な事実の創設であり、われわれの論理の管轄外のことなのである。ライプニッツにおいて可能的なものは、あまりにもすぐに繰り返されるように、偶然的なものを基礎づけるのに十分ではないが、それに貢献している。そしてその可能的なものが偶然的なものに対して、創造されざる論理の権限を導入する。その論理が絶対的であり、われわれにとっても神にとっても同一であるのは、われわれは同じ関係〔比〕において神と一致しているからである。もちろん、われわれの二人の哲学者において、偶然的なものが現実存在するものを規定するのである。

デカルトにおいては偶然性が関わるのは意志だけである。すなわち、本質と現実存在の創造者である神の意志であり、自らの自由意志によって帝国のなかの帝国であるように見える理性的被造物の意志である。全能の神を強いることができるような可能的なものそれ自体など存在しないし、神の似像たる人間自身においてさえ、意志は絶対的な始原となる能力である。したがって、神に関してであろうと人間に関してであろうと、現行の秩序を覆す孤立した意志作用のクーデタを認めることに何の矛盾もない。すなわち、それ自体として結びつき合っているものなど何もないし、結びつくものや結びつきを保っているものはすべて、至高の意志の恩寵によるのであって、論理的必然性によるのではない。さらに、われわれには創造されざる論理など知る由もなく、われわれの創造された論理は瞬間的直観を原理としており、瞬間は互いに他の瞬間から独立しているため、演繹的な結びつきは結局のところ、連続的創造と欺かない神という二重の神学的原理によって初めて保証されるのである。ライプニッツは『哲学原理』の自然学に対抗するために連続性という（論理的な）原理で武装することになるが、デカルトの主意主義に——と同時に直観主義に——内在するこうした不連続性ほど、連続性の原理に反するものはない。その不連続性が、われわれの自由意志と神の予定との一致を理解することをどのように妨げるか、ここでは追求しないが、デカルトは、ゴルディオスの結び目〔難問〕をほどく〔解決する〕代わりに断ち切ることになるはずであり、ライプニッツによれば、それは哲学者の振る舞い[27]ではないのである。われわれは世界の偶然性だけに話をとどめておこう。世界が偶然的であるということがデカルトにとって意味しているのは、神は自らの創造的意志だけによって、この世界とは、相対的にではなく絶対的に異なった、別の世界を創造できたということである——そうした世界では、例えば、円は等しい半径をもたないであろうし、谷のない山もあるだろう[28]。要するに、われわれの論理からは考えられない世界である。だから、問題になっている別の世界とは、例えばライプニッツも認めているような[29]、空間が三次元より多くの次元をもつような、しかし、その世界についての非ユークリッド幾何学をわれわれの論理が包摂できてしまうような、そんな世界ではない。つまり、そうした非ユークリッド的世界はわれわれの世界と相対的に異なっているにすぎないであろうし、したがって、一連のそうした世界は同じ論理によって互いに関連づけられ得るだろう。そうではなく、絶対的に別の世界が問題なのである。われわれの自然学の法則は、だから絶対的に偶然的だと思われる。そしてデカルトにおいてはいつものように、一方は神学に属し他方は論理学に属する二つの原理が、そうした法則の認識を基礎づけるために必要となる。神学的原理——その不十分さをライプニッツの論理主義はすぐに非難するが――は神の不変性の原理であって、これが自然学の法則の恒久性をわれわれに保証し、したがってそうした法則の存在自身を保証するのである。他方、そうした法則がわれわれの論理と一致する――すなわち自然学が数学化され得る――のは、そうした法則がわれわれの論理とともに共‐創造されたからである。だから理論的――すなわち幾何学的――な自然学はわれわれに許されている。すなわち、神の誠実によって保証されている。換言すれば、われわれの可能的なものはこの世界の可能的なものであって、われわれの可能的なものの無‐矛盾性による結びつきは、法則の客観的連鎖に対応し得るのである。しかしながら、われわれの論理の根本的基準、すなわち直観は、われわれが次のことを行うのを同時に妨げる。すなわち第一に、われわれの理性を一つの全体を形づくる諸原理の総体のように描くことである――デカルトはロックと同様に諸原理の一覧表を作る気などはなく、直観主義はそうした意味では経験論に近い(30)。第二に妨げられるのは、世界を有限あるいは無限として――デカルトは無際限なもので満足しなければならないが――言い換えれば、世界をそれ自体で有機化された一つの全体を形成するものとして記述することを可能にするような、無限者の論理にわれわれが依拠することである。結局のところ、世界を説明するために残るのは、選択を排除したメカニズムだけである。なぜなら、第一に偶然性は、あらかじめ存在する可能的なものなどなしに神の意志にのみ直接属しているからであり、第二に、幾何学は目的因を考慮しないからであり、最後に、われわれがまもなく見るように、合目的性は組織的全体という考えを要求するからである。

ここで、ライプニッツとデカルトの対立が何に起因するのかが分かる。〔ライプニッツにとって〕偶然性が依存するのはもはや神の意志だけではないし、その神の意志は現実存在だけを創造し本質はもはや創造しない。つまり、偶然性の根拠となるのは、創造する意志と創造されざる論理との関係である。それゆえ、ライプニッツの学説はクーチュラがそう解釈したような汎論理主義ではないし、デカルト流の主意主義でもない。偶然性の論理を検討することにしよう。

ある存在者が現実存在できるのは、可能的である場合のみである。可能的ということが意味しているのは、それ自体として矛盾を含まず、たんに名目的定義だけではなく実在的定義を受け入れることができる、ということである。神において、存在者のそうした実在的定義は、当の存在者の完全概念を構成する述語の無限の系列を含んでいる。だから、それらの述語が〔個体の〕完全概念から必然的に出てくるのでないとすれば、それは矛盾――不可能――である、ということになろう。ところが、そうした存在者がまったく現実存在しないことは矛盾ではないし、別様にふるまうであろうような、同一ではないが類似した存在者が現実存在することも矛盾ではない。なぜなら、その存在者の完全概念は最初の存在者の完全概念と同一ではなく、類似しているにすぎないからである。例えば、最初の人間が少しも罪を犯さなかったと仮定しても、何ら矛盾はない。ただしその者は「楽園に入れられた最初の人間とか、その肋骨から神が女を引き出したといった、〈一般性の見地から〉考えられた同様の事柄〔述語〕……」[31]が同じように当てはまるという点で、実際に創造されたアダムと似たアダムではあったとしても、同一のアダムではなかったことになる。つまり、〔必然性とは言っても〕問題になっているのは、ひと言で言えば、もっぱら仮定的必然性（*de necessitate ex hypothesi*）なのである。われわれは最初の一歩を踏み出したにすぎない。偶然性の根源とは可能的なものではなく、可能的なものに最善のものの考慮を付け加える共可能的なものである。ライプニッツによれば、最善のものの考慮がなければ、意志はその意義を失ってしまうだろう[32]。共可能的であるのは、互いに矛盾しない可能的なものである。したがって、神の知性のなかで検討される無数の諸観念のうち、それぞれの観念が〈いわばある種の形而上学的メカニズムによって〉現実存在を要求しながら、いくつかの観念が結びついて可能的なもののある一つの集合をつくるが、そうした可能的なものはその集合と共可能的でない諸観念を当然のことながら排除する。今度はさらに、そうした共可能的でない諸観念の間で、互いに排除し合う諸々の集合が無限に構成される。どの項もある集合から他の集合に移し替えることはできない。というのも、項は、それが属する集合に対して、それ固有の特徴を与えるのに貢献するにしても、逆に項はその集合の他の項の全体によって一義的な仕方で決定されるからである。つまり、違った集合ではその決定は違ったものになるだろう。だから、神の意志は共可能的なものの無数の集合の中で選択できるのであって、そうした集合の各々は、神の意志に対してひとつの可能的世界を表している。神は十分な理由に従って選択するであろう。ひとつの世界に二つの同一の存在者は存在せず、可能的なものの王国に二つの同一の世界もまた存在しないということが、不可識別者の原理である。しかしながら、区別しておかねばならないことがある。それらの諸世界は、ちょうど同一の理由〔公比〕によってすっかり決定されていながらもそれぞれが自分の個体性を保っている無限級数の諸項のように、互いに結びついているかもしれない。しかし、互いに表出し合ってはいない。実際、表出とは規則的な関係であって、項が一つずつ排除し合ったり項の集合ごとに排除し合ったりするような無数の項の間では、どんな関係も規則づけることはできない。つまり、表出を支配する規則とは、それが結びつける諸項の両立性、すなわち非―排除である。強調しておきたいのは、可能的な諸世界が神の知性のなかで共不可能にとどまるからといって、そこから神の知性に不連続性が生じるわけではないということである。それらの可能的な諸世界は、連続級数の法則によって結びつけられ得るからである。しかし、さまざまな項の間の表出は、一つの同じ世界のなかでしか起こり得ない。したがって、表出理論が必要とするいくつかの仮定が明確になるのが見て取れる。第一に、表出は創造されざる絶対的論理をあらかじめ想定しており、これが表出し合う項の間の規則的関係を保証している。そのために、いかなる可能的世界も、われわれの世界にどれほど似ていないとしても、われわれの論理を超え出ていることはないであろう。これはちょうど、デカルトが自らの直観主義により課した制限のもとでも肯定する権利を自身に与えていた主張とは反対である。第二に、ある集合に加わった共可能的なものの間にしか表出はありえない。しかも可能的なものの共可能的なものに対する関係は、表出の相互-表出に対する関係に等しいのである。第三に、表出があらかじめ想定しているのは、あるいはむしろ、ある一つの世界を規定する相互-表出の体系が前提しているのは、集合的には共可能的であり、個々には可能的であるような、そうした諸項の多性である。各々の項が可能的——実在的定義の主体——であり得るのは、当の項の一性が、それを構成する互いに矛盾しない諸要素を多性として包蔵している場合だけである。例えば円の一性は、一方では他のいかなる図形にも属さない円であるというその質にあるが、他方では円を描く行為の一性そのものにある。その多様性とは、円を描く行為をなすために区別しなければならなかった——点、線分、回転……といった——諸要件から成っている。しかしこの例はまだ、抽象観念から借用された、すなわち内容が現実存在に導かれ得ないような観念から借用されたイメージにすぎない。というのも、アリストテレスが教えていたように、個体しか存在しないからである。ところで、個体とは無数の述語をもっている。だから個体の観念は、神においては無数の——完全概念が含む無数の——述語をもっている。いやまさに完全概念が可能なのは、すなわち定義可能、あるいはより正確に言えば——円がその要件から産出されるように——産出可能なのは、共可能的なものの集合の中においてのみである。したがって、実体の——そして何よりも、神の知性における実体の完全概念の——述語の無限性は、無数の実体の背景を要求する。表出は項の無限の多性をあらかじめ前提しているのである。同時に——そして第四に——表出は質をあらかじめ想定している。つまり、完全概念という語を口にすることは結局、不可識別者の原理を述べることになるからである。この原理によれば、二つの同一的存在者は現実存在し得ないのであって、同一性は一つの量的抽象物にすぎない。だから第五に、実体間の関係を無限に増加させる実体の無限の多様性によって、表出理論はまさに形而上学的空虚そのものを排除しており、すべてが互いに関連し合うこと――「ヒポクラテスが言ったように万物同気（σύμπνοια πάντα）」[33]――を要求している。デカルトにあっては、魂と魂は互いに結びついてはおらず、自由意志が魂同士を分断しているとも言えよう。魂は、並行論の正確な相互的対応関係を欠いており、自分の身体と結合してさえいない。存在しているのは結局のところ、ひと塊としてのつながりしかもたない物質的実体のみであるが、しかしそのつながりによって、「人はただたんに散歩するだけでも、大地の塊全体をたとえどれほどわずかでも動かしている……[34]」ことになるのである。ライプニッツにおいては逆に、すべてのモナドが互いに表出し合っている[35]。現象の秩序において身体と魂は互いに綿密に調整されており、散歩する人の歩みが地面全体を揺さぶるのはもはや、その物質塊が慣性によるいかなる抵抗も示さないような物質という実体の一性によってではないし、運動の伝達法則だけのためでもない。それ〔人の歩みが地面全体を揺さぶるの〕は、慣性に従属する物質という、論理法則を表出している運動法則によってよく基礎づけられた現象を構成している、モナドの無限の多性からの結果なのである。その上さらに次のことが加わる。デカルトにとっては、場所的運動はその反対のもの、つまり絶対的静止によって中断され得るのだが、それに対してライプニッツにとっては、運動‐過程は消失したり極限への移行によって、静止の外観を与え得るにすぎない。すべてが互いに関連し合うのは、たんに瞬間においてだけではない。それどころか、瞬間どうしは互いに独立してなどいない。デカルトにとってこれが意味しているのは、瞬間はもっぱら神の意志に依存しているということである。ライプニッツにとってそうした依存は、創造されざる論理に対する依存を排除せず、逆に——意志は、神の意志でさえ理由なく決心しないので——それを含んでいる。[36] 持続においてすべてが互いに関連し合うとすれば、これが意味しているのは、原因のあらゆる変化に対して、表出の論理によって結果のそれに見合った変化が対応しているはずであり、したがって、原因全体は結果全体と相等であるということである。これが連続律、あるいは一般的秩序の原理である。あまりにしばしば人はこの原理を空間化し、延長、運動のなかで力の連続性を考えてしまう。それは一つの結果であるにすぎない。本来この原理は形而上学的なものであり、まさにその意味で十八世紀には疑念をもたれるようになる。すなわち、その原理は原因と実体とに関わっている。それはデカルトの衝突法則の誤りを論証するのに役立つであろう。[37] 検討すれば分かることだが、デカルトがその原理を発見しなかったのは、決して才能が欠けていたからでも研究上の偶然からでもなく、それが自らの哲学の精神に反していたからである。デカルトにおいては、原因と理由の間には、意志と知性の間にあるのと同じ本性上の違いがある。デカルトは因果律を立てて、原因は少なくとも結果と同じくらいの実在性をもつと主張するだけにとどめる。しかし、デカルトは——直観、瞬間、運動、等々の——不連続性を認めているのだから、彼の直観主義は無限の考慮ならびに、それにより無限小の考慮を拒絶しているのだから、要するに、彼の機械論は延長と運動の外延的性質しか扱わないのだから、デカルトは原因の実在性を結果の実在性に連続的変化によって結びつける権利を、自分自身から取り上げている。したがって、ライプニッツの力学は力の内包的性質に基づくのだが、そうしたライプニッツによれば、デカルトには自然にとっての秩序の原理が欠けているのである。[38] そうした秩序が要求するのは、世界が一つの全体を形成すること、つまり伝統が教えてきたように、世界が一つのコスモス（*cosmos*）であるということである。デカルトの自然学理論は、世界がそうした全体であることを求めない。つまり、世界がもつ連続性は、物質的実体の同一性の連続性と、神学的原理に基づいた連続的創造の連続性以外のものではない。われわれは、世界が有限であるか無限であるかを決定できないのであって、世界を無際限（*indéfini*）と解することに甘んじなければならない。ライプニッツには同じようなところがまったくない。世界は一つの全体を形成する。つまり、そこではすべてが互いに関連し合い、すべてが相呼応する。そうした全体は無際限〔無限定〕なものではない。なぜなら、完全概念の学説は、世界が完全に限定〔決定〕されることを当然予想させるからである。無際限な世界では、モナドロジー的な相互表出は、無際限〔無限定〕なものを含んでしまうので不完全な概念の原因にしかならないであろう。ということは、世界は完全に限定〔決定〕された一つの全体である。その結果ただちに、世界はそのどんな小さな細部に至るまで合目的化されているということになる。世界は諸々のモナドから構成されている。それらの魂をライプニッツは、伝統に倣って運動原理である〈欲求（*appetitio*）〉と、デカルトに倣って思考原理である〈表象（*perceptio*）〉――無意識の闇にあっては〈瞬間的〉なものであるにせよ――とによって、一度に定義する。〈表象〉とは、一における多の表出である。既に述べたことだが、こうした表出は一つの全体、世界の全体を含んでいる。つまり、「〈たとえどんな精神でも世界全体で生じているあらゆることを一度に表象する……〉」(39)。だから相互的含意により、モナドロジー的世界における〈表象〉は、多における一の表出をあらかじめ前提しており、これが普遍的調和の定式である。世界が一つの全体を形づくっているというそのことだけから、ライプニッツの世界は組織化されているのでなければならない。言い換えれば、その最後の小部分に至るまで合目的化されているのでなければならない。したがって、自然は最も完全な幾何学に従うのであるが、形而上学においてだけでなく自然学においてさえも、デカルトが機械論を乗り越えず目的因を無視したのは間違っていたのである。自然学において目的因は、作用因によっては認識するのがそれほど容易でなかったであろう真理の発見を、時には可能にしてくれるのである。[40] 目的因がそれを可能にするのは、デカルトが認識することのなかった自然法則の単純性の原理——自然学の言葉では最小作用の原理——によってである。

こうした偶然性についての論理は、抽象的真理についての論理からそれを区別する根本命題へと至る。すなわち、現実存在に関する真理の分析には終極がない、という命題がそれである。実際、可能的世界——現実存在しうる世界——の観念は、共可能的な諸々の完全概念の一つの集合として神の知性において決定される。この集合は有限である。つまりそれは一つの全体を形づくっており、しかもそれは一つの創造物であり得る以上、そうした全体は創造する無限者と対等にはなれないであろう。にもかかわらずその有限な全体は、やはり無限者を包蔵している。メタファー〔隠喩〕を用いれば、そうした全体は不可算集合にもたとえられるだろうし、したがって、一つの図形を決定する点の集合や、例えばπや$\sqrt{2}$といった比を正確に決定する小数の集合のような、連続体にもたとえられるだろう。[41] メタファーはモナドを、指示されない点や計算されない小数のような、潜在的なものにしてしまうおそれもあるだろう。しかし、モナドが実在的であること——この方がよければ、モナドはその個体性全体においてまず最初に神によって思考されること——を想起するなら、厳密に言って「モナドの数」という表現自体が隠喩的なものにとどまることを忘れてはならないだろう。量的なものは純粋な質の王国〔領域〕では意味をなさないし、「無限〔な〕数」という観念は——ライプニッツがデカルトに対して絶えず繰り返していることだが——矛盾した観念であるからだ。われわれが言っているのはただ、神はそれぞれのモナドの——われわれには禁じられている——直観を、その完全概念によって保持しているということである。つまりこの意味で、神は、われわれが有限な本性のゆえに到達できない、述語の系列〔級数〕の最初の項を保持している。しかし、存在命題は初項の直観に帰着するのではない。すなわち、存在命題は諸々の述語の含意から成っている。

一つの完全概念の述語は、無限系列〔級数〕を形成する。ところが、無限系列〔級数〕は神にとってさえ最終項をもたない。したがって、完了しうる分析に適さない——神にとってさえ分析には終極がない——ことが、存在命題の論理的本性にふさわしいのである。

それゆえ、事実の真理はそれ固有の論理をもっている。すなわち、事実の真理は十分な理由の原理に従属する。しかし、人はここで迷ってしまう。どのテクストを参照するかによって——クーチュラの要約によれば——「ある時は理由の原理が、必然的真理にも偶然的真理にも、すべての真理に適用される。またある時には、矛盾律だけが論理的・数学的真理を支配し、自然学的・形而上学的・道徳的真理だけが理由の原理に属している」(42)。「可能的本質に関わる抽象的学問の命題」においては、理由の原理を引き合いに出す必要はないが、「実在的な現実存在に関わる自然諸科学の命題を論証するためにはその必要がある」、とでも指摘しておけば困難は取り除かれるであろうか。権利を正当化するよりもむしろ事実を確認するような答えは、逃げ口上だとわれわれには思われる。その答えを明確にするよう試みよう。

共可能的なものが可能的なものを含んでいるように、理由の原理が矛盾律を分析的に含んでいることは言うまでもない。無-矛盾性が、抽象的真理であれ具体的真理であれ、あらゆる真理の規則である。ところで、抽象的真理は抽象的概念に関わる。「漠然としたアダム」の概念のような抽象的概念は、有限個の述語をもつので、したがって現実存在可能な個体を定義することはできないだろう。有限個の述語しかもたないがゆえに、抽象的概念はどんな可能的世界の中で考えられても自己同一的なままであり続ける。つまり、ライプニッツは創造されざる論理の存在を信じているので、円が等しくない半径をもつような世界の可能性を、デカルトのようには認めないであろう。これに比べて、具体的真理は完全概念に関わる。可能的アダムの概念のような完全概念は、その述語の無限な系列によって個体を定義する。完全概念とは、一つの可能的世界から他の可能的世界に移し替えることはできないものである。二つの同一の個体は存在せず、存在し得ない。換言すれば、すべての観念は差異によって規定されるが、抽象的・一般的概念の有限な差異は――メタファーを用いて形而上学的メカニズムについて語るなら――個体の完全概念の無限な差異化〔微分化〕とは異なるのである。こうした二種類の差異が互いに異なっているのはちょうど、デカルトが執着する静的な相等性と、フェルマ、パスカル、英国の数学者たちが認める動的な相等性が異なっているのと同様である。後者は、無限小解析を通してライプニッツを秩序の一般原理たる連続律へと導き、その応用により幾何学的静力学が覆され、表象不可能な力の活動を――あるいは、こう言った方がよければ、実体の活動を――表現する解析的動力学が打ち立てられることになる。一般概念は、現実存在できないので現実存在を要求しはしないが、個体概念にとって図式の役目を果たす。例えば、球の一般観念は実現可能ではないが、アルキメデスの墓の上に置かれるであろう球の観念に対して図式として役立つ。だから現実存在可能な〔ものの〕概念は、現実存在への要求をもつことを特徴としており、このことがモナドの、表象の活動的局面である欲求を予示している。したがって、相互‐表出と共可能性は互いに必要とし合っている。つまり、完全概念は現実存在を要求しているからこそ相互表出するのであり、相互表出するからこそ完全なのである。完全概念の無限の差異化は、相互表出を通して行われる。その結果、神がある観念を一般的観念と考えるか個体的実体の観念と考えるかに応じて、神は二つの論理に従って振る舞うのである。すなわち、一方では種的本質が完了しうる分析にもたらされ、他方では個体的本質が際限のない分析にもたらされる。知性の普遍的準則だけに従属する種的本質は、可能的なものの絶対に必要な準則、つまり無‐矛盾性に還元され得るのであって、どんな種的本質も合目的性を介入させない。個体的本質は、可能的なものの普遍的準則だけでなく、共可能的なもののあらゆる個別的〔特殊な〕集合の下位の準則にも従属しており、十分な理由の原理によって完全性の判断、合目的性の判断、そして最善のものの判断をもたらすのである。個体観念は種的観念に、何か別のものを総合的に付け加える。この何か別のものを表しているのが、現実存在への要求である。したがって、種的本質の論理は、現実存在可能なものの論理を分析的に含んでいるわけではない。つまり、種的本質の論理は理由の原理に頼る必要はないと、クーチュラとともに言うだけでは十分ではないのであって、そうした〔種的本質の〕論理は理由の原理を含んでいない、と言わなければならない。しかし逆に、現実存在可能なもの、共可能的なものから出発し、可能的なものから出発するのでないなら、われわれが関わるのは、そうした〔現実存在可能なもの、共可能的なものの〕固有の準則だけでなく、種的本質の論理を分析的に含むような論理である。つまり今度は、理由の原理が同一律を包蔵し、それは必然的真理にも偶然的真理にも、論理的・数学的真理にも自然学的・形而上学的・道徳的真理にも――論理的・数学的真理が自然学や形而上学や道徳において表現される限りにおいて――あらゆる真理に適用される。それだけではない。

偶然性は神の意志によって初めて意味をもつ。その神の意志について、われわれは何を言えるのだろうか。われわれの意志との類比によってデカルトとライプニッツが行っていること以外、何も言えはしない。ところがライプニッツは、まさにその点についてデカルトを攻撃し続ける。ライプニッツはデカルトを誤読したと、あるいはまさに誤読を「装っている」と考えるべきであろうか。ジャン・ラポルトは、「過度に単純化しすぎる、したがって間違った解釈(43)」に対してデカルトの学説を擁護する際に、そのような解釈を示唆している。ライプニッツは過度に単純化しているのだろうか。しかもこれほど根本的な学説に関してわれわれの二人の哲学者の間には、誤解――それも一貫した誤解――があるのだが、それに理由がないはずはない。そしてその理由を見出すことが重要になるのは、それが哲学的な射程をもっているからである。その理由とは、デカルトとライプニッツが、神の意志とわれわれの意志の間の類比を行うとき従う方向の対立にある。デカルトは認識から存在へ、〈ゆえに私はある（*ergo sum*）〉から〈ゆえに神はある（*ergo Deus est*）〉へと進み、主観的経験から出発する。ところで、そうした経験は二重のものである。すなわち、一方では、懐疑によって自分の知性の限界を経験し、デカルトは自分が神と非常に異なっていると感じるので、無限な知性について何かを断言するのを断念するとともに、永遠真理が創造され得ることを確信する。他方では、デカルトは自分の自由意志の「生き生きとした‐内的な感覚」のなかに、「意志を破壊しなければ意志から何も取り去ることができない[44]」ような、「不可分な」意志の能力を感じる。つまり、「それ以上に豊かで広大な他の観念を私が考えられないほど大きなものだと、私が私において経験しているのは、ただ意志しかない。したがって、私が神のある像と似姿を宿していることを私に認識させるのは、主として意志である。というのは、たしかに意志は神においては、意志に結びついて意志をいっそう強固にし有効にする認識と力能の点でも、また意志がいっそう多くのものに及び無限に拡がるのだから、対象の点でも、私におけるよりも比較にならぬほど大きいとはいえ、しかし、それ自身において形相的にかつ厳密に見るならば、意志は、神においての方が私におけるよりもより大きいとは思われないからである[45]」。したがって、人から神への類比の確立は内的経験を出発点としてなされており、しかもその経験において「主として」、有限な知性と対比された無限な意志を出発点としてなされている――このことはある意味で、知性を意志に従属させることになる。意志は認識とは区別された一つの力能と見なされている。すなわち、「……意志は、われわれがあることをなすこともなさないこともできる（つまり肯定することも否定することも、追求することも忌避することもできる）という点にのみ存している。あるいはむしろ、知性によってわれわれに提示されるものを肯定あるいは否定する際、すなわち追求あるいは忌避する際に、われわれが、何ら外的な力によって強制されてはいないと感じてそうする、という点にのみ存している」[46]。要するに、判断するためにはその意志をもたねばならない。確かに、神においては無限の意志に応じて知性が広大なので、〈見て取ること〉（*videre*）と〈欲すること〉（*velle*）は一体をなしており、しかも、意志は善を目指しているので、〈欲すること〉（*velle*）と〈最善を欲すること〉（*velle optimum*）は一体をなしている、と付け加えることもできる。そもそもこれは、神は欺瞞者ではありえないという方法論的原理をあらかじめ前提としている。ところがデカルトは、自らの内的経験によって気づいたことを人から創造主へ上昇する類比に移し入れて、神における意志を認識から区別された力能と定義し続けながら、永遠真理の創造と、さらには永遠の善の創造とをまさに神に帰すことができるやいなや、当の類比を超え出てしまうのである。逆に、下降する類比においては、人は無限の意志により神の似像となる。人間の自由意志は、第一原因からの贈り物により、創造の能力に似たものとなる。その結果、意志に依存する人間の判断は、いわば〈かくあれ〉〔「かく生ぜしめよ」という命令〕になる。ライプニッツ主義の精神にこれほど反するものはない。ライプニッツは存在から認識へと進み、懐疑を実践しない。彼は〈コギト〉から出発しないのだ。彼が根拠としているのは主観的経験ではなく、創造されざるものと考えている論理である。意志はもはや知性に対して、意志だけで神の像と似姿とが認められるような、無限性の特権をもってはいない。だから神とわれわれの間の類比は、部分的であることをやめて、全体的なものとなる。ライプニッツが優れた論理学者として、〈コギト〉は〈思考されたもの〉（*cogitata*）を含んでいることを忘れている[47]、とデカルトを非難していたのとまさに同様に、意志の概念は動機の概念を含んでいることを忘れていると、ライプニッツはデカルトを非難できる。デカルトとともに、判断するためにはその意志をもたねばならないと言う代わりに、われわれが伝統とともに主張するのは、意志するためには判断しなければならないということである。われわれは、全体的類比という原理によって、神に対してもわれわれに対しても同様にそう主張する。神の意志は、意志という名に真に値するためには、創造されざる可能的なものや善にも向かっているのでなければならない。そうでなければ、神の意志はむき出しの力能にすぎなくなってしまうであろう。これは、過度に単純化した間違った批判、あるいは悪意のこもった批判なのか。いや、そうではない。むしろ、デカルトの方法や仮説に対立するような方法と仮説に起因するものなのである。ここでもまたわれわれの二人の哲学者は、「創造する意志に依存するものは偶然的である」という同じ定式中に、違った内容を盛り込んでいる。

この差異をさらに明確にするために、われわれが先ほど行ったように、神の知性をもはや〔他と切り離して〕別に考察するのではなく、意志との関係で考察しよう。それは、ライプニッツにとっては論理的含意関係であり――意志を、たとえ抽象によってであろうと、意志が含む動機から分離できる力能と見なすことは、論理に反することになる――ところがデカルトにとっては、経験的な、だから総合的な関係である。したがって、自らの動機を創造する意志を神のなかに認めることは、もはや不条理ではない。デカルトによれば、われわれにおいては、「判断するためには知性ばかりでなく意志もまた必要である」が、「意志は知性よりも広い範囲に向かうものである」[48]。これが意味しているのは、判断の活動全体が、肯定あるいは否定することを特性とする意志に属しているということである。意志が適用されるのはわれわれの諸観念の受動性に対してである。しかも付言すれば、われわれのもつあらゆる観念は等しく受動的であるのだから、このことはどんな観念についても無差別に成り立つのである。見ることと欲することとが一体をなしている神においては、判断するために知性が必要かどうか、われわれはもはや知ることができない。神の無限性はわれわれの経験を越えているからである。われわれは、永遠真理が創造されなかったかどうかを、知ることはできない。しかし、まさにこうした不確実性をとおしてわれわれが認めるのは、創造され得るものは創造する力に従属したままであるということである。諸観念が神のなかで能動的であるのは、観念自身のゆえにではなく、神の意志に関与するからなのであって、神の意志との関係では諸観念は受動的であり続けるのである。結局、神においてもわれわれにおいてもすべての観念は同じ資格で、観念には属していないある判断能力に従っている。ライプニッツとともにすべてが変わる。つまり、判断するために欲するのではなく、欲するために判断しなければならない。意志の特性はもはや、肯定や否定をすることではない。どんな観念もそれ自体で肯定される。観念は能動的であり、判断とは、知性と呼ばれるまさに観念の場所で行われる、観念間の一致または不一致に他ならない(49)。知性あればこその判断なのだ。しかし、観念は一般的観念と個別的観念の二種類あり、一方は種を定義し、他方は個体を定義する。われわれは述語を前者の観念に属するものと見なすべきなのか。可能的なものとしての一般的なものは、ある個体への内属における共可能性によって個体化される。つまり、球一般の円形性は、アルキメデスの墓石の球のなかで個体化される(50)。いまや、一般的観念も個別的観念も、すべての観念が――判断の行為において互いに一致しても一致しなくても――活動的〔能動的〕であるけれども、われわれは可能的なものの活動と共可能的なものの活動とを、存在可能でないものと存在可能なものとを、区別しなければならなかった。偶然性の根源たる創造する意志が、存在可能なものにしか関わり得ないことは明白である。これは、デカルトの形而上学が許容していなかった区別である。われわれは、個体観念が種的観念に何か別のものを総合的に付け加える、と前に(四〇八頁)述べていた。その何か別のものとは、もっぱら知性のみに関わる終極のない分析の無限性だけではない。それは論理の中に、亀裂や矛盾ではないがある乖離的なものを(51)――喩えて言うなら、算術的な連続性と不連続性との間にある乖離のようなものを――導入するのである。さらに、その別のものはまた、創造する意志との結びつきでもある。だから、共可能的なものが可能的なものを含み、その逆ではないのと同様に、存在可能な共可能的なものと意志との関係がわれわれに教えているのは、理由がすべて自然学的原因であるわけではないにしても、逆に、原因はすべて理由であるということであり、まさにこの理由がなければ、意志の観念は自壊すると、ライプニッツはデカルトに対して主張しているのである。

だから神の選択が、デカルトとライプニッツによって、同じ仕方で理解されていることはあり得ないだろう。デカルトから見れば、われわれはわれわれの限られた知性の明証性だけを頼りにしているので、神がわれわれのもつ可能的なものに従って選択するかどうか、選択しなければならないかどうかさえ、われわれには決定できない。これは、われわれの創造された論理に神をさらに従属させることになってしまう。つまりわれわれは、神の至高の意志の力能が無限だと表明することしかできない。それに対してライプニッツから見れば、われわれの認識の必然的形式は、明証性の内容のようにわれわれの知性の制限に結びついてはいないのだから、われわれは論理的当然から、そして同時にまた道徳的・宗教的当然からも、神は可能的なものの中から選択する、と断言しなければならない。デカルトに従うなら、人間から見た最善〈世界〉の創造とは一人の創造者によるものでしかあり得ず、しかもそれは霊感《インスピレーション》による選択である[52]。ライプニッツに従うなら、論理によって分析すれば、この創造は一人の賢者によるものでしかあり得ず、しかもそれは反省による選択である。デカルト的見地に立てば、神の選択の偶然性は、われわれの目からすると、それ自体が絶対的な第一原因であるある力能による創造そのもの――永遠真理の創造も含めて――の予見可能性と区別がつかない。予見可能な創造は、〈欲すること〉の〈見て取ること〉への従属を要請するということになるだろう。しかしそうなるとわれわれは、神の選択の偶然性は創造の予見可能性に基づくのであって、もはや創造する力能だけに基づくのではないという、ライプニッツ的見地に立ち入ることになるであろう。デカルトにとって神の意志は本質と現実存在とを創造するのだが、ライプニッツにとっては、神の意志は現実存在だけを創造する。神の意志は、共可能的なものがただ要求していただけの現実存在を、実現するにすぎない。ライプニッツの表現を使えば、デカルトの神は、たとえその神が最善を創造すると認めたとしても、それでも最善を欲することはできない。なぜなら、最善は可能的最善としてしか存在しないからである。

ライプニッツは、デカルトが知性の問題である最善のものの決定と、意志の問題である最善のものの創造とを区別せず、可能的なものの現実存在への要求と、至高の力能によって付与される現実存在とを区別していないことに憤慨する。判断するためには欲しなければならず、欲するために判断するのではないとすれば、事物が善であるのはもっぱら、神がそれを欲するからであって、神が事物を善と判断するからその事物を欲した、というわけではない。つまり、われわれはスピノザの〈神即自然〉(*Deus sive Natura*)(53)に近づくのである。だから、デカルトの〈最善〉(*optimum*)はライプニッツの〈最善〉ではない。ジャン・ラポルトは、前者を相対最上級――最善なるもの――ではなく、絶対最上級――きわめて善いもの――と訳すことを提案していた(54)。しかしながら、きわめて善いと最善は、両者に共通する完全性の観念を介することで互いに似かよった言い方となる。この点ではデカルトもライプニッツも、まずは同じ伝統に従っている。すなわち、一つの事物にとって完全であることとは、本来それに帰すべきすべてを所有することである。神の作品が完全であるかどうかを探求するときは、一つの被造物だけを別々に考慮してはならず、すべての被造物が集合として考慮されねばならない。宇宙全体の完全性にとっては、おそらくある部分が不完全であるほうがよいのである。神は、自分が一定の被造物に与える完全性をすべて、各々の被造物にも与える義務はない[55]。しかし、つねに論理主義者たるライプニッツは、デカルトよりもずっと先まで、完全性という観念の分析を推し進める。それ〔完全性〕は本質の量と定義される[56]。この表現はアリストテレスに由来する[57]。すなわち、本質はいわば数のようなものである。ある数に一単位が加えられたり取り除かれたりすれば、その数は同じ数のままではない。これと同様に、ある本質に一つの本質的述語が加えられたり取り除かれたりすれば、その本質も同じ本質のままではない。こうした比較は有限数の算術から借用されたものだが、この比較によって、その本質の概念が含む述語の数に応じて、本質の完全性における程度を考えることが可能になる。ライプニッツにおいては、まず最初に、（彼の初期の著作が示している唯名論的影響に誘われるがままに）数を構成する単位の集まりを考えるならば、その比較〔対比〕がもたらすのは多様性の原理である。この多様性は、もっぱら量的な仕方で考察することができる。つまり、たとえメタファー〔隠喩〕によってであろうと、多様性がそのときに対象とするのは、一つの本質の定義に含まれる述語の数と、共可能的なものの一つの全体に含まれる本質の数である。一つの本質を問題にした場合はどうなるだろうか。その本質のもつ完全性の程度は、ひとつの種の「曖昧な概念」からひとつの個体の「完全概念」へ移行するだけ、いっそう高まるであろう。例えば、人間という概念から最初の人間という概念へ、そして少しずつ進みながら、ある存在可能なアダムという概念へ移行するような場合である。創造を問題にした場合はどうであろうか。創造は、それがより多くの存在者を含むだけいっそう完全なものとなるだろう[58]。しかし、こうしたもっぱら量的な考察——クーチュラはそれだけにとどめている——だけでは決して十分ではない。ちょうど〈位置解析〉（*Analysis Situs*）が計量幾何学を乗り越えるように、共可能的な存在者の可能な結合——すなわち、モナドの〈位置〉（*Situs*）のモナドロジー的なすべての結合——の数とともに、早くもわれわれは質へと上昇する。そればかりではない。ライプニッツは自らの完成された哲学において〔個体の〕完全概念の学説を展開できるようになって以降は、本質を〈数のようなもの〉〈sicut numerus〉というよりもむしろ〈述語の源泉〉〈fons praedicatorum〉と定義するようになる。(59) ライプニッツは無限算に教えられて、個体に関してであれ世界に関してであれ、その本質が決定されることを、まさに無限級数の法則――それは実際に計算される、または実現される項の数からは独立している――に準える。本質はもはや、形相がその全体を保持する述語の集まりではない。本質とは、法則が構成する全体によって整然と産出される述語の系列である。静的なものは動的な性格を帯びる。形成法則は、項と同じ資格で本質の一部をなしている。そうした法則はひとつの内在的合目的性を本質のなかに導入し、法則それ自体が本質の完成において考察されるべき一つの目的となる。われわれは、クーチュラの量的解釈からほど遠いところにいる。有限数の算術が、多数性、単位の集まり、要するに、多様性の原理を強調していたのと同様に、無限算は級数法則、一様性の原理を強調する。事物は、より秩序づけられより規則的であるだけ、いっそう完全である。(60) 二つの原理を結合させれば、われわれは、ライプニッツ自身がそこから出発していた調和という観念に戻る。(61) 完全性とは、調和であり、〈より大きな多様性における一致〉である。(62) 絶対的な完全性のもとでは、完全な全体は完全な部分を要求する。個別的〔相互的〕な完全性のもとでは、全体をもっとも完全にすることに協力するような諸部分を、全体は要求する。そうした全体を生み出す行為は、最小の手段で最大の存在者をその作品のなかに含んでいるだけ、いっそう完全である。(63) ライプニッツが完全性という語を使うとき、彼は存在可能ではない可能的なもの――すなわち一般的本質――の領域ではなく、存在可能な共可能的なものの領域、のことを考えていることが明らかとなる。われわれが見たように、それは意志に関わる唯一の領域である。意志に関わるからこそ、その知性の領域はもはやただ証明可能な論理的事実の領域なのではなく、目的の領域、すなわち、望ましいもの(64)の領域、価値の領域なのである。数学には合目的性が欠けている、と教えていたのもまたアリストテレスである(65)。そもそも、神は不完全な概念に対応する「曖昧な」存在者を創造できない。つまり、神が創造できるのは個体だけである。そのうえ、完全性が調和を含むのであれば、調和の定義——多における一——は、現実存在する述語のもつ多様性の一なる源泉、という実体の定義を包含するのである。また、調和の定義は表象の定義——一における多——を逆として含み、その結果、完全性の程度は表象の明晰さに応じて高まるのである(66)。こうした程度に算術的尺度は呼応しない。つまりそうした程度は質的なものである。われわれの中のそれの表現とは、喜び、つまり調和の混乱した感覚である。神においては、それはある目的の決定に関与する。量の質への従属は、創造における部分の全体への従属のなかに、別の仕方でまた現れる。アリストテレスが本質と数との比較を展開していたのはもっぱら、本質の不可分性が、真理の質料的〔物質的〕多様性に形相を与える全体の不可分性と、いかにして比較可能かを示すためであった。つまりアリストテレスは、アンティステネスとその学派、および「その他同種の無知な者たち」に反対して、全体のなかに部分の総和しか見ない経験論的主張よりも、合理主義的主張を優先させていた。ところで、全体において、諸部分の総和以上の、総和以外のものとは、質的なものでしかあり得ない。同じくライプニッツにおいても、共可能的なものの集合が構成する全体は、個別的な完全性という質を有している。その完全性を構成する諸要素は、神的属性の無限な完全性を所有することはできない。つまりそうした要素は、あらゆる被造物の避けられない不完全性、すなわち制限をもっている。しかし、それらの要素の配列は、手段の単純性との関連のもとで可能な限り完全な集合を与えることができる。最善の全体を目指したそうした配列は、まったく量的なだけの計算を越えている。クーチュラが引き合いに出した『帰納法の試み』のテクストに対して、『弁神論』のテクストは、量から質への推論はつねに有効であるとは限らないことを示している。(67) デカルトが、神の作品の完全性を判断するためには、すべての被造物を集合として考慮しなければならないであろう、(68) と言うだけにとどめているところに、ライプニッツはこう付け加える。それらの被造物をその調和において、それらの相互表出において、考慮しなければならないと。つまり、ここでもまたデカルトの幾何学主義とは反対に、表象そのものの質の方が、表象されるものの量よりも優位に立っている。表象に伴って、完全性の中に含まれているのは結局のところモナドの活動性であって、それが可能的世界の中では、モナドの本質の現実存在への要求という形で予示されていたのである。ところで、モナドの活動性は、神に次いでもっとも表象力のある精神からもっとも下位のモナドに至るまで無限に段階的に弱まっていくが、その活動性は世界のなかの因果性を表現している。しかも、因果性は連続律に従属している。したがって、連続律は矛盾律とは異なり、完全性の法則に結びつく。(69) ライプニッツにとって価値の秩序は、単なる論理的秩序とは決して混同されない、ということをもう一度確認しておこう。しかしながら、価値の秩序が――それゆえに目的の秩序が――諸々の完全概念の現実存在を求める闘争の場である可能的なものの領域にしか関わらず、しかもその闘争が〔完全性についての〕判断となって現れるとすれば、最善のものの決定は、それが知性だけの問題であるということだけからしても、――この点でクーチュラは正しい――まったく論理的なものにとどまる。現実存在への要求が意志に関わるのはもっぱら、その要求が創造する意志への訴えであるからである。最善のものについての論理的に必然的な決定が、創造を自然学的に必然的とするわけではない。〔確かに〕「この世界は可能な限り最善である」という判断は、むきだしの論理的必然性から、神の知性において必然的に決定されはする。けれども、その判断はライプニッツにおいては、デカルトとは反対に、意志の問題ではない。しかも、知ってのとおりライプニッツにとっては、知性は意志のなかに分析的に含まれているとしても、逆に、意志は知性のなかに分析的に含まれているわけではない。つまり、最善のものの判断と最善のものの創造の間には、総合的な、それゆえ偶然的な結びつきしかないのである。創造の偶然性は、もはや論理的必然性に従属しているのではなく、道徳的義務に従属している。論理的必然性は観念や本質を互いに結びつけるのに対して、道徳的義務は観念を意志に結びつける。一つの必然性から他の必然性へとわれわれが移行するのは、カントが『純粋理性批判』と『実践理性批判』の間で、表象の総合から、定言命法における理性と意志の総合へと移行するのに少し似ている。そういうわけで、形而上学的完全性は道徳的完全性として成就するのである。

Ⅲ

こうした学説は結局、合目的性が偶然性の根源であると主張することになる。

実際、最善についての決定も判断もまとめて統率する論理的・絶対的必然性は、神の意志を傾かせるが強いない。なぜなら、デカルトの教えとは反対に、判断は自らを意志に提示するが、判断は意志の所産ではないからである。それゆえ、人は欲することなく判断することはできるが、判断することなく欲することはできない。だから神の意志は、神の知性が意志に差し向ける――プラトン的な意味での――範型《モデル》の間で――神の知恵が意志に対してかたどる目的の間で――選択しなければならない。

そうした範型《モデル》がないとしたら、世界は、創造する意志の単なる産物ではあっても、対象ではないことになってしまうだろう。それではどうやって目的について、さらには意志について論じられるというのだろうか。デカルトの神をスピノザの神とは別物として語れるだろうか。(70)知性のそうした範型《モデル》、そうした目標、そうした対象は、一つの宇宙《コスモス》をあらかじめ示している。古代人たち、とりわけプラトンとともに、ライプニッツは美のない世界を思い描かない(71)。美は完成された形相を要求し、それの観照は――『ピレボス』における球の観照のように――純粋な喜びを生み出す(72)。完成された形相は無限定なものを拒絶する。そえゆえ、そうした形相は有限でなければならない――だが、同時に、それが神であるなら、あるいはそれが神を表現しているならば、それは無限でなければならない。古代文明は、円運動によって二つの要求を調停していた(73)。無限算と無限者の幾何学は、無限の長さの有限の面積や、無限級数の有限の和、等々といった例をライプニッツに示している。デカルトに対してそうした例が証明しているのは、われわれの制限は、われわれが無限について、したがって神が定めた目的について、多くのものを知るのを妨げないということである(74)。デカルトが世界はわれわれにとって無際限であると宣言するやいなや（『哲学原理』第一部第二七節）、そのアペイロン（ἄπειρον〔無際限なもの＝世界の無際限さ〕）によって、目的因の探究は自然学から「完全に」排除されてしまう（同書、第一部第二八節）。実際は、デカルトは二つの論拠を当てにしている。すなわち、神学的論拠と論理的論拠である。前者によってデカルトは明証性の限界から逃れるが、後者はデカルトをそれに引き戻す。「神が変わりやすいことはあり得ない」という神学的論拠によって、デカルトは mv〔運動量〕の保存を主張する――ライプニッツは、誰もこの論拠の弱さを見逃さないであろう、と強調する(75)。実際、なぜ神は mv^2〔力の量〕よりもむしろ mv〔運動量〕を保存するのか〔が不明だからである〕。デカルトなら、「世界と物質についての私の考え方はあなたの考え方ではない」、と答えたであろう。つまり、物質的世界が直観によって、ひとたび幾何学的な機械的仕組み〔メカニズム〕に還元されたなら、物質によって決定され、（絶対空間に対して）一定の場所的運動によって動かされる物塊を、神は創造したにちがいない。各瞬間ごとに――（t であって dt ではない）――世界は仕事の同一の総量を実現したであろう（が、エネルギーの同一の総量を備えたままではないだろう）。確かに、無際限の世界のなかで、どのようにして仕事の有限な総量が保存されるのかは分からない。それが分からないのは、精神の世界において、「われわれの自由意志と神の予定をどうすれば調和させられるのか」（同書、第一部第四一節）分からないのと同様である。幾何学的直観主義は、神学的論拠が開くように思われた地平[76]を再び閉じてしまう。直観主義は、極限への移行によって有限と無限を互いに結びつけるのではなく、われわれの認識のなかで有限と無限とを対立させてしまう。かくして、それはゴルディオスの結び目を解く代わりに、結び目を断ち切ってしまうのである[77]。懐疑から〈コギト〉へ、そして〈コギト〉から神へと上昇したその方法そのものからして、デカルトは曖昧であるように思われる。すなわち、デカルトはあるときは〈コギト〉から存在へと進み、コギトが直観的認識の範囲に限られているのを発見する。またあるときは、デカルトは神から、存在から出発して直観的認識を越える。——しかしデカルトはすぐにそれに戻ってしまい、彼に言えるのはただ、存在があるということと、存在がどんなものか（物質または精神、物体または魂）ということだけであって、存在がどのようにあり、どのように振る舞うか、ではない。だから永遠真理についての否定的学説は、神が自分の意志より前のある範型《モデル》に従って——さらには、可能的な諸範型《モデル》に従って行動するかどうか決定するのを拒むことになる。ところで、ライプニッツの視点から見れば、それは次のことを意味している。すなわち、一方において、神が世界を創造したのは世界が善いからでは決してない——だから厳密に言えば、世界は創造者にとって目的ではなかったかもしれない、ということである。他方において、この世界が他の可能的世界のなかから選ばれなかったとすれば、この世界の偶然性を必然性から区別するものが何もないということである。この二つの点で、デカルトはスピノザ主義に陥るのである。

　世界が知性の対象であること、そしてそれによって、世界が創造する意志にとっての目標でありうること、これだけでは十分ではない。つまり、合目的性が世界の構造を組織化するのでなければ、世界は目的の価値をもたないであろう。理解しておかねばならないのは、ライプニッツによると、あらゆる組織が多性を含んでおり、しかもそれは数的多数性だけではなく、不可識別者の原理により表明されている質的な多様性である、ということである。二つのモナドは同一ではない。つまり、それぞれのモナドは宇宙のなかで取り替えられない自分の役目、自分の〈位置〉(*Situs*)をもっている。それぞれのモナドは、その完全概念によって定義される。自然学的に言えば、創造された宇宙の多性は、量的というよりもむしろ根底的に質的なものである。デカルトの機械論の抽象的時間のなかにしか同一の瞬間が存在しないのと同様に、幾何学者の抽象的延長(と想像力の拡がり)のなかにしか同一の点は存在しない。したがって、場所的運動は、デカルトが思っているように、幾何学者の線よりも認識しやすい単純な本性ではない。分析すれば、それは、他になりうる潜勢力〔力能〕、変質、他性、アリストテレスの〈性質的変化〉(ἀλλοίωσις)をあらかじめ前提している。他性とはどういうことだろうか。それぞれのモナドは唯一のものである。変質とはどういうことだろうか。モナドのそれぞれの状態、すなわち、モナドの完全概念が含む述語の無限の系列における各項もまた、唯一のものである。したがって、それぞれのモナドはそれ自身の存在全体によって個体化される(78)。場所的運動は、モナドの活動性からの見かけ上の結果にすぎず、個体化の原理とはなり得ないだろう。それゆえに、デカルトから機会原因論者を介してベールにまで至るデカルト的な機械論に反対して、ライプニッツがシュトゥルムに論証しようと努めているのは、本質的属性が延長に還元されるひとつの均質の物塊〔と〕場所的運動〔だけ〕を唯一の仮説とすれば、世界を構成できないということである(79)。実際、そうした均質の物塊ではどの部分や場所もみな同一であるため、場所的運動とは、ある場所から他の場所へと動かされる一つの部分が継起的に存在する、ということでしかない。ところが、抽象によってそうした運動を、運動を生み出し方向づける動力、すなわちそれ〔運動〕の未来を決定する動力から分離してしまえば、運動はその軌道に還元されてしまい、未来が現在をあらかじめ決定しない以上、すべての瞬間も同一なものになってしまう。同一の場所、同一の瞬間から何が帰結するかは誰の目にも明らかであろう。静止する物体と運動する物体の間に、もはや内的な違いは存在しない。これは、あらゆる変化の源泉を取り除いてしまう。それゆえ、運動そのものが消失する。ある場所で、瞬間 t_1 において瞬間 t_2 と同じ物質部分が再び見いだされるかどうかも、見分けられないし、あるいは、ある物質部分が他の物質部分に置き換えられたかどうかも、見分けられないからである。物質部分はすべて同一であって、将来は区別するものをもはや何ももたないのだから。運動とともに形態が消失する。なぜなら、形態を生み出す（〈境界づける〉*terminatio*）のは運動であるからである。そして形態のあらゆる変化（〈区別〉*discriminatio*）も消失する。運動は自分のもっていないもの、つまり区別の徴表（*distinguendi notam*）を与えることができないからである。一つの例で要約すれば、デカルト流に均質な同じ物塊からなる、中心を共有する等しい二つの球を想像してみよう。一方の球が回転しているとして、いったいどんな天使や精神が、たとえ全知であろうと（*etiam omniscio*）、どちらが回転しているのか、どこが一方の球の境界（*terminatio*）なのか、どの点で他方の球から区別（*discriminatio*）されるのか、等を見分けるであろうか。したがって、多様性の原理——不可識別者の原理——がなければ、運動も形態も説明されない。だから硬さ〔剛性〕や流体性は説明されない——これらをデカルトは静止と運動で説明しようとするが、ライプニッツは多少なりとも協働する運動によって説明しようとする。[80] 換言すれば、宇宙全体に拡散した微細な物質（materiamve subtilem universaliter diffusam）も、「第一」元素や「第二」元素も説明はされない。デカルトの仮説によっては、彼自身の世界を構成することさえできなかったのである。[81] ましてや組織化された世界を構成することなどできなかった。デカルトの仮説は、抽象的数学から（*ex Mathesi abstracta*）引き出されており、量的幾何学の想像力に限定されているため、機械論を生み出すより高い原理に（*ex altioribus principiis*）基づいて当の機械論を基礎づけるものではないからである。そのより高い原理とは、「想像力が与える概念から独立した」何か形而上学的なものであって、そうした形而上学的なものは「延長のない実体に帰さなければならない」[82]。つまり動力、運動の起源、運動による多様な現象の起源である。ところで、その多様性は現象を越えたところではモナドの活動性を指し示している。その活動性は表象の能動的局面であって、当の表象がさらにまた一における多の表出と定義されている。しかるに、幾何学者の抽象的延長が呈しているような、同質的な、すなわち量的な多様性は、区別するものを何も表現していないであろう。表象は、異質な、質的な多様性によって初めて存在するのであって、これに対応するのが〈欲求〉（*Appetitio*）の、したがって力の、質的多様性である。幾何学的想像力の原理——同質的延長、場所的運動——によって、デカルトの機械論は多様性を排除しており、多様性がなければ合目的性も存在しない。形而上学的概念である「より高い」原理——魂、または何か魂に類似したもの、その表象的活動、力——によって、ライプニッツの機械論は、目的論が要求するような多様性を含むのである。

ライプニッツの目的論がそのような機械論を要請するのは、それを一つの全体へと建築術的に組織化するためである[83]。そうした全体を規定する共可能的なものの特定の集合の中では、諸モナドとそのどんなに小さな変化も——あるいはまずは諸モナドの完全概念と完全概念の諸々の述語は——互いに結びついている。共可能性という法則そのものによって結びついている。そうした法則は、〔共可能的なものの特定の〕集合や集合の変化に反してしまうような、ただ一つのモナドもモナドの変化も認めない。その上、諸々のモナドの集合とは、同語反復になるが、まったくのモナドだけの集合であって、宇宙のなかに形而上学的な空虚は存在しない。形而上学的空虚が決して存在しないのは、神の知性のなかのそうした宇宙のモデルもまた、論理的空虚を、すなわち、集合の意味に反したりそれを歪めたりするような概念を決して含まないからである。表出理論が表象の言語で述べ立てているのも――いやまさに表象はライプニッツにとって一つの判断に還元されるが――まさにそうした論理的空虚の不在である。他のすべてのモナドを表象しているわけではないようなモナドは、まさにそのために、世界のある部分とは関係がないことになるだろうが、それは矛盾である。なぜなら、この世界に属するためには、モナドは、この世界の全体との共可能性という関係を保たなければならないからである。つまりもっと簡潔に言えば、良く定義された集合は、それを定義する法則に無関係の要素を含むことはできない。モナドの多様性について真であることは、モナドの変化の多様性についても真である。表象されるもの――しかも、われわれが先ほど述べたように、必然的に表象されるもの(84)――が変化した場合に、どうして表象は同一のままであり得ようか。結局のところ、創造されるのは、その表象が互いを完全に表出し合っている表象する諸モナドの集合なのである。したがって、結果の全体――表象の変化――は、原因の全体――モナドとモナドの活動の変化とがある次元――と相等となる。〈結果全体は全原因と相等である〉。表出理論は連続性の原理に通じており(85)、表出理論は連続性の原理の一適用例だと思われる。デカルトはこの原理をいかにして知り得たのだろうか。デカルトの自然学においてすべてのものが互いに関連し合い作用し合っているのは、もはや無数の表象する諸実体の相互表出のためではない。それはもっぱら、自然学のただ一つの実体内での、運動の伝達のためである。ただ一つの実体とは延長する物質であり、魂の一切の特性を欠いている。その運動を、デカルトは動かす力〔動力〕に結びつけない。彼が幾何学者の想像力で見るのはもっぱら、運動の、一点から出発し他の一点で停止する軌道だけである。彼は、運動と静止を対立させることができる。しかし、連続性の原理がそうした対立を消失させるのは、想像力を超えて運動の源泉へ遡ると、この連続性の原理が力、そして何か魂に類似したものを露わにするからである。この原理はもっぱら二次的に、延長の連続に適用されるにすぎない。延長とは、モナドの活動から生じる現象である。連続性の原理が関わるのは形而上学的な領域であり、それは実体の活動すなわち原因に関係する(86)。ライプニッツとはまったく反対に、デカルトは延長の連続性を自分の自然学の基礎にする。彼は、実体の真の本性を知らないからである。デカルトは、結果の次元には見いだせないがその代わりに結果を批判することを可能にしてくれるような、そのような原理を、すなわち原因の一般的原理を、見いだすことができない。例えばその原理は、自然があたかも「継続的に(87)」造られているかのようなデカルトの衝突法則の一貫性のなさを、図表の上で目に見えるものにしてくれる。もしこの「一般的秩序の原理(88)」が尊重されるならば、折れて断絶した棒線は、ただちに美しい規則的な線へと置き換えられるだろう。

この一般的秩序の原理は、幾何学におけるのと同様に、絶対に必要不可欠である。なぜなら、この原理はすべての世界に、つまり共可能的なモナドの、すなわち完全に相互表出し合うモナドの集合のすべてに妥当するからである。しかしこの原理は、別々に考察された各世界での最善、あるいは他の諸世界との比較によってある世界の最善、を決定するという点で建築術的である。こうした秩序原理はすべての世界に関して一般的であるが、その原理が一つの世界で実現される仕方は個別的、偶然的である。つまり創造する意志の選択に供せられている。連続性の原理はどのように最善〔のもの〕を決定するのだろうか。次の文面を読み直すだけで十分である。「諸事例（または与えられたもの）が連続的に近づき、ついには一方が他方のなかに消失するとき、その帰結や結果（または求められるもの）もまたそうなるに違いない(89)」。これこそが、〈極大および極小〉（*maximis et minimis*）の解析の基礎である。「その解析は、もっぱら差の消失や、あるいは一つになってしまう対の唯一性に基づいているのであって、決して他のあらゆる大きさとの比較に基づいているのではない」[90]。これが意味しているのは、dx と dy は厳密に言えば大きさではなく運動であり探求の補助手段であるが、結果のなかでは消失する dx、dy が、x と y の大きさにまったく依存していない、ということである。それらにより捉えられるのは、形〔形相〕なのである。例えば、dx、dy は、$\frac{dy}{dx}$ という比、すなわち接線の方向によってある曲線の形を決定するのであり、極大または極小を決定するのもある接線の特定の――水平の――方向〔傾き〕ということである。この結果には二重の意味がある。質的観点から見れば、最適〔最善〕と呼びうる[91]に違いない際立った方向〔傾き〕ということであり、量的観点から見れば、極大または極小ということである。連続性の原理はまた、どのように一つの図形〔形状〕が他の図形〔形状〕のなかに消失するのかを教える。例えば、楕円が放物線のなかに、正多角形が曲線のなかに――あるいはさらに、不等〔なもの〕が相等〔なもの〕のなかに、運動が静止のなかに、消失することとである。連続性の原理は、デカルトがしたように直線と曲線の間の比を認識不可能と宣告して排除したりはしない。要するに、秩序の一般原理は、至るところに一般化をもたらすのである。ところで、〈極大および極小の〉の計算によってわれわれがつねに出会うのは、一つの際立った形である。たとえ無限小量だけであってもその形の先に行ったり手前にとどまったりすれば、私は最善のものを取り逃がしてしまうことしかできない。例えば、私がある与えられた周囲の長さに対する三角形の面積の連続的変化を研究するならば、最大の面積が達成されるは、正三角形という単純な形の最善によってである。強調しておこう、ライプニッツが関心を寄せているのは、形の唯一性であり、それを介して人が区別なく極大や極小へと至ることになる平衡点である、と。ライプニッツ自身も先ほどこう言っていた。自分の解析は、「もっぱら差の消失や、あるいは一つになってしまう対の唯一性に基づいているのであって、決して他のあらゆる大きさとの比較に基づいているのではない」と。それでは、何に関してそう言われていたのか。

「凹面鏡では反射の経路は最長となる」[92]という反論に関してであった。だから重要であるのは、極大と極小という言葉にもかかわらず、大きさの考慮ではない。周知のように、『弁神論』は、量と質との混同を防ぐために、『帰納法の試み』(*Tentamen Anagogicum*)(p. 272-3) のテクストをほとんど原文どおりに繰り返すことになる(第二一一—二一三節)。だから、ライプニッツが以下のように最小作用の原理を定式化したことには驚かされるだろう。すなわち、自由運動において、運動している物体の作用は「ふつう極大または極小」である、と。——クーチュラは次のように追記しておかねばならないと考える。「ところで、それが極大であれ極小であれ、数学的観点からは同じようなものであった。しかし、目的論的かつ神学的観点からは、どちらも大差ないというわけにはまったくならなかった。というのも、創造主は時として極小ではなく極大を費やすともなれば、創造主の知恵や「算段」について語ることがもはやできなくなっていたからである」[93]。すぐにわれわれは〔次の条件を、すなわち、〕その出費が結果だけに関わり、結果を生み出す方途や、方途と結果の関係に関わらないのであれば、と付け加えることもできよう。ただし、その場合には、手段もまた目的となるというライプニッツの根本的な独自性——例えばマルブランシュとはその点で区別される——がうまく理解されていないことになるだろう。それには後で立ち戻ることにしよう。いずれにせよ、創造主が使うのはつねに極大または極小であって、決して何でもいいわけではない。つまり、その二つの場合において、創造主はある最善のものを手にしていることになる。クーチュラは、極大が合理的に決定されることの必然性にしか気づいていない。つまり、彼は最善なものの唯一性を見ていない。ライプニッツが与えている例——正三角形、球、凹面鏡、平衡点、等々——は、どれもみな、最善なものをいわば対称の軸になるものとして示している。だからそうした最善なものは、離ればなれの「対」、すなわち対称的な位置にある同一の諸要素とは違って、唯一なのである。ところで、諸々の同一的なもののなかで選択することはできない。したがって合理的決定の唯一性は、唯一性が諸々の同一的なものを排除するという点で、選択の条件そのものである。最も決定されているということが、至高の意志にとっては最も決定的なことになる[94]。分かり切ったことだが、創造者の意志がその知恵によって形成されないのは、創造者の完全さに反するだろう。

〈極大および極小の〉計算〔法〉から引き出された最善に関する――〈最善の形についての〉――指摘は、デカルトに対する攻撃をさらに推し進める機会をライプニッツに与える。戦術はいつも同じである。すなわち、相手が最大の強みと思っているところにある弱点を――主張するだけでなく――論証することである。数学では、無限小解析が代数幾何学に対する優越性を証明した。力学では、連続性の原理がデカルトの衝突法則の一貫性のなさを指摘し、したがって、秩序の議論によってデカルトの衝突法則の誤りを証明している。光学では、正弦の法則は誤りではないが、デカルトがどのようにそれを発見したのか正確には分からない[95]。「デカルトが作用因によって、すなわちボールの反射をまねた方向の合成によって、それ〔屈折の法則〕を説明しようと努めたやり方は、きわめてわざとらしくあまり理解しやすくもない。ここではそれについてこれ以上何も言わないが、そうしたやり方がよく示しているのは、それが後から結論にどうにかこうにか合わされた推論であり、〔本当は〕そんなやり方で発見されたのではなかった、ということである」[96]。伝統も、おそらくデカルトがこっそり盗んだスネルの論証も、ホッブズ、ロベルヴァル、そしてとりわけフェルマとのいざこざも、デカルトに目的因の有用性を納得させることはできなかった。だから、ライプニッツにとっては、この点で挑戦に応じて合目的性を擁護することはとりわけ重要であった。彼は一六八二年、『光学、反射光学、屈折光学の唯一の原理』（*Unicum Opticae Catoptricae et Dioptricae principium*）という論文のなかで最初の攻撃を加えた。一六九〇年から一六九五年までの間には――まさにこのときライプニッツは、『哲学原理』の最初の二巻に対する『批評』(*Animadversiones*)を取りまとめている――『帰納法の試み』がもっぱら一六八二年の批判[97]を繰り返すことを目的としつつも、反論に答え、解析を使用することで唯一の原理をいっそう一般化している。フェルマとともに、デカルトに反対してライプニッツが採用するのは目的論的原理と極大極小法の使用であり、デカルトとともにフェルマに反対して認められるのは、光線がより密度の濃い媒体〔媒質〕のなかではより容易に移動するということである(P. VII, p. 276)。デカルトとフェルマのいずれにも反対な点は、時間の大きさが計算の基礎として介在しないということである[98]。一六八二年、唯一の原理はこう提案していた。すなわち、「光線がある点から他の点へと至る経路は、他の諸表面にとって規準となるはずの平面に関して、最も容易な経路である」(同書、p. 273)と。「最も容易な経路[99]」という表現は、『帰納法の試み』では「最も決定された経路[100]」に置き換えられており、「極大であるか極小であるか」は区別されていない。なぜなら、「考慮するのは極大のみでも極小のみでもない」(p. 270)ことが、目的因の途にも差分計算にも共通する特性だからである。実際、解析では「それは極大に対しても極小に対しても同じ演算であって、さまざまな応用の場面でしか……極大と極小は区別されない」(p. 275)。陳述のこうした変化がなければ、原理を作出原因性に還元したい気になるかもしれない。デカルトは神の不変性から、同じ結果を生み出すいくつもの途がある場合、自然は最短の途をとると結論していた[101]。だがまさにデカルトが語っている神の不変性は、ライプニッツによれば、知恵によって形づくられてはいないのであって、したがって、実在的なものの作出性〔効力〕は理念的なものに従属してはいない。だから、デカルトに従うつもりならば、単独で捉えられた作用因は、ないもの――理想や未来――は考慮に入れず、あるもの、〈今ここで〉(*hic et nunc*)作用するもの[102]にだけ関係するので、可能な光線どうしの闘いをデカルト的静力学の平衡に帰着させねばならないであろうし、

「［反射や屈折の］あらゆる表面を、それがどんな表面であろうと、それに接する平面を考慮することなしに考察しなければならないであろう」（p. 273）。デカルトは〈極大極小〉法を拒絶したのであるから、決定という言葉は使えないであろう。最も容易な途は最短の途と混同されてしまうが、それでつねにうまく行くとは限らないのである。反対に、ライプニッツの論証[103]の基礎は、作出的なもの〔結果を生み出すもの〕を理念的なものに従属させ、〈どのように〉を〈なぜ〉に従属させることである。光学の原理が単一でありうるのは、あらゆる曲面が、それがどんな曲面であろうと、それに接する現実存在せず理念的であるような平面との関連で、考慮されるからである。理念的なものの技法——すなわち解析——によってこそ、目的因の実在性が証明されるだろう。「秩序は、曲線と曲面が、直線と平面から構成されているように扱われることを要求する」（p. 274）。至高の叡智は自然のなかに示されており、「厳密には成り立たないことだが、曲線をあたかもそれに接する直線や平面によって構成されているかのように、それらの直線なり平面によって決定するという一般的企図そのものによって」示されている（p. 277）。この秩序原理を応用してみよう。それが「要求するのは、最大の容易さの結果が他の表面に関しても得られなくても、少なくとも他の表面にとって要素として用いられるような平面のなかで得られることである」（p. 274）。例えば、ある規則的な表面——平面で曲面でも、凸面でも凹面でも構わないが——の点Cがあり、そこで光線FCが反射することになるとしよう。Fから、反射した光線CGがGにおいて交わるもう一本の任意の線を引こう。三角形FCGの高さ$CB = y$と、表面への法線CPを下ろそう。最後に、$FG = 2a$の中点Hを横線〔横座標〕の原点だとする〔そして$HB = x$〕。容易に

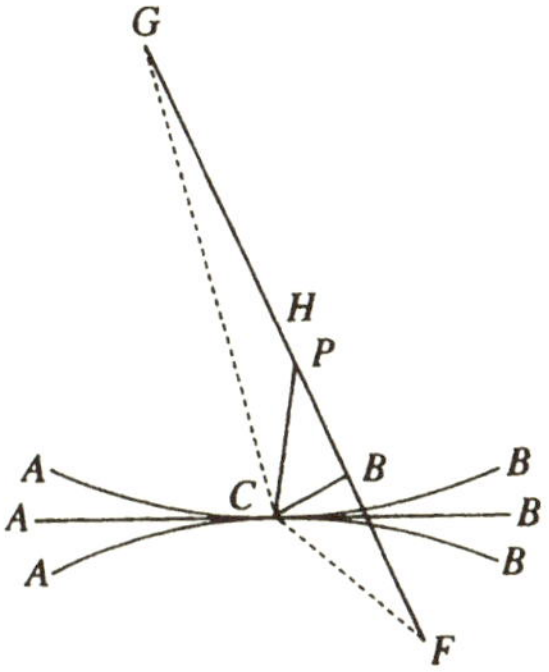

分かることだが、

$$FC+CG=\sqrt{y^2+(a-x)^2}+\sqrt{y^2+(a+x)^2}$$

である。微分による計算が示しているのは、関数が最も決定された地点を通る〔値をとる〕のは、FC＋CGが最短である場合――これは一平面にとってだけ起こる――ではなく、角FCPと角PCGが等しい場合である、ということである。すなわち、いずれにせよ、反射は、理念的であるような接する平面に準拠する、ということである。屈折率を考慮すれば、屈折光学に一般化するのは容易である。したがって要約すれば、ライプニッツの論証は、第一に作出的なもの〔結果を生み出すもの〕を理念的なものに準拠させ、第二に「決定された」と「最短」とを区別し、第三に原理の一般化を可能にする、すなわち、反射光学と屈折光学を支配する法則のより一般的な陳述を可能にする。では「最も決定された」途とはいったい何なのか。ライプニッツは絶えずこう繰り返す。第一に、それは連続的に変化する中で対称値をもたない、すなわちライプニッツの言い方では対の値をもたない、つまり同一的な値をもたない、唯一の値である。第二に、それはしたがって、最も単純な値である。なぜなら、それは数的多性を排除し、極大か極小かの区別なく、どちらの場合も「同じ演算〔操作〕」(104)の結果だからである。第三に、それは最も豊饒な値である。その同じ演算〔操作〕が極大か極小を産出するが、決して不確定なものを産出せず、ただ一つの表現によって最大限の現象を説明するからである(105)。唯一性、単純性、豊饒性は、目的の定義を与えてくれる。なぜなら、諸々の同一的なものが排除されることによって、神の意志のような完全な意志にとって最も決定的な要因を、もっとも決定されたもののうちに認めることができるからである。そういうわけで、ライプニッツにとっては手段そのものが目的となる(106)。神は〈手段の〉最小の支出で最善のものをつねに手に入れる。世界の完全さは単なる結果と定義されるのではなく、成果の豊かさと方途の単純さという、二つの項の関係によって定義されるのである。

したがって、「究極の度合いに達し得ない形相や本性、例えば数や図形の本性のようなものは完全性ではない、ということ」(107)――デカルトはこれを十分検討しなかった――がひとたび認められれば、完全性を量的な最大や最小とすることは禁じられる。つまり、その場合に量は、質的に最善なあるものの表現であり得るにすぎない。質的に最善なものは「最大であるか最小であるか」には無関係であって、つねに〈最善の形（形相）〉に関わっている。完全性を決定する究極の度合いとは、本質の充実である。円の大きさに究極の度合いはない。いやまさに、ある円が、より多く円であったり、あるいはより少なく円であったりすることはない。円であるならば、それは完全に円である。しかしながら、円の本質は、それが最善のものとして現れる連続的系列のうちに位置づけることができる。なぜなら、連続性の原理はわれわれに、放物線から楕円への、楕円から円への変形をたどらせるからである。同じように、ある存在者の完全性は、それの本質ないし完全概念との一致にあり、どんな存在者もこの意味では完全である。しかし、そうした存在者――例えばアダム――は、連続的系列――すべての可能的なアダムの系列――の内に位置づけられ得る。その際、各々の可能的アダムは、それが属している可能的世界のなかでは最善の可能的アダムであるように見える。換言すれば、宇宙のどの部分も、その宇宙における最善が許容する限りでの最善の可能的部分である。しかしながら、別々に考察されたすべての可能的アダムの系列の中から、可能的な諸世界のうち最善の世界に姿を現すのは、必ずしも可能的な最善のアダムではない。少しも罪を犯さなかったアダムの方が、可能的諸世界のうちで最善であるわれわれの世界のアダムよりも、いっそう善いであろう。したがって、「最善の全体の部分は、必ずしもその部分に関して可能な最善ではない」。だから『弁神論』（第二一三節）と『帰納法の試み』（P. VII, p. 272）のテクストは、矛盾してはいないのである。円やアダムの完全性について言われてきたことは、種の完全性についてもやはり真である。「連続性の原理は、自然がそれの従う秩序に空虚を残さないことを示しているが、あらゆる形相や種がどんな秩序にも属しているというわけではない[108]」。したがってさらに、「あなたは、規則づけられた一連の諸世界を思い描くことができる。その諸世界のそれぞれには、問題となる事例が含まれていて、その事例〔の違い〕に応じてそれぞれの世界の状況や帰結が異なるのである。しかし、もし現実の世界と異なる場合として、ただ一つの出来事とその帰結だけが異なるように決定された場合を措定してみるなら、それに応じて一つの世界が決定されるだろう[109]」。一般的に言えば、ある全体——本質、種、個体、世界、等々——の完全性は、連続的変化の中における最善として決定されている。ここには二つの視点がある。つまり、〔一方において〕そうした全体をいわば外から、すべての類似したものの系列のなかで考慮することができる（例えば、可能的な諸世界の系列の中でのこの世界、可能的な諸々のアダムの系列の中でのこのアダム、等々）。〔他方において〕そうした全体をその内的構造において、可能的な無数の途の中で最も決定された途によって得られる結果と見なすことができる。しかし、どちらの視点をとるにせよ、ライプニッツにとっては唯一のものと最も決定されたものとが完全に一致していると理解されたときには、「可能的な諸世界のうちの最善」を相対的に解してはならない、ということが理解される。相対的に解するならば、最善世界を「可能的な諸世界のうちでより悪くない世界」に置き換えることを許してしまうだろう。そうではなくて、最善は絶対的に最善なのであり——だからこそ、パラスがテオドロスに明かす可能的な諸世界のピラミッドは、一つの頂点をもっているのである——その最善なものと比較して測られるがゆえに、ただ不完全なものだけが相対的なのである。——また、だからこそ、その同じピラミッドは「底面がなく……無限に下へと増大していくのである[110]」。完全な決定による絶対的なものを、不確定な相対的なものと取り違えてしまうと、フリードマンやコルサノ[111]のように、ライプニッツには無縁のロマン派的悲観主義を彼に帰してしまう危険に晒されることになる。

最も決定されたものについての原理に、宇宙の建築術は他の諸原理を付け加える。支配的モナドは、モナドの集まりを複合実体、すなわち物体〔身体〕[112]へと寄せ集めるが、モナドの一つの集まりをそうした支配的モナドに従属させる原理を、支配原理と呼んでもいいだろう。互いに似通った諸物体は、それらが属する種の中にその類似性の法則を見つける。ところで、種は、物質的な最下位の種から精神に至るまで、それの明晰な表象の能力に従って階層化されるが、秩序が要求するのは、すべてを考慮する神が上位の種に属す一つの個体よりも一つの種の方をおそらく選び取るということである。例えば、一人の人間よりもライオンという種の方を選ぶということである[113]。表象の程度が完全性の連続的な程度であるとすれば、逆に単なるモナドと精神の間の本性上の差異は、ライプニッツの世界観に一種の二元論を導入するように思われる。精神は単なるモナドよりも優れている。しかも、諸精神が属す世界では、創造という建築術を完成させるのは、恩寵の原理である。

この建築術は、すでに述べたように、互いを規制し合い一つの全体へと組織される諸部分の無限の多様性を要請する。逆に、全体は諸部分の組織化を規整する。そうしなければならない。なぜなら、部分によって全体を説明するということは、作出原因性によって説明することだからである[114]。しかし、全体によって部分を説明するということは、合目的性によって説明することである。ライプニッツは悪の問題を解決するためストア哲学から着想を得ていただけに、なおさらそうせざるを得なかった。神はただ一つの事物を気にかけるのではなく、すべてを考慮するのである。すなわち、「……神が他のすべてのものを創造しようと決心したのは、このアダムを創造しようと決心したためではなく、神がアダムに対してする決心も、他の個別的な事物に対してする決心も、宇宙全体に対する神の決心の一つの帰結である、と言わなければならない……」[115]。神は、画家のように振る舞う。画家は、絵〔の全体〕を一目で見て取るのにふさわしい場所まで離れ――〈絵の全体をそうするにふさわしい位置から眺め〉――次に近づいて、全体に細部を調和させるのである。まさにそのために細部は、画家がそこだけを別に描けば可能だったであろうような最良の出来ではない[116]。全体の眺めは神の一般的意志に対応し、細部の眺めは神の個別的意志の一つに対応する。神は状況に応じて決心をするのではない。神のさまざまな意志は互いに「引き離されている」のではなく、「互いに関係がある」。「したがって、……神の中に、宇宙の秩序全体に対して神がもつ、もっと普遍的でもっと包括的なある意志を認めなければならない。宇宙は一個の全体のようなものであり、神はただの一目でこれを見通すからである。なぜなら、この神の意志は、この宇宙に入って来ることに関する他のさまざまな意志を潜勢的に含むからである。……それどころか、個別的なものについてのそうした意志は、一般的なものについての意志と、単に観点において異なるだけであるとさえ言えよう。いわば、ある視点から眺めた一つの都市の状況が、その都市の実測図と違うようなものである。眺められた各々の状況がその都市を表出しているように、それら個別的なものについての意志はどれもこれも宇宙全体を表出しているからである」[117]。

絵画の比喩で方向を見誤ってはならない。逆に、ライプニッツの力動説とデカルトの機械論との真に根源的な対立を強調して合目的性の分析をさらに進め、その分析を通してデカルトに対するライプニッツの批判をよりよく理解しなければならない。実際、何らかの目的を描き出すためには、秩序づけられた組織的全体を引き合いに出すだけでは十分ではない。目的は、到達されるべき目標と、いわば未来の組織化を前提としているのである。

そうした組織化は、モナドの完全概念のなかに述語の規則的系列という形で含まれている。完全概念の理論は、神の全知が起こるであろうすべてのことを予知し、宇宙の最小部分の中にさえ宇宙全体の現在と未来の状態を読みとる、と主張するだけではない。そこまでならデカルトも異議を唱えない。完全概念の理論に固有なのは、それが内的合目的性によって初めて意味をもつ、という点である。つまりこの理論は、主語の内に述語を内含させることで、主語の内部に予知の原理を位置づける。未来の理由は、物質的原子《アトム》の間で外から計算される関係のような、外在的諸関係の〈連結〉（*nexus*）に帰着するのではなく、逆に未来の理由はそうした外在的関係を排除する。ただちに続けて言っておけば、ライプニッツの動力学さえもが、この内的合目的性によって初めてその意味の一切をもつのである。両者が切り離されたらどうなるだろうか。動力学は、科学的意義は保ち続けるが、科学の歴史が示しているとおり、反ライプニッツ的なものになっていく。ラプラスのもとでは神という「仮説」なしで済ます決定論の表明へと至ることになる[118]。いずれにせよ、デカルトには完全概念の理論に通じるような点は何もない。デカルトの機械論は、完全概念理論の基礎であるモナドの個体化を、物質的実体というただ一つの無際限〔無限定〕な物塊に置き換え、モナドの相互表出を、互いの圧力によって動かされている諸粒子の——動かされている場合も静止している場合も含めて、とにかく運動している諸粒子の——せめぎ合いに置き換える。可能な予知としては運動学的な予知しか残らないし、それゆえに、合目的性としては、外的な合目的性しか残らないのである。

実体が完全概念の内に無限に多様な述語を含んでいることは、実体がその一性の内で無限の多様性を表出していること、つまり、実体には表象が備わっていることを意味している。だからそうした実体は、魂もしくは何か魂に類似したものでしかあり得ない。デカルトが思考原理と定義しているような魂——これにライプニッツは「精神（Esprit）」という名を割り当てている——ではなく、生命原理と伝統が定義しているような魂のことである。そうした魂または魂に類似したものは、一つの形相である。形相とは、ある生物学的機能である。ここには刷新されたアリストテレスの目的論がある。合目的性と形相とは互いに結びついている。世界がモナドの集合から成るのだから、世界の中の合目的性は普遍的なものになる。なぜなら、「……何らかの生命原理、すなわち内在的にはたらくものが質料〔物質〕のきわめて小さな部分にのみ存するということは、事象の秩序にも美しさにも理由にも合致しないのに対して、そういうものは質料〔物質〕全体に存するということを、さらに大きな完全性が要求するからである。人間の魂のように支配的な魂や、とりわけ知性的な魂が至るところにあるというわけにはいかないとしても、魂や少なくとも魂に類似したものが至るところにあるということは、いっこう差し支えがない(119)」。デカルトにおいては、物質はまったく量的であり――〈物質すなわち量〉――、一様で、区別原理を欠いており、〈瞬間的な〉記憶さえないために時間とは無縁であり、内的合目的性の可能性までもが排除されている。デカルトの世界とは、一つの自然ではない。それは、すべてが機械から作り上げられる大きな工場である。このように自然の事物と人工の事物を混同して、フォントネルのような後継者たちは、自然を注意深く見れば「自然はこれまで思われてきたほどには驚嘆に値しないことが分かり、自然は職人の仕事場と同じようなものでしかない(120)」、と主張するに至るだろう。そうした仕事場で、植物と動物は見かけ上生きているにすぎない。つまり、そこではすべてが車輪とポンプと滑車の装置に帰着する。確かにライプニッツも、こう繰り返すのを決してやめなかった。「神は、君主が臣下を支配するように精神を支配する……。ところが他の実体に対しては、神は技師が機械を扱うように対処する(121)」と。しかし、ライプニッツがこれで言おうとしているのは、精神とは対照的な、単なるモナドにおける反省の不在と、それゆえ自由の不在以外の何ものでもない。「前者〔物体の自然的力〕は時計のように自由なしに作用し、後者〔精神の自然的力〕は自由をともなって行使される。もっとも、前もって別の上位の自由原因がそれとあわせておいたこの一種の時計と正確に一致するのであるが」[122]。後者は、どちらの場合も、時計のメタファーはデカルト風に理解されてはならない。つまり、そのメタファーが表現しているのは、諸々のモナドの相互表出の完全な規則性と、予定調和の完全な規則性である[123]――その規則性のおかげでライプニッツの神には、ニュートンの神が強いられているように「時々、自分の時計のゼンマイを巻く」[124]必要がない。それどころか逆に、ライプニッツはこう主張する。私の体系は、デカルトの体系とは反対に、「神の知恵が造った最もつまらない作品や機械的仕組みと、限られた精神が造った人工の最大傑作との間に、結局真に絶大な距離があることを知らせる」唯一の体系であり、「その間にある差異は、単に程度における差異ではなくて、類そのものにおける差異である」[125]と。その差異は二つの特徴に由来する。すなわち、自然の機械はその最も小さな細部に至るまで無限に組織化されており、「そのうえ、魂もしくは形相によって、われわれの内の自我と呼ばれるものに応ずる真の一性が存在している。このようなことは、人工の機械のなかや、いかに組織化されていても物質の単なる塊の内にはあり得ない。そうした塊は、軍隊や群、魚のいっぱいいる池、あるいはゼンマイや歯車でできた時計のようなものとしか考えられない」[126]。だから動物‐機械説が誤っているのは、それが生命に独自の特徴を考慮に入れないからである。動物‐機械説が部分相互の適合を説明するにしても、それはまるで時計の中のゼンマイや歯車の秩序と配置を説明するようなものでしかないだろう。つまり、動物‐機械説が全体の形相的一性を説明することはない。一性がなければ、「集合のなかには実体的なものも実在的なものもないことになる」（同所）。そうした形相的一性が、生き物の内的合目的性を統御しているのである。デカルトの動物的心理学からライプニッツの心理学への移行は、機械論的心理学から傾向性の心理学への移行となる。さて、ところでデカルトに従うなら、人間を外側からどうやって動物と区別できるるであろうか。「ある人たちがデカルト派に指摘しているのは、獣が自動機械にすぎないと証明するデカルト派のやり方は、自分以外のすべての人間もまた単なる自動機械だと言うような人を、正当化さえしてしまうということである」[127]。実際は、デカルトは合目的性を人間に限っている。まず最初に、精神として人間は、合理的な〔道理にかなった〕合目的性に従って振る舞うことができる。ライプニッツは自由意志の主意主義も、判断する意志と知性との二元論も拒否するので、さらに先まで進み、合理的な合目的性を精神の本質そのものとする。したがって精神は、そうした本質から決して逃れられない。この意味で精神は単なるモナドと異なっており、これはちょうど目的因の秩序が作用因の秩序と異なっているのと同様である。第二に、魂と身体の実体的結合においては、魂の保存が身体の目的であり、逆に魂は身体の保存を目的としている。この相互的合目的性については、M・ゲルーがわれわれに決定的な論証を与えてくれている[128]。この場合には、人間機械は切り離されずに結合において考察されており、ライプニッツが望むような形相的一性が受け入れられている[129]。つまり、複合実体の領域は、内的合目的性の領域として現れている[130]。しかしながら、そうした合目的性は完全ではない。つまり、その合目的性が組織化するのは物体的〔身体的〕機械と魂との関係だけであって、そうした機械の内での部分同士の関係を組織化するのではない。M・ゲルーが説明しているとおり[131]、合目的性が成り立っているのは機械の諸部分と全体との間の相互関係においてではなく、機械の全体とそれに結びついている意識との間の関係においてであり、身体が不可分であるのも、それが魂に帰属しているからである。かくして身体〔物体〕の生成はつねに、作出原因性だけに依存していることになる。ライプニッツが単なるモナドを作出原因性の領域に帰す際に考えているのはそのようなことではない。というのも、その帰属には、単なるモナドには自由がなお欠けているという否定的な意味しかないからである。にもかかわらず単なるモナドもまた、完全概念の学説が要請し、生物学的な合目的性のうちに表現されているような内的合目的性を備えている。生物学的な合目的性が有機体の全体に形相的一性を与えるのも、それが有機体の諸部分もまた組織化するからにほかならないのである。さらに、連続性の原理に違反して、合目的性を人間の魂と人間の身体との結合(132)に制限することは、万物のなかで、人間とその他の生き物の間に、デカルトの運動法則の中に確認できるのと同様の不連続性を導き入れてしまう。ひと言でいえば、デカルトの世界は、真の完全な普遍的合目的性を妨げる。なぜなら、デカルトは合目的性を排除する物質観をもっているからであり、事物の秩序や美しさや理由に最も適合するのはいろいろな魂をできるだけ増やすことであるのを、理解していなかったからである(133)。

すべてが相互表出し合う魂で満ちているなら、時間は連続的である。現在は過去を背負い未来を孕んでいる。なぜなら、諸表象の規則的関係は、互いに至るところで、諸関係の規則的表象をもたらすからである。そうした関係とは、それを普遍的調和という不変の真理において判明に表象する神から見れば論理的関係であり、混乱状態でしか表象できない有限な存在者にとっては可感的関係である――例えば、音楽の楽しみ〔喜び〕で、打つ音や音の振動について魂が行っている計算に、われわれは気づかない(134)。さて、論理的継起という非時間的関係が、有限な存在者においては時間的継起という関係を通して表現される。かくして、時間は論理的な、観念的な本質を有している(135)。ところが、可感的継起において展開されれば、時間は持続として現れることになる。持続において表象は、明晰さのすべての段階で記憶を含んでおり、そうした諸段階で非可感的表象から可感的表象への漸増や漸減、あるいは逆の漸増や漸減が、われわれを連続性の原理に立ち戻らせる。時間の本性をさらによく理解するためには、以下のような類比が役に立つであろう。神は諸実体を連続的に産出している、と言うとき、われわれは他の被造物との関係のもとでしか現実存在することができない被造物の言葉で語っている。現実存在、あるいは結局同じことになるが持続は、他の被造物との関係からしか生まれないからである。ところが神は、永遠なる第一原因であり、それゆえに現実存在するために時間を――原因となる他の諸実体を――必要としない。字義通りに言えば、神は現実存在するのではなく、存在するのであって、その神の存在があらゆる現実存在の条件なのである。これと類比的な関係が、すなわち神とその被造物との間の関係が、すべてのモナドとその決定された述語の系列との間の関係にも成り立っている。なぜなら、「……神はまず初めに魂やそれ以外のすべての実在的一性を創ったが、その際、魂や実在的一性にはすべてのことがそれ自身にとっての完全な自発性によって自らの内奥から生じながら、それでいてそれらは外にある事物と完全な適合性を保っているようにした(136)」からである。ところで、不死の魂はいわば時間の外にある。「もし各々の魂の襞をすべて拡げることができたら、各々の魂のなかに宇宙の美を認めることができるであろう。ただその襞は時間と共にしか目立つほどには展開しない(137)」。したがって、永遠の神による実体の連続的創造であれ、不死または不滅の魂による（その完全概念に含まれた）述語の連続的創造であれ、それが時間のなかでわれわれに示しているのは、ある非時間的なものの表現である。その非時間的なものが存在あるいは存在者なのである。ところで、伝統にしたがい、ライプニッツにとっては、〈存在する〉と〈作用する〉とは同義語である。「というのも、私は、事物の自然的過程において実体は作用なしにはありえず、運動していない物体さえありえない、と考えているからである(138)」。その結果、時間は実体的活動の表現であるということになる。実体の活動は時間のなかで展開されるのではなく、時間を基礎づけているのである。その活動は、完全に決定された非時間的な不変の規則に従って述語を生み出す。その不変の規則は述語の系列の理由であり、述語の系列の順序がなぜそうなっているのかを説明する。すなわち、述語の系列の目的〔終わり〕である。かくして目的〔終わり〕は始まりの条件のように見える。時間的に表現するなら、未来が過去の条件となっているのである。ところがデカルトにあっては、以上に似かよった点は何もない。彼は、神の摂理について宗教が彼に啓示する真理を疑わない。すなわち、神の摂理はすべての被造物を一括して包含し[139]、個別的に各被造物に絶えず留意しているが[140]、しかも神の不変の決定はわれわれの自由意志を考慮してきた[141]、というものである。しかし、そうした真理が懐疑を免れるのはもっぱら、それが自然の光〔理性〕の理解を越えているからである。神の諸目的はわれわれにとって不可視のままである。魂が持ち得る目的は予見できないので、魂の自由意志はわれわれに、魂の未来を現在に結びつけることを禁じる。では物体の世界の方を自然の光に照らしてみたらどうであろうか。われわれは、実体的空間が物質の延長ですっかり占められているのを見る。そうした物質〔質料〕は区別のしるしを何ら含んでいない、とライプニッツは言っていた。つまり、物質の継起的状態は当然ながら互いに区別されえない。さらには、物質は運動を受け取るのであって、物質は受動的である。そういうわけで、ライプニッツが護持する伝統とは反対に、〈存在する〉と〈作用する〉は必ずしも同義語ではなく、物質的実体はそれ自体としては作用をもたない。だが、変化の内的原理を欠いた物質的実体が、一切の未来に対して無差別にならないとすれば、それはいかにしてであろうか[142]。物質はもっぱら「運動および静止とともに[143]」創造されたのだ、という答えが返ってくるだろう。デカルトにとって運動が幾何学者の線よりも理解しやすいとすれば、直観は実在的なものの尺度なのだから、運動は線よりも多くの実在性をもっていると結論づけなければならない。つまり、線で描かれた図は運動を前提し、運動はある力を前提する。そうした力はわれわれを神の創造作用に立ち返らせるだろう。だが、それは同時に、運動の数としての時間に[144]〔も〕実体的実在性を与えることにはならないだろうか。そのとおりである。では、その実在性が未来を現在に結びつけるのではないだろうか。だとすれば、場所的運動のことを考えてはならない。デカルトの機械論は場所的運動とその軌道とを混同しており、M・ゲルーの言葉を借りるなら、空間的位置の変化は「あらゆる変化と同じくそれ自体は時間を前提しているにしても、速度が考慮されていないために、時間の変化についての考察が締め出されているからである」[145]。では、動力〔の考察〕への遡及を試みるべきであろうか。知ってのとおり、デカルトがそこに至ることはない。つまり、瞬間において踏破される空間しか考慮しない[146]静的なスナップショット〔瞬間的描写〕に、彼の力動説《ダイナミズム》は細分化されてしまう。すなわち、ここでもまた生成が消失してしまう。運動の起源そのもの、すなわち創造と連続的創造という神の作用に遡れば、生成は再び現れるのだろうか。この点に関してM・ゲルーはこう書いている[147]。「実際には、力・持続・現実存在は、異なった三つの局面での唯一の同じもの（傾動 *conatus*）であって、これら三つの概念は、物体的実体を現実存在させ、持続させる瞬間的作用、すなわち、物体的実体に自らを現実存在すなわち持続へもたらす力を与える瞬間的作用の中では一つであり区別されない」と。さらにゲルーはこの瞬間的作用については、『オリュンピカ（*Olympica*）』（A. T., t. X, p. 218）からの「〈瞬間的作用は創造を〔意味する〕〉」、という表現を引用している。ところで、その創造の瞬間、連続的創造において連続するその瞬間は、時間の起源であり、時間の連続の源泉であるが、それ自体は非時間的である。つまり、その真の名は永遠である。デカルトにおいては、その永遠は未来についてのいかなる法則も与えない。それは、世界のなかの同一の運動量の保存を保証する、神の不変性と恒常性に対する別名である。だが、不変性も恒常性も *mv*〔運動量〕の保存も、同じく永続性の原理である。デカルトはライプニッツのように、不可識別者や完全概念について語りつつ、そうした永続性に基づいて生じるはずの変化の原理をそこに結びつけたりはしない。永遠は、同時に、時間を組織化する目的であることを止める。デカルトが採り入れるのはもっぱら、将来を現在の単なる移行とするような、永続性の原理だけである。われわれの直観的瞬間は、それが根拠にする永遠の現在と同じ秩序〔次元〕に属してはいない。だからこそ、神が存在することを論証するには、時間や、われわれの生の持続について考察するだけで十分なのである。というのも、時間の本性とは「その諸部分が互いに依存することなく、決して同時に存在することもないようなものであって、何らかの原因、すなわち、われわれを生みだした同じ原因が、われわれを不断に再生産する、つまり保存するのでなければ、今われわれが存在するということから、それに続く次の瞬間にもわれわれが存在するであろうということは帰結しない……[148]」からである。持続することが現実存在することなのだから、私が持続することについて有している確実性は、私が現実存在することについて有している確実性と区別できない。ところが、私が現実存在することについて有している確実性は、〈コギト〉がその私の現実存在を現に措定する瞬間にしか有効ではない。それゆえに、私が持続することについて有している確実性もまた現在の瞬間にしか有効ではない。だから私は、現在を未来に結びつけることができない。神だけが――なぜなら、「われわれの中には、われわれを存続させ得る力、もしくはわれわれを一瞬だけでも保存できるだけの力もないことを……われわれは容易に理解する」（同所）からである――思考の中断されない運動による一つの直観と他の直観との連結を私に保証するように――そして私に保証するために――、瞬間と瞬間を互いに結びつけるのである。しかしながら、連続的創造の瞬間的行為における瞬間同士の連結によって時間の連続性を考えても、私には大して役立たない。なぜなら、その場合私は、神の摂理の意図の不可解さに立ち戻ってしまうからである。時間の連続性をそのように認めても、私はその連続性を最終的なものにすることはできず、したがって、将来を孕んだ現在を提示することはできない。もしもそうしたいのであれば、私は自然の光から啓示の光へ移行しなければならないであろう。ライプニッツは直観主義とは無縁であるために、デカルトの『哲学原理』第一部第二一節を理解していないように見える。「われわれが今存在していることから、変化の理由が現実存在しなければ、われわれはすぐ後にもまた存在するだろうということになる」(149)。これは、慣性原理を確立するためのデカルトの議論(第二部第三七節)であろう。すなわち、ある事物が運動し始めたとき、「その運動を遅らせたり中断させたりするものと何ら出会わない間は、その事物は同じ力で運動するのをいつか止めるに違いない、と考えるべき理由もまったくない」。しかし、この場合には「……と考えるべき理由」は、神の不変性と恒常性によって保証された上で(第二部第三六節)、自然学的な事実に適用されようとしているのに対して、第一部第二一節ではデカルトはまだ、存在論的証明(第一四節)と完全者の観念(第一八節)、そして最後に因果性(第二〇節)を介して、神が存在することをやっと証明したばかりであり、しかもその場合の因果性は、自然学的な事実に適用される因果性ではなくて、神の現実存在を除けば認識された唯一の現実存在である、〈コギト〉の現実存在に適用された因果性なのである。デカルトはこの因果性についての生き生きとした内的感覚を自由意志の経験のなかで感得しており、神が存在するかどうかが知られる以前の第六節ですでにその経験に依拠していた。だから、重要なのは原因という抽象的観念ではなくて、ある力についての経験である。われわれの生の持続が神が存在することを論証するとすれば、それは瞬間の非連続性についての——ライプニッツによって拒絶された——議論に、「われわれの中に、ただの一瞬だけでもわれわれを存続させ、または保存し得るような力を……」われわれは認識できない、という議論を結びつけることによってなのである。第二部第三七節で、デカルトが慣性原理の第二の部分を説明しつつ「……と考えるべき理由もまったくない……」と述べる際にも、その理由は純然たる論理的理由ではなかったであろう。ではその理由は何に基づいているのか。神の本性に由来する、創造者の不変性に基づいているのである。たしかに、神は本来、純粋現実態であるので、あらゆる変化が含んでいるような潜勢的存在を神のなかに導入することは矛盾であろう。ここまでは論理的な理由である。しかし、デカルトはそれ以上のことを望んでいる。すなわち、「さらにまた、神における完全性は、たんに神がそれ自体として不変であるという点にのみでなく、決して変わらない仕方で活動する……という点にも存することを、われわれは知っている」。これとは反対のことを想定して「神に不安定さを帰すようなことがあっては」ならない（第二部第三六節）。この場合には、問題になっているのは道徳である――不安定であることは道徳的不完全さであるだろう――あるいは、こう言った方がよければ、デカルトの主意主義である。したがって、デカルトは決して、ライプニッツのように論理に関する抽象的原理――十分な理由の原理――を用いた推論をしてはいない。因果性それ自体が、デカルトにとっては力能の行使である。力能は、魂においては自由だが、事物においては創造物を保存する神の現実的作用に縛られている。万物が現実存在するのも、根源的に自由な至高の力能によって現実存在を保たれているからこそであり、デカルトはその力能を、創造されざる叡知に従属させることを拒むのである。ライプニッツによれば、創造する力能がそのなかから選択できるであろうすべての可能的世界を、神の知性のなかで形づくるような理由の合目的性は、デカルトの体系のなかに場所をもたない。全体に応じて部分を秩序立て、したがって未来に応じて現在を秩序立てるような論理の必然性を、デカルトは、将来を開かれたままにしておく一つの力能のもつ自由、に置き換える。デカルトにおいて時間は自由に続行される創造と一体であるが、それに対して、ライプニッツにおいて時間は、自由な創造が現実存在のなかに保つ論理的関係の順序である。前者の時間は神の作出〔原因〕性によって、いわば瞬間ごとに創造される。後者の時間は、現実存在するものの諸関係のなかで可感的に展開される以前に、予定された計画に従い一気に組織化されてしまっている。

この原因からの時間と目的からの時間との違いは、それと対称をなす、デカルトの静力学における場所的運動とライプニッツの動力学における運動‐過程との違いのなかにも見いだすことができる。物質と共に創造された場所的運動は、決まった方向をもたない。つまり、その最初の方向はどれでもよいのであって、それは神の意図を表現してはいない。しかし、運動－過程は同じ意図のなかに最初の起源をもっている。つまり神は、創造において各モナドが満たすべき状況——と、したがって果たすべき役割——に応じて方向づけられた傾動（*conatus*）を、各モナドに与えたのである。その結果、「世界中のどんな点の運動をとっても、それは決まった性質をもった線のなかで生じるのであり、その点はかつて一度だけ獲得したその性質を、どんなことが起こっても捨てることができないだろう」[150]。だからデカルトの説とは反対に、速度を変更せずに運動体の方向を変えることはできない。実際は、場所的運動は実在的運動ではない。場所的運動ではどの物体が動いているのかを決定できない。すなわち、この物体がもう一方の物体の方に動いているのであって、もう一方の物体が最初の物体の方に動いているのではない、と言える理由がない。「同様に、ある物体が動いていると言うためには、それが他の諸物体との関連で位置を変えることだけでなく、それがそれ自身のなかに変化の原因、力、作用をもっていることをも、われわれは要求する」[151]。そうした力または作用によって、運動している一つの物体——例えばゼノンの矢——は、静止しているその同じような物体とは実際に異なっている[152]。デカルトの誤りはどこから生じたのだろうか。彼の自然学の原理からである[153]。デカルトは、神が同一の運動量を保存すると仮定して、自然学がそうであるべき実在的なものの学から、幾何学がそうであるような抽象的なものの学へと、自然学を格下げした。ところで、幾何学はまさに抽象的であるので、幾何学には理由の抽象的順序が必要だが、生きている合目的性の実在的順序は必要ではない。したがって、デカルトによれば（『哲学原理』第三部第四七節）、「物質は、それのとりうるあらゆる形をつぎつぎにとりうる」というあってはならない結果になる。すなわち、「……たとえどれほど不合理なことや奇妙なことやわれわれが正義と呼んでいるものに反することを想像したとしても、それはこれまで生じたことがあるか、いつか生じるはずである、ということが帰結する」。これはスピノザやホッブズの見解であり、無神論哲学の見解である。しかし、真の哲学は目的因を排除するどころか、「むしろ目的因によってこそすべてのものが決定されるに違いない」[154]、と考える。ただ同一の運動量の保存だけを考えることによって退けられた目的論の基礎が、同一量の活力の保存によって自然学のなかで復活する。活力や死力——mv〔運動量〕はその微分にすぎない——は、幾何学に収まらない何か形而上学的なものを表現している。そうした力は「図形の大きさや運動とは何か違うものであるから、物体のなかに考えられるすべてのことは、近代の学者が確信しているように、もっぱら延長とその変様だけから成り立っているわけではない、と判断することができる。そういうわけでわれわれはまた、近代の学者がいったん追放したある存在もしくは形相を復活させなければならない。そして……物体的本性の一般的原理やさらに力学の一般的原理は、幾何学的というよりもむしろ形而上学的な原理であって、物体的な、すなわち拡がりをもつ物塊に属するというよりも、むしろ現象の原因となっているある不可分の形相ないし本性に属していると、ますます思われてくる」[155]。デカルトが力学の真の原理を認識していたならば、衝突法則においても、一般的に言って、彼の「物語のような自然学」全体においても、彼は建築術的な秩序に反して誤りを犯すことはなかったであろうし、それだけでなく、魂が身体の方向を変え得ると信じることもできなかったであろう。そして、「デカルトは私の予定調和説をとることになったであろう」。予定調和説は、作用因を目的因に従わせるものである[156]。結果として、動力学は〈最善の形〉についての計算法と同じく、われわれに合目的性についての実験的な検証を与えてくれている。しかも、その計算法を上回り、動力学は未来の結果が——機械論はそれが現在に至るまでは何か実在的なものにはならないと思わせるであろうが——現在の状態のなかにすでに含まれていることをわれわれに示してくれる。あらゆる存在の現在の状態は、その可能的なもの全体を包蔵している。世界は予め決定されている。こうしてわれわれは、完全概念の学説に立ち戻る。この学説が意味しているのは、世界と世界内のあらゆる被造物には果たすべき役割が、到達すべき目標がある、ということなのである。もしそうでなかったとしたら、世界のモデルが神にとっての目的にはなり得なかったであろうし、そのモデルが実際に企てられることもなかったであろう。

　ライプニッツの批判の全体を俯瞰してみよう。

　世界が神にとって本当に目的となり得るのは、まずは世界が神の創造する意志にとって、完成された一つの全体のモデルとして示される場合だけである。ところが、デカルトがそうした創造する意志を考える仕方は、創造する意志を、モデルもなく無際限な世界を産出するむき出しの力能にしてしまう。しかも、まったく量的で同質的で一様な物質は、たとえ動かされたとしても、世界を組織化された全体に構成しうるような、区別の徴も質的多様性もまったく含まない。したがって、そうした全体は建築術的ではあり得ない、すなわち完全性を表現することができない。この点でデカルトに欠けていたのは、彼が〈最善の形についての〉計算法の意義を理解していなかったことからすると、連続性の原理——あるいは一般的秩序の原理——である。この原理が、極大なり極小を通して最善を、最も決定された途、すなわち最も単純で最も豊饒な途に関して獲得できる最善の目的として決定する。その〔獲得可能な〕最善の目的には同一的なもの〔同種の選択肢〕はなく、同一的なもの〔選択肢〕を作り出すこともないからこそ、神に創造する決心をさせることができるのである。世界が、互いを規制し合い全体に向かって組織化される無数の諸部分、というモデルを示すだけでは十分でない。その世界には目標がなければならない。ところで、実体の完全概念の学説を予測しなかったデカルトにおいては、何も予め決定されてはいない。デカルトは、精神に無関係な彼の物質観が、〔つまり〕生き物の機械への還元が、合目的性の役割を——魂を至るところに増やしてそうした合目的性の役割を拡張することが重要であるのに――どれほど減少させてしまうか、分からなかったのである。したがってデカルトは、見せかけの運動に基づく彼の機械論がまた、どれほど見せかけの時間を引き合いに出すにすぎないかも分からなかった。それは、決して現在が過去を背負ってもおらず将来を孕んでもいない、死んだ時間である。

方法論的にもデカルトは誤っていた。「神の目的はわれわれには窺い知れない」という命題は、個別的な目的についての命題として理解されるべきであった。なぜなら、「神はすべてを同時に考慮しているのに」[157]、まるでたった一つのことしか考えていなかったかのように、神がある個別的な計画だけに関わっているなど、あり得ないからである。われわれはやはり神の一般的意志について確信をもっている。しかも、その神がすべてを考慮していることを、デカルトのようにストア派的に認めるだけでは十分ではない。すなわち、デカルトは偶運を「この幻影」と呼んで、「運命ないしは不変の必然性のような」[158]摂理をこれに対置したつもりでいるが、もしも神の意志についてのデカルトの学説を受け入れるならば、その摂理自体が「幻影にすぎないことになるだろう」[159]。デカルトは間違っている。神の意志の真の本性と、神の一般的意志による計画は、われわれにははっきりと示されている。われわれの宇宙が、われわれが見ているとおりに秩序づけられているのは偶然によってである、などということは、書物がひとりでに書き上げられる国があるのと同じで、ありそうもないことである。そんな可能性は世界に対しての砂粒のようなもので、実際上は無に等しい[160]。しかも、学知による確実性も慣習的〔実践的〕確実性の程度を越えることはできないであろう[161]。われわれは、自然の探究においても一般的秩序の原理やその他の建築術的な諸原理を用いることによって、神の一般的意志が善を目指していることを確認する。そうした確認は個別的目的にも及び得る。例えば、「何か善い結果もしくは何か完全なこと」が、神の業から結果としてわれわれにとって生じるのを「われわれが見る」ときでもいいし、「動物のすばらしい構造[162]」を——とりわけ顕微鏡を用いて——注視するときでもいい。結局のところ、われわれはデカルトとは異なった仕方で神の意志を考えなければならないが、それを正当化してくれるのは、目的因の以下の三つの効用である。第一に、目的因は「諸説の試金石[163]」を与えてくれる。例えば、目的因は正弦の法則を確認し、デカルトによる衝突法則を覆すのである。第二に、目的因は「非常に豊かな発見原理」として役立つ。つまり、目的因がなければ、正弦の法則はスネルによって発見されなかったであろう。第三に、目的因はわれわれが神に「感嘆の念を抱く[164]」ようにさせる。確かに、作用因の途はより直接的もしくはア・プリオリである。作用因——運動——は、結果——他の運動——と「同質的[165]」であるので、それらは互いに含み合っているからである。しかもその同じ途は、現象の機構《メカニズム》に分け入るのであるから、「より深い」途でもある[166]。しかし、合目的性は「事物の理由」をわれわれに明かしてくれる。われわれはこう言ってもよいだろう。「事物の理由」すなわち事物の「なぜ[167]」は、作出原因性と同質的ではないが、同属的である〔出自を同じくしている〕、と。「理由」は〔神の〕叡知に、原因性は力能に由来しているからである。あるいは、さらに別の観点からすれば、さまざまな目的の質こそが、機械論が扱っている量の起源にあるからである。認識論の領域だけに関して位置づけるならば、デカルトとライプニッツの間には、A・コントの狭義の実証主義とクールノーの哲学的実証主義とを分けることになるのと同じだけの隔たりがある。

　大抵の場合、人はライプニッツの目的論に論争的な意味しか認めたがらない。すなわち、宗教的かつ政治的にデカルト哲学の評価を貶めることが重要だったのだ、というわけである。実際、この点についてライプニッツの遠回しな言葉は、疑いを少しも残さない。すなわち、「私は人々を悪い方に判断するのを好まないので、現代の新しい哲学者たちが物理学から目的因を追放しようと主張したからといって、彼らを非難しようとは思わないが……」[168]。「なぜなら、彼らがその点で悪しき意図をもっていたと考えられない限りは、彼らを誹謗するつもりはないからである。しかしながら……」[169]。ライプニッツの目的論は、それでもやはり真摯なものである。あるいは、心理に関わるような言葉は使わない方がよければ、彼の体系にとって根本的なものである。ライプニッツは、数学においてはアポロニオス－デカルトに対してアルキメデスを絶えず引き合いに出すが、それと同様に自然学においては、一六七六年以降、アナクサゴラス－デカルトに対してプラトンを絶えず引き合いに出すことになる[170]。こう言い換えておこう。建築術的な諸原理抜きで世界についての探究に取りかかることは、ライプニッツにとっては不可能なのだ、と。

Ⅳ

合目的性が偶然性の根源であると主張することは、実在的なものを統御しているのが理念的なものであり、その理念的なものが創造する意志に目標として提示されると、まさにそのことにより目的となる、という理由から――スピノザやヘーゲルの場合はまったくそんな理由からではないが――、実在的なものは合理的である、と主張することに等しい。

デカルトは神の力能を強調する。神の無限性について語ることがわれわれに許される限り、神においては〈欲する〉と〈見る〉とは一体をなしているが、神の理性はわれわれの理性に類似したものをおそらくまったく保持してはいないだろう。だから、世界が合理的であるとしても、そのことの意味は、永遠真理の創造者たる神がわれわれの理性を設定し、われわれの理性に世界認識のための効力を保証してくれている、というより相対的な意味で理解されなければならない。根本的に異なっているかもしれないある世界では、例えば、その世界では山の麓に登るようなことを、欺瞞者でない神は根本的に異なった理由からわれわれに認めたであろう[171]。デカルトにおいて創造は、仮定的な合理性をもっているにすぎない。ライプニッツは、合理性が絶対的であることを望むであろう。

デカルトにとって、物質的世界は本来、魂とは異質であり、魂や形相に類似したものとも異質である。したがって、自然学が考慮するのはもはや潜在的な存在ではなく、瞬間においては未来の結果でもないのであって——これが合目的性を禁じるのだ——、自然学が考慮するのはもっぱら現実的存在だけである。すなわち、場所的運動によって揺り動かされる物質である[172]。これと平行して、その方法が形式的思考を拒絶するのは、つまり現在の判断が未来の判断を包蔵するような〈盲目的思考〉を拒絶するのは、真理をもっぱら現実的直観に基づかせるためである。この並行論が思考を、理性的な実体とは別の実体、その意味ではどんな客観的論理とも無縁な実体と対置する。その非‐理性的なものは創造する力能の結果であるが、創造の所産において捉えるなら、ちょうど二つの実体が実在的に分離可能なように、神の知恵から分離可能である。こうしたことは、神の力能と神の知恵との結合が意志と知性との結合によって表現されている、諸々の魂に関しては考えることができないであろう。〈無からの〉創造の行為そのものにおいて、そうした力能は知恵と一体となって、直線状の運動を生み出す慣性原理に物質を従わせ、その物質を粒子へと分割した。そして粒子の衝突は、慣性と結びついて円運動や渦動を生じさせる[173]。直線と円から、ユークリッド幾何学のすべての形〔図形〕が生み出され得る。しかし、物質は自分が何を作り出すかは分からない。つまり、物質粒子の原初の混沌状態を解きほぐす運動を、神は物質の衝撃に基づいて盲目的に生じるがままにさせておくのであって——だからこそデカルトにおいては、ライプニッツにおけるような運動と表象の相互表出はあり得ない——、物質は内側から運動を規制するような自発性や傾向をまったく含まない[174]。

運動が生み出すそうした形は、それらを感覚に現れるがままにではなく、現にあるがままに発見する直観にとっては完全であるとしても、やはり物理的なものであることに変わりはない。だから、世界はそれ自体で合理的なのではなく、幾何学者にとっての可知性によって可知的なのである。しかもその場合の可知性は、マルブランシュのような人が非延長的な叡知的〔可知的〕延長について語ることになるような精神的な本性をもったものではなく、逆に非－精神的な本性を前提としているのである。――ライプニッツはデカルトの二元論を受け入れない。彼にとってそれは見かけ上のものにすぎない。ライプニッツが認める唯一の二元論は、種の差異、すなわち単なるモナドと反省作用を備えた精神の間の差異だけに関わる二元論である。まさにすべてが魂に満ちており、表象の法則はどのような魂にも共通である。すべての魂が――モナドは無意識的に、精神は意識する能力をもって――同じ論理に従っている。この論理は内在的であり、共可能性の法則と建築術的な諸原理の法則に従って実体相互を内的な諸関係をとおして一致させているが、現実存在においてはモナド的自発性をもたらしている。ライプニッツが予示しているのは自然の哲学であり、後のシェリングの、客観的論理と主観的論理の区別と一致の哲学である。その自然のなかにあるのは、復興された形相であり、それに伴って、未来の現在への包含、創設的合目的性、デカルトが自然学から排除した欲求や傾向を表現する運動－過程がある。他方で、〈盲目的思考〉、すなわち形式的思考も復権されているが、その形式的思考においては、生得性それ自体も直観的ではなくて形式〔形相〕的である。――ちょうどヘラクレスの像がまだ切り出されてはいなくても、大理石の石理《せきり》の中にその姿が予め形成されているように。非理性的なものも、精神とは無縁な実体をもはや指し示しているのではない。それは二つの仕方で定義されるだろう。まず、被造物の制限性として定義される。量の原理となるその制限性は、非延長的な質料を前提しており、その質料の反復が至るところに拡散し、延長を基礎づける。その質料とは〈位置〉(*Situs*)、すなわち、各々の実体にとっては自らが諸実体の秩序のなかで占める場所である。少なくとも神にとっては完全に可知的であるモナドの完全概念を決定する述語の系列は、この〈位置〉に依存している。ちょうど、ある語の意味(それも非延長的である)が、文脈に応じて、さらには他の諸語の順序のなかでその語が占める場所に応じて、変わるのとほとんど同じように。質料すなわち〈位置〉は、それ自体は可知的ではないが、可知性の源である。そういうわけで、制限性が非理性的なものを構成しているのである。第二には、非合理的なものは数学的意味で理解されねばならない。すなわち、$\sqrt{2}$の分析と同じく、存在命題の分析は際限がない。そうした非合理性〔無理性〕は、無限なものの合理性である。この非合理性〔無理性〕がわれわれの理性に無縁でないことは、無限小解析の発展すなわち合理化が証明している。だがそうした発展はまた、例えば、デカルトが拒絶した無限への移行という概念のために、この非合理性が有限なものの論理にとってどんな妨げとなるかをも示している。宇宙の合理性はもはや、機械論を作り上げるのに適していた幾何学者デカルトの理性だけに支配されるのではなく、さらに、解析学者ライプニッツの理性とも向き合うことになる。〈位置解析〉のなかに自らの原理を見いだすことになったライプニッツの幾何学は、無限小の運動やコナトゥスや傾向性へと至るまで、力動説《ダイナミズム》をなぞっていくのに適している。この結果、宇宙の可知性を表すカテゴリー表がデカルトにおいては――直観主義はそもそもカテゴリー表などについて語ることを禁じるであろうが――合目的性を排除しているとすれば、ライプニッツにおいては逆に、自然に対して構成的に働く知性が、合目的性を包摂しているのである。

宇宙の合理性についての考え方のこうした違いは、因果性に関してもまたいっそうはっきり表れてくるが、この点でもライプニッツは必ずデカルトと対比されてきた。説明によれば、デカルトにおいては原因が結果と同質的であるために、因果性は真正で――実効的で物理的な――知解可能なものとなるが、ライプニッツにおいては、原因は形而上学的本性をもった力であり、その結果の現象とは異質であるために、因果性は見かけ上の——観念的な——ものにしかならないであろうし、さらには知解不可能なものになってしまうだろう、というのである。こうした〔ライプニッツへの〕反論を最初に提起したのはフーシェ・ド・カレイユであり[175]、次に強調したのはL・ブランシュヴィックである[176]。最初の反論に関して言えば、フーシェ・ド・カレイユは以下のように断言している。すなわち、「メーヌ・ド・ビランをはじめとした近代の人たちがモナドの自発的活動性のうちに因果性の理論の真の基礎を見いだした、あるいはそう信じたのは誤りであり、「ライプニッツはむしろ彼の予定調和説によって因果性を否定し、慣性を拡張したのである」。ライプニッツはスピノザ学説に従ったが、それには「真の因果性が欠けている」。なぜなら、スピノザは神という一つの原因しか取り上げないからである。その結果、個別的原因の系列は「論理学の単なるカテゴリーになってしまう」が、そうした系列は「架空の空想的なものである」。したがって、数学的モデルは原因－結果の結びつきを原理－帰結の結びつきに置き換え、帰納を演繹に置き換える。この批判からは、次の議論だけを取り上げよう。すなわち、ライプニッツにおいて因果性が真実でないのは、それが観念的であるからだ、という議論である。

デカルトにおいて自然的な因果性は運動と接触に帰着する。魂から身体への作用や身体から魂への作用の場合のように、原因あるいは結果が運動でないときでさえ、物理的な場所での接触が依然として必要である。魂と魂の関係に関しては、接触はまったく必要とはされない[177]。接触は絶対的で実在的な空間に位置づけられるのだから、原因－結果の関係は、粒子の近接を知覚する、あるいは想像することによってのみ捉えられるのであって、そのためには運動における衝突の結果－原因を一つずつたどることも覚悟せねばならない[178]。かくして、自然学において宇宙全体の考察が必要とされないのは、『光についての論考〔世界論〕』冒頭の比喩を用いれば、船乗りに大洋全体の知覚が必要とされないのと同様である。無際限な全体で満足することができるのである。あるいはむしろ、空虚のない延長における粒子の凝集という概念が、全体の概念の代用となる(179)。こうした考察は現象的なもの〔領域〕だけでなく存在論的なもの〔領域〕にもまったく同じように適用されるが、それはまさに、直観主義が存在論的な射程をもつことを主張し、真の自然学があるがままの事物をわれわれに告げるからである。――ライプニッツにおいては区別が必要になる。現象に関するかぎりは――もちろん、学知を構成しない素朴な知覚のことではなくて、学問的な事実のことであるが――ライプニッツはデカルトと違う語り方はしない。すなわち、因果性は運動と衝突に帰着する。ライプニッツはクラークにこう反論している(180)。「物体は、別の物体が接触して当の物体を押すことによってしか自然的には動かされず、その後に別の物体が接触して妨げられるまでは運動を続ける」。そしてニュートンの引力に対抗して、「物体に対する他のすべての作用は奇蹟的な作用か想像的な作用である」、と結論づけた。それゆえ、ロベルヴァルが『アリスタルコス〔の世界体系〕』で惑星間の引力をすでに認めているように見えた(181)のをデカルトが揶揄したのは間違っていなかったのである。現象を救うために(182)ライプニッツが予定調和によって魂と身体との関係を説明するのは、まさに、デカルト的機械論の根本的仮説に忠実であるためである。その仮説によれば、接触、衝撃力によってしか作出原因性はあり得ない。しかし、ライプニッツの解決がわれわれに同時に示しているのは、物理的原因性〔因果性〕と観念的原因性〔因果性〕を混同してはならず、後者だけが可知性の原理であるということである。ここで、われわれはデカルトから離れる。われわれはもはや、「単なる数学者」の「想像力の戯れ(183)」を現象から存在へと置き替えて、いわゆる絶対空間のなかで実在的なものを幾何学化するような、そうした形而上学的直観を主張したりはしない。可感的な現象はもはや、プラトン式に、実在的なものの（いったいどうやって）変形された反映ではない。確かにそれは実在的なものの混乱した表現ではあるが、無限小に至るまで厳密な表現である。ところで、そうした実在的なものは想像力の戯れによっては捉えられないし、表象不可能なままであり、延長にも絶対空間にももはや関係をもたない。モナドが互いに接触し得るかどうか、並置され得るかどうか探ることには何の意味もないのである。(184) しかるに、デカルトにおいて物理的（*physique*）という言葉は、空間内の延長する物質によってしか定義されてこなかったのだから、あるモナドから他のモナドへの作用はもはや物理的と呼ばれることができない。つまり、それは観念的（*idéale*）と呼ばねばならない。しかも、延長や空間はその定義――〈部分外部分〉――により、外在的なものを指し示しているのだから、非延長的なモナドの因果性〔原因性〕は内在的でしかあり得ないであろう。観念的因果性〔原因性〕とは表象の関係であって、衝撃ではない。モナドは、自分の表象の明晰さを増大させるとき能動的に作用を及ぼす。モナドが他のモナドに能動的に作用を及ぼすと言われるのは、そうした表象の明晰さの増大が他のモナドにおける釣り合った減少によって相殺されているからに違いない。(185) 表象の明晰さは、欲求ないしは傾向の力――物理学者がまさに力と呼ぶもの――と相関的である。デカルトにとっては受動的であった表象が、ライプニッツにとっては能動的なものになることも直ちに想起されるだろう。しかしながら、観念的であるからには原因は同時に非実効的になると、フーシェ・ド・カレイユとともに主張することは、詭弁に騙されることである。観念的因果性は――接触によって物理的にではないが――例えば思考から思考へ、ある語から他の語へ、観念の秩序から観念それ自体へ、といったように、実在的に作用しているのである。ライプニッツは「因果性を否定」していなかった。ただ、因果作用を運動の関係によって定義する現象の言語と、表象の関係によって定義する存在論の言語、という二つの言語を区別したのである。

ところで、表象の非‐空間的関係は（最初に合目的性に関して見たとおり）一つの全体を形づくるに違いない。つまり、デカルト的世界の無際限な延長のなかでは少なくとも考えられるような、次から次へと進む因果性をここで引き合いに出すことはできない。ところが、ここに困難がある。つまり、観念的因果性はどうやって現実存在するものとなるのだろうか。存在論的因果性が表象の関係において働くとすれば、そうした関係は、モナドの現実的存在と同質的とは思われない観念的性質をもっている。創造以前においては、一切はイデア〔観念〕の世界のなかにあって観念〔イデア〕的である。すなわち、一般概念、〔個体の〕完全概念、およびそれらの間の関係である。だが創造以後はどうなのか。一般概念、関係は観念的性質を持ち続けると思われるが、それに対して、完全概念は現実的なモナドにおいて実現される。ということは、創造された宇宙は不均質なのであろうか。

まずはこう応じることが考えられる。すなわち、神から見れば宇宙の全体を構成している観念的単位〔一性〕は、ユークリッドによる数学的単位と同じ秩序に属している(186)、と。だが、神の知性の中に観念〔イデア〕的にある場合でも、モナドは互いに同一的な観念〔イデア〕ではないために、アリストテレスが伝えライプニッツがカバラの中に再発見した(187)プラトンの教えに従うなら、数を適用することはできない。ましてや、現実存在する場合には、モナドは、互いの間に外在的な関係をもつ原子ではないために、〈部分外部分(188)〉的に並置された〈単位外単位〉としてそれらの集合を〈一緒にあるもののように〉考えることもできない。したがって、たとえモナドの集合が――観念〔イデア〕的なモナドであれ現実存在するモナドであれ――可算集合と見なされた場合であっても、それらの総和から生じるであろう抽象的全体は、モナドが構成する具体的全体と混同されてはならないだろう。つまり、そうした抽象的全体は神の知性のなかで一般概念の実在性(189)しかもたないであろうが、具体的全体はそこで完全概念の現実存在し得る実在性をもつであろう。数において単位どうしが互いに無差別である算術的単位とは反対に、モナド的単位〔一性〕は世界の全体のなかで相互表出し合っており、相互表出がそれらモナド的単位〔一性〕の観念的因果性を規定している。だから、算術的全体の概念は放棄し、組織的〔有機的〕全体の概念をそれに代えるのでなければならない[190]。ではどうやってそれを考えればよいのか。

創造以前には、神の知性のなかには、諸観念を内在的に結びつけている一つの思考、という組織的〔有機的〕全体しかあり得ない。創造以降は、それが現実存在することになるのだろうか。ストア派や、スピノザ、ある種の唯物論者たちに反対して、ライプニッツは世界を巨大な動物のようなものにしてしまう見方を拒絶する[191]。それは神を世界霊魂にしてしまうであろうし、それによって、キリスト教信仰の超越神を内在神へと変えてしまうであろう。世界という組織的全体は、物理的因果性によって一つの有機体の全体を解釈するような仕方で理解されてはならない。では、ライプニッツが観念的因果性によって有機体の全体を解釈するような仕方でならどうだろうか。有機体は、支配的モナドのもとに機能的に階層化されたモナドの寄せ集めへと分解する。しかし、「宇宙のなかには荒れ果てたところや不毛なところ、死せるところはまったくなく」、「物質の各部分は植物のあふれた庭や魚でいっぱいの池のようなものと考えることができる[192]」けれども、にもかかわらず、宇宙は有機体ではない。「すべては生きている」と言うことは、「生きている一つの全体」について話すことでは決してない。神は世界を超越しており、「モナドの中のモナド」と呼ぶこともできるが、だからといって世界に内在的な〈支配的モナド〉になるわけではない[193]。いずれにせよ、（アリストテレスにおけるように）世界の範型《モデル》が神なのでもない。世界の範型となるのは、神が世界について有していた観念である。しかるに、創造された世界は観念〔イデア〕的な範型《モデル》の現実に存在する写しを提供しているのだから、神が範型《モデル》について有している観念は、自らの栄光が顕されている作品を観照する際に神がその写しについてもつ表象とは別物である。かくして、どちらも観念〔イデア〕的なものではあるが、表象された宇宙の全体と概念化された宇宙(194)の全体とは別物である。両者とも、たった一つのモナドが置き換えられただけでも変化してしまうであろう同一の構造を有しており、その構造はまさに建築術的な秩序を表現しているがゆえに、デカルトの合目的化されていない宇宙にとってのような総和の構造ではなく、組織的〔有機的〕な全体の構造をなしている。けれども、これらの二つの全体は観念〔イデア〕的実在性においては異なっている。なぜなら、至高の知性の力能は概念化された全体にだけ適用されるのに対して、表象された全体が問題であるときには、創造する意志の力能がそれに付け加わるからである。こうしてわれわれは、連続創造する力へと立ち戻ったことになる。

この問題に関してライプニッツの念頭にあったのは、デカルト主義に生じ得る二つの行き過ぎに陥らないようにすることであった。すなわち、神はすべてを行うというものと、神は被造物に与えた力を保存すること以外は何もしないというものである。(195)一方はマルブランシュの学説であり、他方はおそらく、パスカルが神のひと弾きという例のイメージを言い出して、デカルトについて示唆した解釈である。神はすべてを行う、とはどういうことだろうか。ジルソン氏は、デカルトを聖トマスや聖トマスを範とする神学者たちと対比しつつ、それがどういうことかを説明してくれている。(196)「トマスの神が保存するものとは、実体的形相と本質からなる世界の存在である。そうした本質が諸々の運動する存在を定義するのであり、そうした存在がその中枢であるような運動は、持続のまさに実体そのものを構成する（不完全な秩序に属するものの）具体的実在である。だからそうした持続は、持続する存在の運動そのものと同じ性質をもっている。したがって、スコラ的な時間は」、分離できる「瞬間から成っているのではなく……」、「線の切れ目のない〔継続する〕点を貫く同じ運動体の恒久性にむしろ比較しうるものである……(197)」。反対に、デカルト哲学にはもはや実体的形相もなく、客観的本質もない。すなわち、神が「保存するのはただ単に世界の継起的な諸状態であって、その世界では神の作用とそれぞれの存在の現実的状態の間には、いかなる恒久的な実体的実在も置かれない……。デカルトの機械論による実体的形相の廃棄は、思考の領域においてよりも延長の領域においてよりいっそう完全なものだが、そうした実体的形相の廃棄は結果として、世界のそれぞれの継起的状態は、先行する瞬間に当の状態がどうであったかには何ら依存せずに、それ以後直接的に神に、そして神だけに掛かっているということを招いてしまう」[198]。これがマルブランシュへと至る道である。——しかしながら、他の視点から見れば、神は被造物に与えた力を保存するだけであって、被造物を指導することはなく、被造物のことは被造物自身に任せているのだと主張できる。この新しい視点から見れば、もともと神が実体の存在を現実存在へと維持しているのだが、神とそうした諸実体との関係は、実体と偶有性との関係ほど考慮されない。なぜなら、運動に関して——もちろんそれはつねに存在論的な次元での運動であって、現象の次元での運動ではない——われわれは、普遍的な第一原因と特殊的な〔個別的な〕第二原因とを区別しなければならないからである。前者は、世界のすべての運動の一般的な原因であり、後者はそれぞれの物質粒子が最初はもたなかった運動を、充溢空間のなかで獲得するにいたらせる原因である[199]。神の作用力が生みだすもの、すなわち保存するものは、動かされる粒子へと分割された物質と運動法則である[200]。したがって、本来の物質も運動法則も変化することはないだろうし、この意味で神は世界を創造したままに保存するのである[201]。しかし、刻一刻と、神は世界を同じ状態で保存するわけではない。「……つまり、神はいつでも同じように作用し、したがって実体的にはいつも同じ結果を生み出すが、いわば偶有的にこの結果には多くの相違が見られる」[202]。いわば偶有的にとはどういうことか。こう解釈しよう。つまり、神の通常の協力だけによってということである。神が直接的な第一原因として、刻一刻と生み出し保存しているものとは、物質の質と運動法則である。神が第二原因として、保存することなく生み出しているものとは、物質の継起的状態である。第二原因が意味しているのは、創造によって確立された物質の質と運動法則とに適合した作用のことである。神は、そうした作用が適合性の原理そのものによってなされるがままにしている。換言すれば、神は、世界を刻一刻と現実存在するよう維持しているとひとたび仮定すれば、神は物質の量にも、自らが最初に設定した粒子の移動の総量にも、何ら付け加えることがない。こうした認識論的な神(205)は、そうした条件のもとでまるで自然をそれ自体(206)にゆだねるかのように、粒子の運動が全体の作用を分割して原初の混沌を少しずつ取り払って行くに任せている(207)。ここから、唯物論へと至る道が始まるのである。——機会原因論と唯物論の間に、ライプニッツは中間の途を探す。神は永遠真理を創造することはできない——さもないと、知性と意志という語は何も意味しないことになってしまう——という根本的な理由によって、神はあらゆることを為せるわけではない。たとえば、神は自らの知性のうちで諸々の本質に実在性を与えるが、それらの(208)本質自体を創造するわけではない。したがって、聖トマスの神と同じくその神が保存しているのは、本質と実体的形相とからなる一つの世界である。実体的形相は固有の自発性をもっているのであって、つまり、自分の概念に内含された述語の展開をとおして、論理の自律を、あるいは結局同じことになるが、論理の創造されざる本性を表現しているのである。さらに、あわせて引き続き聖トマスの神についても考えるならば、持続はそうした実体的形相の自発性を表現しており、実体の永続性から生じていることになる。だから、持続はそれ自体で連続するのであって、直接的には神によるのではない。だからこそ、デカルトの「今私が現実存在しているということから、後ほども私がまた現実存在するであろうということにはならない」という、神がそれを望んでいるとの仮定に基づいた議論に対して、すでに述べたようにライプニッツは、理由の原理に依拠した次のような反論で応じ続ける(209)。すなわち、「今私が現実存在しているということから、何もそれに反対するものがなければ、後ほども私は現実存在するであろう」と。これは、理由の原理を拠りどころとする反論である。確かに、時間についての学説は聖トマスとライプニッツでは異なり、実在論から観念論になっている。しかし両者いずれの場合も、持続は、持続する存在の運動そのものと同じ性質をもっていると、ジルソン氏とともに言うことができる。なぜなら、現象から理解された運動と持続がいずれも――同質性の原理に則って――何か想像的なところを含んでいるとすれば、それらはいずれも〈よく基礎づけられた現象〉として、モナドの〈欲求〉の存在論的な実在性をわれわれに示しているからである。だから、ライプニッツの神はすべてを行うわけではない。ライプニッツの神はデカルトの神ほど多くを行わない、とさえ思われる。ライプニッツの神は絶えず世界の継起的状態を確立する必要などはなく、そうした継起的状態は連続的な持続において、モナドの実体的活動という連続的自発性から論理的に生じるのだから。しかしまた、ライプニッツの神はより多くを行いもするのであって、被造物に与えた力を保存するだけではない。なぜなら、伝達された同じ運動量を保存することと、実体的な同じ自発性を保存することとは、別の事柄であるからである。ライプニッツにとっては、この違いこそが運命と摂理とを分けるのである。デカルトの世界は（これもライプニッツにとっては、ということだが）世界そのものに――その受動性に――ゆだねられているために、物質はすべての形をとることができ、その世界はおそらく混沌から混沌へと進展する。デカルトの神が〔一つの〕力を維持するだけのところで、ライプニッツの神は〔一つの〕秩序を維持する。つまり、憲法を制定するだけの国家元首と、さらにその結果を気にかける国家元首の間では、確かに後者がより多くを行うのである。デカルトの物質要素が欠いている自発性をモナドに与えて、ライプニッツの神は宇宙により多くの自律性を認める。しかしそうした自律性の増大を、ライプニッツの神は、モナドに逸れることができない方向性を指示して埋め合わせている。それゆえ、デカルトの存在論においては運動体の方向を変えるのにいかなる力も必要とされないのに対して、ライプニッツとともに現象とそれを基礎づける存在との関係を考察する場合には——そうしなければ、われわれは運動について論じることはできないだろう——、運動体の方向に作用を及ぼす力が必要とされる。すなわち、物理的現象には物理的力が、魂に対しては観念的力が。その結果、物理学はもはやデカルトの力の概念で満足することはできず、mv を mv^2 に置き換えねばならないということになる。そして形而上学は、デカルトが説明するような魂と身体との相互作用にもはや満足できず、観念的と物理的という二つの因果性の違いを尊重して、普遍的調和の存在論的因果性を、魂と身体の間の予定調和の現象的因果性へと翻訳しなければならない。調和の要求によって、デカルトにおいてはただ保存するだけの連続的創造が、ライプニッツにおいてはさらに秩序を形成するものとなる。換言すれば、連続的創造においてライプニッツの神は、デカルトの認識論的な神——デカルトの自然学が関心を寄せる唯一の神——のように、作出原因性という力を保存するだけではなく、さらに、構成的な合目的性という力も行使するのである。作出原因性の源泉である神により現実存在が維持されているのは、デカルトにおいては、神が創造した同一量の延長する物質と運動、および魂であるが、ライプニッツにおいては、表象と同じく〈一における多〉と定義されるモナドの集合である。合目的性を排除するデカルトにおいては、作出原因性に逆は存在しない。ライプニッツにおいてはその逆が見いだされる。すなわち、関係[210]、類、種[211]、普遍と並んで、〈多における一[212]〉と定義される調和である。この定義は——それがここで重要なのだが——再登場して〈実体的紐帯〉[213]に適用される。周知のように、問題となるのは、おそらくは神が——というのも、ライプニッツは自分の考えをもっぱら仮説としてイエズス会士デ・ボス神父に提示しているからである——一つの支配的な、または支配するモナド[214]のもとに階層化された諸モナドの単なる観念的な結びつきにさらに加えることで[215]、それら諸モナドの観念的な全体を実在的な全体たる一つの複合実体[216]――〈それ自身による一〉――にするような、そのような総合的な紐帯である。そうした実在的結合が現象を実在化する、あるいはむしろ現象を実体化するのだが[217]、その結合は文字通り、諸部分へと分解できない一つの全体を構成する[218]。しかもその実体的な紐帯は、実際に現実存在するものにおいて実在化されるかぎりでの本質の、究極的な基礎なのである。支配するモナドはもっぱら観念的な作用によって、そして、言うまでもないことだが、世界に内在的なままで、複合実体を一なるものとする（*unum facit*）[219]のだが、それに対して、神がこの一性を実在化するのは実在的な作用によってであり、それでいて自らの超越性を何ら失わないのである。では、実在的作用とはどういうことなのか。もしも接触による因果性という意味で物理的という言葉を使おうとするなら、その作用を物理的作用と解釈してはならない。モナドは延長をもたず、神自身も延長的ではないからである。われわれとしてはその作用を、神の非物質的な（にもかかわらず物質を創造する）力能の作用と解釈しよう。神の力能は、作用がまったく観念的である知恵とは別に考えられるが、至高の意志のもとではやはり知恵と一体となっている。しかし、なぜそうした実在的作用は世界の全体を結び付けないのだろうか。繰り返して言えば、世界は一つの大きい動物でもなく、一つの複合実体でさえない。なぜなら、モナドのうちのどれも、世界で支配的なものではないからである。しかしながら、存在論の面では、われわれが位置するレベルにはもはや生き物、モナドしかなく、三つの世界の現象的区別は消失している。他方、複数の世界があり、ある世界の方が別の世界よりも好ましいのは、それぞれの世界が固有の本質――完全概念――をもっているからである。その本質は、神の意志がそれへと向かい、それを産出するときに、そしてまた神の意志がその本質から現実存在において現象を実在化する結合を作り出すときに、最初に神のうちにあって単に考えられていただけのものから、現実存在の中へと対象化されるのでなければならない。ところで、そうした本質は他のいかなる本質とも似てはいない。つまり、それは実際、単純実体の個体的本質でも複合実体の独自の本質でもなく、多様な単純実体および複合実体からなる個体的本質なのである（それが一つの完全概念を実現するのだから）。だからそうした本質は、各モナドに内属した自発性や原始的エンテレケイアの形相的作用ももってはいないし、派生的エンテレケイアがさまざまなモナドとともに維持し反復している同一の構造を有した特定の〔有機的〕組織体の形相的作用ももってはいない。その作用は自発的ではない。つまり、その作用がそれ自身から働くために、神はそれを現実存在に保存しさえすればいいような作用ではない。それは諸モナドの自発性を尊重しなければならないと同時に、それにもかかわらず一つの作用でもなければならない。そのような作用に似ているものがあるとすれば、実体的紐帯の作用しかないように思われる。実体的紐帯は、反響〔エコー〕をもたらす――〈反響〔エコー〕を返している〉[220]――壁のように作用し、発信し受信する諸モナドの間の〔観念的〕関係を変えることはない。しかもその作用は神自身の作用であり、ある種の形而上学的メカニズムが神の知性のなかで観念的に結び付けている宇宙の全体を、現実存在において結び付けるのである。創造者ではない精神にとっては、創造的であると同時に建築術的でもあるこの作用は謎のままにとどまり、カントを自然の合目的性の前で立ち止まらせることになる。だから、ライプニッツもそれについて仮説的な仕方でしか語らず、そうした作用がどのようにして可能であり矛盾を含んでいないかを示すにとどめている。意味深いことに、ライプニッツがそれについて語ったのは化体〔実体変化〕の秘蹟をきっかけにしてであったが、デカルトの機械論は作出原因性だけに基づいているために、この秘蹟を矛盾を含むものとし、それゆえにライプニッツの存在-論〔＝存在の論理〕によれば、この秘蹟を不可能なものにしていたのである。

だからわれわれは、フーシェ・ド・カレイユとは異なり、ライプニッツが因果性を否定したとは思わない。しかしライプニッツは、物理的因果性と観念的因果性と神的因果性とを区別した。それぞれの因果性は自分の分野では効力があるが[221]、どの因果性も他の因果性と混同されてはならない。ライプニッツによれば、これは結局、幾何学者の図形を存在論的次元に移し替える際のデカルトよりも注意深く、存在の視点と現れの視点とを区別すべきだ、ということである。

　しかし、ブランシュヴィックはこう反論している。ライプニッツは因果性を否定しなかったとしても、因果性を理解できないものにしたのであって、彼はその点について、「デカルトが試みた知的純化の作業[222]」を危うくしたのだと。デカルトの機械論は、自然学を幾何学化し、運動の源泉となるどんな〈力能〔潜在力〕〉や実体的形相にも関心をもたないので、もはや質から量へ移行する必要はなく、量にとどまりつつ、原因を結果と「同じレベル」、「同じ秩序[223]」に帰着させていた。つまり、原因は場所的運動になり、結果は幾何学的に変形された同じ運動であった。アリストテレスの生物学主義が考えていたような、「生きた」運動を、デカルトは、「単なる知性的な関係〔比〕と定義される」、幾何学的運動に置き換える。したがって、「運動が一つの瞬間から他の瞬間へと伝わり、一つの物体から他の物体へと伝達される際、運動が従う法則を理性はア・プリオリに定立することができる[224]」。アリストテレスからデカルトへ、「一つの知性形態が現れて、それとは何の関係もない別の知性形態に取って代わるのである[225]」。アリストテレスが因果性のモデルとしたのは、調和のとれた合目的性に注意を払う彫刻家の活動であった。つまり、「二千年の間、事物を把握するとは、だから何よりまず事物をその類型に関係づけることになるであろう[226]」。デカルトは機械技師をモデルとし、逆の態度をとる。デカルトは因果性を、「合理的可知性に適合したもの」、したがって自然全体に普遍的に適用可能なものとする。「これには心理学に隣接する生理学の部分も含まれ」、そのために、「純粋機械論の秩序とは異質な何らかの原理を導入する……[227]」必要もない。一言で言えば、「物理学的に語られた場合の因果性は、デカルトに従えば、数学的に語られた場合の理由にほかならない。つまり、〈原因すなわち理由〉なのである」(228)。ライプニッツの——あるいはニュートンの——力動説《ダイナミズム》の誤りは、運動を「単に結果であると」見なして、運動を「原因としての」(229)力に関係づけることであろう。つまり、原因と結果はもはや同じレベルにはなく、同質的ではないのであって、因果性は幾何学者にとって再び理解できないものになる。ライプニッツは、われわれに実体的形相、合目的性、力の絶対性、延長に還元できない質料といったものを取り戻させようとして、アリストテレスの方へと後退している。デカルトにとっては、「目的論的で擬人主義的なあらゆる思弁を取り除き、可知性の唯一の様態となる数学的タイプの演繹」(230)を打ち壊して、力についての、ということはつまり原因についての、科学的概念から形而上学的概念へと移行するに至っている(231)。しかし同時に、ライプニッツは前件と後件との間に完全な欠けるところのない相等性を厳格に適用するので、さらには、mv^2〔力の量〕の保存は方向を速度に関連づけるので、彼はついに、現象の細部から一切の偶然性を消し去り、精神の領域には、デカルトがそこから放逐した(232)機械論を、逆説的にも導入するに至る。

　歴史はブランシュヴィックのこうした批判を確証しているように最初は見えるかもしれない。因果性についての形而上学的考え方と、それに伴う連続律は、十八世紀に問題となった。啓蒙主義の哲学は形而上学——実体と原因についての学と定義された——の排除を自賛し、ニュートンの〈我、仮説を作らず〉を、観察可能なものと検証可能なものだけで満足するという意図で解釈していたからである。ところで、力は直接的には観察可能ではない。しかも、力の結果は、それを等しい時間内に計測するか、生じた移動だけを考慮するかに応じて、デカルトの mv という定式もライプニッツの mv^2 という定式も、どちらも正当化するのであって、活力論争は「力学にとっては……完全に無益なもの……」となっていたし、「言葉の争いに」帰着していた。こうした点を考えるなら、デカルトもまたあまりに形而上学的であり、彼の「物語のような自然学」も合わせ、決してより有利な状況にあったわけではない。だから啓蒙主義の哲学は、デカルトにもライプニッツにも背を向けていたのである。だが、一方の因果性の方が他方のそれよりも理解しやすいというのではなかったであろうか。ブランシュヴィックによれば、デカルトの優越性は、実在論に対する観念論の優越性、アリストテレスに由来する概念論的演繹に対する数学的タイプの演繹の優越性であるということになるだろう。すると、問題になるのは、場所的運動に帰着する原因と結果とが同質的になるような、デカルト的世界の幾何学的可知性が、幾何学者の想像力を純然たる数学的演繹と取り違えさせるような錯視を、利用していないかどうかである。これこそ、ライプニッツが明証性の基準に対して向けた非難である。ブランシュヴィック自身は、「可知的な関係に従った、目に見える中間物を介した場所的運動の伝達は、魂‐身体の因果性を理解できないものにするだろう、と言っている。魂‐身体間の因果性についてはもはや、「……数学的相等性の形式が精神にもたらす完全な満足は、結合に間隙がなく、出発点から到達点へと至る一連の連鎖状況の光景が目にもたらす、完全な満足をともなっている」、などとは言えないからである。かくして、ジャン・ラポルトがブランシュヴィックに反対して、デカルト的明証性の可知性を視覚に関連づけているのも間違いではないことになろう。いずれにせよ、ライプニッツにとって因果性を表現する無限小解析の演繹は、——解析がその諸原理をまだ入念に作り上げることができなかった時代にはとりわけ——目の「完全な満足」によって精神の「完全な満足」をいっそう強化することなどほとんどないのは疑いない。ライプニッツによる因果性に比べて、デカルトによる因果性の最大の分かりやすさは、まさにそうした意味で理解すべきなのだろうか。そうであれば、そうした分かりやすさとはもっぱら、何世紀もの間に入念に作り上げられた有限者のユークリッド幾何学と、まだつい最近の無限者の幾何学の間にある、明晰さの違いに基づいていることになるであろう。ところがブランシュヴィックが同じく念頭に置いているのは、彼が観念論に帰している実在論に対する優越性である。観念論は数学の論理に結びつき、実在論はアリストテレスの論理に結びつくからである。ところで、数学的観念論にまったく忠実な学説が、因果関係に、それがなければ当の関係が理解できなくなるような同質性を与える、ということをたとえ認めたとしても、ブランシュヴィックの証言では、そのような学説はデカルトにもライプニッツにも見いだされない。なぜなら、デカルトにおいて因果性の理論の中核をなす運動概念は、運動量をベクトル量として定義するに至っていないからである。「われわれはここで、数学的観念論がデカルトの精神の中で、形而上学的実在論と衝突している地点に立ち会っていることになる。その形而上学的実在論によれば、運動はもはや自然の諸問題を方程式にするための一項ではなく、一つの真の本質、言葉の存在論的な意味で、一つの事物である[235]」。同様に、ライプニッツも――同じ解釈者の言うところによれば――モナドの視点とモナドロジーの視点とを、観念的なものの論理と現実的なものの論理とを調停不可能にするような対立を、解消するには至らなかった、ということになろう。すなわち、ここでもまた、観念論が実在論に衝突しているのである[236]。さらに、総体として見れば、デカルトにおける因果性の理論はそれほど同質的ではないので、二つのタイプの因果関係に区分けされることになる。すなわち、延長する実体だけが問題である際の、変形された運動か、あるいは、「精神的世界の現象」から「物質的世界の」現象へと移行することが問題である際の、単なる「継起の規則性[237]」かである。実際には、デカルトが語っているのは魂と身体との実在的な相互作用についてであって、現象の相互作用についてではない。したがって、実体の二元論は、因果性の理論の中に本物の二元論を持ち込んでしまうのである。ライプニッツにおいては、神の作用を別にすれば、宇宙は、物理的因果性によって表現されるような、観念的因果性によって規整されている。だが、物理的因果性は、衝撃という概念そのものによってそれが結びつけられている延長と同じように、何かしら想像的なところを含んでいる。したがって、実体的な因果性だけが、モナド的で観念的である。そして、そうした実体的因果性こそが表出の法則によって、物理的因果性を基礎づけると同時に、それに対してなされ得る数学の適用を基礎づけるのである(238)。見かけ上は二元論的だが、実際には一元論的である。ライプニッツ的な一元論の精神における因果性の理論は、おそらくそのように要約できるであろう。したがって、L・ブランシュヴィックがデカルトをスピノザ〔およびスピノザ的可知性のタイプ〕の方へ引き寄せて、デカルトの機械論に〈原因すなわち理由〉（*Causa sive ratio*）という定式を適用しようと望むとき、ブランシュヴィックに従うのは困難になる。物理学的に語られた場合の原因は、数学的に語られた場合の理由にほかならないことになるであろうから。ところで、ブランシュヴィックが〈原因すなわち理由〉(239)という定式を借用した元の一節を参照すると、問題になっているのは自然学的に語られた場合の原因ではなく、反対に、デカルトが有限な被造物に固有の作用因と対置した〈自己原因〉であることが分かる。その両者をデカルトが対置したのは、有限な被造物は自らの現実存在の理由も、自らの現実存在の継続の理由も含んでいないからである。仮に、神が作用因によって〈それ自身によって〉あるとするならば、〈それ自身によって〉（*a se*）という言葉をそのように〔有限な被造物における作用因という意味で〕解釈することは、神の現実存在を論証するための、結果から得られるあらゆる理由をわれわれから奪ってしまうであろう(240)。では、数学的に語られた場合の理由の方がむしろ問題になっているのであろうか。それも違う。なぜなら、〈原因〉（*Causa*）と同一視しうる〈理由〉（*Ratio*）とは、もっぱら神の積極的な本質、すなわち、無限な力能の本質を表しているからである。お望みなら、個別的本質、例えば数学的本質にまで、作用因の概念を拡張することもできる。ただし、それが許されるのは以下の二つの条件のもとでだけである。まず、それができるのは類比によってのみであり(241)、ちょうどアルキメデスが汲尽法で球体を無数の面をもつ多面体と見なしたような仕方によってであるが、これは厳密には誤りである。次に、以下の点を明確にしておくことが重要である――さもないと、神の本質との類比が適用され続けることになろうから――すなわち、われわれの内のそうした個別的本質は存在の原因ではなく、われわれの認識にとっての生得的原理として役立つよう神によってわれわれの知性の中にもたらされている、ということである。トマスの神――そしてライプニッツの神――とは違って、デカルトの神は、われわれの外、世界の中に、諸本質を保存しない。ジルソン氏が先ほどそのことを思い出させてくれた。いずれにせよ、われわれの信じるところによれば、〈原因すなわち理由〉という定式は決してデカルト的ではない。それがふさわしいのはライプニッツである。さらに、次の点に注目しておこう。すなわち、スピノザ主義者のL・ブランシュヴィックは、デカルトをスピノザに近づけることがデカルトを讃えることになると考えているのに対して、激しくスピノザを嫌うフーシェ・ド・カレイユは、逆にライプニッツの方こそを「スピノザの純粋因果性を部分的に」受け入れたとして非難し、それが「彼の体系の誤り(242)」を解き明かす、としているのである。

結論に入ろう。われわれは、デカルトとライプニッツにおいて、因果性がどの程度まで合理的な実在性をもつのかを探ってきた。対象の側の論理に則せば、デカルトにおいて作用因は実在的、物理的であって、それは、一つの無際限な延長実体のなかで動かされる諸粒子の運動と衝突とから、一言でいえば粒子の衝撃から、構成される。作用因は〈理由〉ではない。さらに、神の意図はわれわれの理解を超えており、延長実体はその無限性によって一つの組織的全体を構成することはできないので、自然学〔物理学〕は、魂と人間身体との関係のうちにのみ出現するような目的因を拒絶する。しかしながら、魂の身体への作用は、ライプニッツが理解するような観念的作用ではない。なぜなら、その作用も実体的な延長の物理的運動に結びつけられているからである。ライプニッツはデカルトから作出原因性を受け入れはするが、あくまで現象という資格においてのみであり、その現象はモナドの活動性により、すなわち観念的因果性により基礎づけられている。世界は魂に満ち溢れた有機的全体であるので、建築術的であり、そこでは目的論が機械論を統御している。だからこそ、世界で〈原因〉が〈理由〉であるのもスピノザとは違った意味においてなのである。ただし、実在的なものが合理的となるためには、〈原因〉が〈理由〉でありさえすれば十分なのである。

主観の側での論理に視点を移そう。因果性は、二人の哲学者のどちらか一方においての方がより知解可能なものになっているのだろうか。原因は——これはヒュームが批判することになる考え方だが——、産出する力として理解されていた。この意味では、デカルトにおける因果性が知解可能であるのは、ただ、それが実在的な因果性ではなくなり、力から切り離された運動に、ユークリッド的な想像力を満たす軌道へと還元された運動に帰着する限りにおいてでしかもはやない。逆に、デカルトにおける因果性が実在的なものになるのは、それが自由意志の自発性と同一視される場合であり、知解可能ではなくなる限りにおいてでしかない。ところが逆説的なことに、魂と身体との関係のそうした知解不可能性ゆえに、デカルト主義は原因の定義を、同一現象に恒常的に先立つもの、という実証的な定義へと進歩させる上で優位を示すことになる。ライプニッツの方は、運動を力に結び付けて、彼の解析が無限小に至るまでのその連続的過程をたどることを可能にするとき、実在的因果性により近づいているように見える。しかし、そうした力そのものの本性をわれわれが捉えるのは、もっぱら、われわれ自身の傾向についての心理的経験との類推によってである。したがって、合理的な知解可能性はその純粋性を失って、モナドの表象の遠近法的関係を規整する数学的演繹に依存すると同時に、表象に内在的な〔包括的〕理解にも依存することになる。その内在的な理解が、説明的な機械論に包括的な目的論をつけ加え、目的論が機械論を基礎づける。われわれがすでに見た[243]ように、目的論は事物の理由を与えてくれるからである。結局、デカルトとライプニッツは、因果関係の知解可能性に対してそれぞれ異なった照明を当てているように、われわれには思われる。ただし、因果関係に関してわれわれは、当の関係をそれ自体として、形而上学的な実在性のもとで捉えようと望んだ末に、それが本性的に混乱したものであると知るに至るのか、それとも、産出力としての原因から因果性へと進む代わりに、恒常的な継起とその原理以外のことは気にかけずに合目的性から因果性へと進むか、のいずれかなのである。第一の場合には、二人の哲学者のうちの一方よりもむしろ他方に優位を認めなければならないとは思えない。第二の場合には、われわれは両者を、決定論と法則についてのそれぞれの考え方において比較するよう導かれることになる。

第七章　自然学の諸原理

I

言うまでもないことだが、決定論という言葉も、決定論についての現在のような観念も、十七世紀には存在していなかった。どう定式化するにせよ、今日のわれわれにとってはこの観念は、実証主義、存在論の拒絶、まさにルイ十四世の時代にようやく始まりかけていた実験の発展、といったものと結びついている。実を言えば、われわれの見解ではまったく異なる二組の対概念の間での混同が絶えず起こっている。一方に存在論の場面での必然性があり、これが偶然性と対立している。他方に現象の場面での決定論があるが、こちらは非決定論と対立しているわけではなくて、その極限的な場合に他ならない。一方から他方まで移行するには偶然と蓋然性のあらゆる度合いを経ることになる。学知〔科学〕がいまだ存在論的であり、あるいは神学的でさえあって、確率論がまだやっと緒に就いたばかりの時代にあっては、そうした混同がより一層ひどかったとしても何ら驚くにはあたらないだろう。

しかしながら、デカルトよりはライプニッツの方が現在のわれわれの考え方を予示していたように思われる。それには幾つかの理由がある。まず、懐疑に抗して練り上げられた直観の方法は蓋然性や確からしさをほとんど受け付けないのに対して、ライプニッツの形式主義は少なくとも理論上はそれらを考慮に入れようと努めるからである。さらに、量的な数学はそれを基礎づける質、すなわち非延長的なモナドには直接適用され得ず、ただ単にそれを表出することしかできないが、デカルトの幾何学主義は理性的な直観によって〈物質あるいは量〉に直接適用されるからである。延長はデカルトにとっては存在論的なものであるが、ライプニッツにとっては何かしら想像的なところを含んでいる。現象の幾何学化はもはや同じ水準で行われているのではない。デカルトにとってそれが可能になるのは感覚的なものから遠ざかることによってのみであり、それどころか、衝突の法則の場合がそうだったように、必要とあれば感覚的なものに反してさえ行われる。ところがライプニッツにとっての現象の幾何学化は、それがつねに表出しているはずの感覚的なものを見失うことはできない。しかも、現象はもはや二元論的な文脈の中で或る種の外部から〈コギト〉に提示される単なる客観ではない。デカルト流にただの光景としてではなく、〈コギト〉の志向的相関者として考えられた〈思考されたもの〉(*cogitata*)の多様性や変化に依拠してこそ、学知が取り扱う実在的現象を想像的現象から区別することもできるようになるのである。(1) 学知についてのライプニッツの視点はそういうわけで客観の方へと向けられ、より帰納的な姿勢を示すことになる。ブランシュヴィックも指摘しているように、(2) デカルトは『光についての論考』〔『世界論』〕の冒頭からきわめてはっきりとした仕方で感覚的なものを斥け、理性的な演繹により多くを委ねようとしている。ライプニッツは感覚的なものの真理性についてデカルトほどは疑わないために、それを本来の意味での学知の対象とはしないまでも、実在的現象、すなわち相互間でも、また疑い得ない諸原理とも合致するような現象であると確認できさえすれば、少なくとも確実な認識の対象とはするのであり、(3) そこから決定論の近代的な定式化と見なし得るもの、すなわち、未来の諸現象は過去の諸現象からある点までは予見可能であるだろう、という

主張が出てくることになる。(4)

しかしながら、デカルトにもライプニッツにも決定論と論理的必然性とを混同する傾向がある。それは数学主義のせいで物理学者の視点と神の視点とを混同するように導かれてしまうからであり――実のところ、ラプラスも同じことをするはずであるが――、絶対確実なこととは、われわれによって予見可能なことであるのを止めて、神によって予見可能なことになってしまうからである。

ライプニッツはデカルトよりもさらに先まで進んでさえいる。実際、もしも〈原因〉（*causa*）が〈理由〉（*ratio*）と等価になれば、その〈理由〉は、諸事象を偶然的なものとしてではなく必然的なものとして考察することを本性とするために、多分にスピノザ的な――デカルトにおいてはそれと似たところがまったくないような――理性と結びつくことになるだろう。(5) しかも充足理由律のおかげで、〈理由〉と等価になるのはあらゆる意味における〈原因〉――物理的原因、観念的原因、神的な作用因、目的因――なのである。因果的な必然性を免れるものは皆無となる。全体が各々の部分の機能を有機的に規制しており、各モナドにおいてきわめて精確な仕方で表出されているに違いないため、神ならどの瞬間にもそこに宇宙の過去、現在、未来を読み取れるであろうようなそんな世界の中では、独立したいかなる因果系列も考えることはできないのである。(6) その上、〈原因すなわち理由〉（*causa sive ratio*）の分析によって、どれほど小さな運動も無限に至るまで決定するような連続性が導き入れられ、極限における静止までも含めた一切が運動となる。ところがデカルトにおいては、原因は〔衝突の〕衝撃へと還元され、静止は運動と同様に実在的な様態とされ、しかもこれら二つの主張は存在論的な射程を有しているために、衝突と衝突の欠如の間にも静止と運動の間にも中間は存在せず、自然の中で不連続性が思考可能となる。さらに、ライプニッツ的な連続性はあらゆる原因に、すなわちどのような実体の表象的活動にも適用されるために、あるいはこう言った方がよければ、連続性は一切がお互いを表出し合っている世界の中でのすべての表出の原理となっているために、自然のどのような領域、どのような水準においてもブトゥルー流の偶然性は成り立ち得ないのに対して、デカルトの二元論は延長における物理的因果性と魂における自由意志とを併存させている。デカルトが考えたような魂と物体の間の相互作用は、世界創造の後においても各瞬間ごとに偶然性が働く余地を残しているが、ライプニッツの力学はその相互作用を、世界創造の瞬間にしか偶然性を許容しない並行論に置き換えてしまう。ブランシュヴィックはこの逆説的な帰結を次のように指摘している。「ライプニッツは物質の世界を精神の世界に依存させようと望んだために、デカルトが物質の世界から完全に切り離した精神の世界にかえって機械論を持ち込むことになってしまった。デカルトが自由のための場所を見いだしたと信じていた領域を、厳格な決定論のもとに置いてしまったのである(7)」。

II

決定論の観念以上に法則の観念はなおさら、われわれの哲学者たちにあっては現在のような定式化を与えられてはいなかった。両者はまさに互いに対峙する位置からその場所を交換し合うかのようにして、ニュートン以降に明確なものとなる考え方をそれぞれの仕方で予示してはいるが、どちらもそれらを明晰かつ十全に見て取っていたわけではなかった。デカルトはそれらを予示して、ブランシュヴィックが讃えているようにスコラ哲学の空想物とも言えるものを霧散させはしたが、それでも依然として存在論的な自然学という夢を追い求めていた。ライプニッツの方は、ブランシュヴィックが非難するように、たとえスコラ的な空想物へとあえて立ち戻っているにしても、自然学においては可視的であれ不可視的であれ現象しか認めないという点では優っていた。デカルトの存在論的な直観主義は蓋然的なことがらを排除するが、ライプニッツにとっては現象についての諸法則が与えてくれるのは慣習的〔実践的〕確実性のみである。目的因の拒絶によってデカルトの自然学はライプニッツのそれよりも実証的ではあるが、同時に近代性においては劣っている。なぜなら、全体が諸部分を条件付けるということが等閑視されたままであるために、その自然学は相互作用のカテゴリーへと真に高められることがないままの因果性に限定されているからである。二元論は、魂と物体の関係を不可解な、おそらくは矛盾を孕むものとすることで、原因という厄介な観念をもはや介在させない、諸現象の恒常的継起という法則の定義を準備している。[8] これに対して〔ライプニッツの〕並行論の方は、無意識についての理説があるために、運動に適用可能な連続律を魂の一切の活動にも適用することで、より包括的に心理学的な法則の観念を準備している。

今日の認識論者たちとは異なり、デカルトもライプニッツも世界創造という神学的な脈絡の中でのみ自然を考えている。法則とは、至高の立法者が世界という政体を統べるために定めた「規則」であり「準則」であり「諸理由」であることになるだろう。[9] 世界創造の原理となるのはデカルトにおいては全能者の自由意志であり、その諸理由はわれわれの有限な知性を超えている。ライプニッツにおいても全能者の自由が原理であって、その諸理由はわれわれにはおそらく知り得ないにしても、それでも創造されざる論理には従属しており、しかもその論理はわれわれにとっての論理でもある。かくしてデカルトにとっては絶対に偶然的である法則の制定は、ライプニッツにとっては仮説演繹的な偶然性を有することになる。その結果、自然はもはや同じ意味をもたない。有限な者と無限な者とを同等視し、創造主をおそらくは創造された論理へと従属させてしまうことの不可能性に敏感であったデカルトは、創造をもはや自らの人間知性から出発してしか考察することができないし、したがってそれを叡知的世界の写しあるいは表現とみなすこともできない。それゆえ、恩寵の秩序について何か規則を定めることなどできようもないだろう。彼はコスモスという言葉で表現されていたような伝統的な意味での自然の秩序を想定することを自らに禁じる。残るのは、幾何学者の秩序にしたがって解明可能な、運動する物質を自らに与えることだけである。自然という言葉は「物質そのもの」を意味する。神はそれを創造した際と同じ仕方で保存し続けているというただそのことのみから、「必然的に、その諸部分のうちには多くの変化があるのでなければならないということが帰結する。ところが神の作用は変化しないので、それらの変化は本来的には神の作用に帰すことはできないように思われるから、私はそれらの変化を自然に帰属させる。そしてそれらの変化が生じる際に従う規則を自然の法則と名づけるのである[10]」。この自然は現象的なものではない。感覚的なものはそこにはいっさい関与しない。それは形而上学的な直観の対象なのである。ところで、この直観が見いだすのは、延長において無限定な物質とただの場所的な運動のみであり、われわれの有限性のもとに止まるこの直観にとっては、法則や諸法則間の調和を組織化するようないかなる建築術的原理も存在しない。しかも神の業の限界を画定する能力はわれわれにはないのだから、神は気に入った法則を好きなように組み合わせるために、それらをお互いに独立に取り除いたり付け加えたり選んだりすることが自由にできた、と認めなければならないのである。それよりはライプニッツの方にしたがうことをわれわれは選ぶだろうか。その場合には、意志という語が当然一つの意味を保持しているとすれば、神の意志さえもがそれに従属している創造されざる論理をわれわれは拠り所とすることになる。したがって、創造された世界の全体すべて[11]てを扱う権利がわれわれにはあることになる。なぜならその全体すべてが一つの叡知的モデルを表出しているからである。ところで、全体すべてとはどういうことだろうか。自然の秩序だけではなく恩寵の秩序もわれわれの推論の対象になり得る、ということである。『カトリックの論証』を求め、信仰と理性の一致を証明し、秘蹟がなんら矛盾を含まないと示すことがわれわれにはできる、ということである。自然と恩寵はともに秩序により統御されているが、その秩序は幾何学者の秩序にしてコスモスを打ち建てている秩序である。それは、矛盾を含むことを絶対に不可能とする至高の知性の純粋な論理と、不完全性を含意することを道徳的にあるいは仮定的に不可能とする原理にしたがう理性的力能としての意志に、同時に規定されている。神が創造の諸法則を制定するということは、デカルトにとってはそうであったように、神がそれらの論理を創造し、無差別に受動的な物質〔質料〕に対して、どのような法則も、あるいは諸法則のどのような組合せもあてがうことができる、ということをもはや意味してはいない。なぜなら、創造された秩序は、その秩序についての創造されざる諸規則に従っているはずであり、各々の可能的世界においては全体との関係なしには何ごとも選択され得ないからである。そうした機制が意味しているのは、無数の創造可能な世界のうちから一つを現実存在させることを神は決定したのであるから、それと同時にこの世界に特有の諸法則も現実存在へともたらされたのだ、ということである。その意味であらゆる法則は下位の準則であることになる。どの法則も秩序の創造されざる諸規則に従属する一事例にしかすぎないからである。だが、ライプニッツはさらに種別化しようとする(12)。創造の全体すべてにおいて自然の秩序と恩寵の秩序とが区別されなければならない。前者のみを考慮することにしよう。自然を存在論的な実在性において語るのか、現象の実在性において語るのかに応じて、第二の区別が必要となる。それ自体としては自然とは、各々の相互関係のもとで捉えられ、神との関係では通常の協力による保存のみを考慮に入れた、すべての諸実体——単なるモナドと精神——の総体のことである。すべての諸実体の総体について語ることで、われわれは精神のために定められている恩寵の秩序を除外することになるし、通常の協力のみを考慮することで、奇跡という異常な協力を除外することになる。それ自体として捉えられた自然とは、観念的因果性によって結ばれ、有機的全体の合目的性のもとで階層化されている非延長的な諸実体が、すなわち作用し表象する諸々の魂が、したがってまた諸々の形相と本質が、織りなす調和なのである。ところで、われわれは諸モナドのこのような組織体の現象的な表出しか見て取ることができない。それゆえに自然学者にとっては、自然とはもっぱら諸現象の総体、すなわち諸々の現れと、それらにおいて観察されたりそれらを基礎づけたりする諸々の運動との総体、であることになろう。デカルトにおいては物質と運動の存在論的な実在性だけで充分であったのと同じように、もしもそれらの諸現象の実在性だけで充分であるとするならば、それらの諸現象についての研究には機械論の諸原理以外にはいかなる原理も必要なかったことであろう。それゆえ自然学者は形相や目的因を援用せずにすますこともできる。だが、現象の実在性はそれが表出している存在論的な実在性に依存しているために、機械論だけでは充分ではないのであり、運動の研究においてはたとえ合目的性に頼らないとしても、少なくとも連続律という建築術的原理は利用しなければならないのである。

今やわれわれは自然を定義することができる。自然はデカルトにとっては、その存在及びその一群の諸法則に関して絶対的に偶然な仕方で創設されたのであって、延長を有し、分割され、創造者から受け取った場所的運動によって動かされている物質へと還元される。それは、直観が存在論的実在性において把握するとおりの物質であり、ただ幾何学者の秩序のみに従っている。ライプニッツの方に目を転じよう。自然は、その諸法則を相互の連関性のもとで含み込んだ全体として、仮説的に偶然な仕方で創設されたのであって、われわれの直観では到達できない非延長的な諸実体の階層化された総体が表出されたものであり、可視的に進行する運動や無限小の運動からなる諸現象の建築術的総体である。さらに、われわれの二人の哲学者にとって自然は、神の通常の協力のみのもとで見られた被造的世界であり、神は、自らが伝えた運動によってであれ〔デカルト〕、あるいは自らが諸実体に与えた規則づけられた自発性によってであれ〔ライプニッツ〕、とにかくその諸原理を維持しつつ自然が作用するに任せているのである。

Ⅲ

したがって、自然の中には考察すべきものが二つあることになる。神が維持している諸原理と、神がその諸原理の力により自ずと成り立たせている諸法則とである。言葉の用法を固定化することはできないであろうし、原理が法則と呼ばれることもあれば逆の場合もある。[13] 今日においても似たようなものである。われわれは諸々の原理のうちに、〈ア・プリオリ〉であるとみなすことができ、それのみが原理の名に相応しいであろう不変的要素と、法則に近い〈ア・ポステリオリ〉な可変的要素とを見いだすからである。デカルトは原理を「第一原因」と解している。それらの真なる認識は明証性によって保証され、それらの原理にこそ他の物事の認識は依存しているはずであり、「したがって原理は他の物事なしに認識できるが、他の物事は原理なしには認識できない[14]」。ライプニッツもまた原理を帰結（*conclusiones*）と対置している。ただし、明証性という基準を認めないので、彼はその定義の中で、直線的演繹の絶対的確実性を経験的探究の仮説演繹的確実性へと置き換える。定義と公理以外に、原理になるものとしては仮説と現象がある。仮説とは大きな有用性があり、よい結果をもたらし、そこから引き出された結論と他から知られた結論との間の一致によって確証されるような、そのような諸命題のことである。ただし、われわれはそれらを充分な厳密さをもって論証することはできず、それゆえに、さしあたりそれらを仮定するのである。[15] 現象とは、直接の、あるいは証言による経験〔実験〕によって確かめられる諸命題のことである。[16]

これらの定義から帰結するのは、デカルトは自然についての諸原理の選択においてア・プリオリな方法を用いている、ということである。彼は明証性により物質とその諸性質とを手に入れる（充溢空間、運動と静止、運動の保存）[17]。次に、そのように規定された物質に対して神の不変性という神学的原理を適用し、以下のような二、三の「神がそれにしたがって自然を動かしている主要な諸規則」を得る[18]。すなわち、（Ｉ）同じ状態――一つの粒子についてなら静止あるいは運動の同じ状態――が保存されるということ。ある物体は自らが失うだけの運動しか与え得ないということ。慣性の原理の最初の部分をなすこれら二つの命題を結びつけることによって、さらに以下が得られる。（Ⅱ）同一の運動量（mv）が保存されること[19]。そして、（Ⅲ）慣性の原理の第二の部分となる、神により産出された原初的運動は直線運動であるということ[20]。そして最後に、デカルトは「第一原因」から出発して世界を演繹することを可能にするはずの数学的演繹の諸原理を提示するのである[21]。ライプニッツの方は、明証性の基準も、神の不変性のような神学的原理から自然について演繹することも、どちらも拒絶する。最初に、彼は創造されざる論理の必然的諸関係を認める。しかる後に、そこから自然の形而上学的諸原理を導き出す。それがモナド論になるだろう。その上で、自然学者にとっての自然は現象的なものであるから、その諸法則は当の自然が表出している形而上学的諸原理と矛盾することはあり得ず、このことは宗教が神学的諸原理と矛盾し得ないのと同様である、とするのである。だが、矛盾の不在を示すことと演繹することとは別のことである。ライプニッツが論理学者として充足理由から演繹するのは、対称性、不可識別者、諸法則の単純性、連続性に関わる自然の形相〔形式〕的な諸原理である[22]。彼はデカルトとは異なり、物質の諸特性を直接的に捉えるはずの直観に訴えて同時に内容を手に入れようとはしないし、また、神に訴えてその不変性を直ちに諸法則の質料〔実質〕的原理として用い、後はただ幾何学的な演繹可能性を諸法則に帰すだけですます、ということもない。

形相〔形式〕的諸原理は建築術的である。[23] それゆえに論証的必然性によって内容を演繹することを許さず、ただ蓋然的必然性を与えるに過ぎない。それらの原理は、「こうでないことはあり得ない」と宣言することをもはや許さないのであって、われわれは「これは合理的である、あるいは好ましい」と言うにとどめなければならない。たとえば、充溢空間は空虚〔真空〕よりも好ましい。[24] そして静止は空虚な空間と異ならないであろうから、[25] さらには作用することはあらゆる実体に属し、デカルトが考えたように精神的なモナドだけに属するわけではないのだから、[26] 静止は見かけだけのものである。では同様に、力の量 mv^2 が保存されることの方が運動量 mv が保存されることよりも「合理的」であり好ましいのであろうか。[27] 合理的なこと、あるいは好ましいことは現象の探究により確かめられる。だからこそ自然学的諸法則の質料〔実質〕的諸原理は、まったく演繹的なデカルトのやり方ではもはや結論づけられない。ライプニッツはそれらをすでに発見された諸法則から、基本的には、彼がデカルトよりも高く評価するガリレオの諸法則から導き出す。それらの諸法則が、mv^2 の保存を認める方が好ましいということを示すのに役立つのである。

Ⅳ

物質の構成についてのデカルトやライプニッツによる想定を、構造上の原理とか法則とかと呼ぶべきであろうか。いずれにせよ彼らは二人ともニュートンよりはヴェルラム〔フランシス・ベーコン〕に近く、[28] ベーコン的な形相に類比的な形相の探究へときわめて容易に入り込み、〈我は仮説を作らず〉という〔ニュートンの〕方法論的慎重さのもとにとどまってはいない。

デカルトは、（a）静止と渦状運動、（b）それらから帰結する三種類の微粒子元素、を仮説として採用する。ライプニッツはさながらモリエールのような言い回しで[29]三元素のフィクションを却け、それが無益であるばかりか有害でさえあると断言する。「というのも、私は多くの人々が、球体とか微細な物質とか有溝粒子とか、その他の訳の分からぬ言葉を絶えず口にして[30]、酸っぱさを針状のものに、滑りやすさを鰻状のものに、粘着性を小枝状のものに帰すことを学んだときに、自分をたいそうな人物と思い違え、諸言語の研究や歴史家たちの入念さや天文学者たちの観測結果や化学者たちの実験を非難するのを目の当たりにしたからである[31]」。デカルトが化学に弱かったせい[32]で露わになっているのは、幾何学的直観主義がいかに容易に虚構を捏造し、空想を現実と取り違えやすいか、ということである[33]。もっとも、「彼の第一元素や小球体などは支持され得ないとしても、渦動説一般は大変すばらしいものであり、他の人々が開始していたことを彼がより先まで推し進めた」、とライプニッツは言い添えている[34]。静止は排除されるが、渦動説はそうではない。静止が排除されることにより流動性と固体性の対置や、固体性についての説明は不要なものとなる。二つの場合において問題となるのは関与している運動の大小だけであって、静止は無限に減速された運動と考えるべきである[35]。それゆえ、固体についての理論は弾性体と〈弾性力〉についての理論に置き換えられるだろう。さもないとデカルトの誤謬の中にとどまることになろう。デカルトにとっては変化は〈飛躍を介して〉起こり、その結果、物質〔質料〕の必然性を形相の美と結び付けることはできなくなってしまう[36]。物質的延長の幾何学的受動性に、大きさに比例した受動的力の作用が取って代わるであろう。こちらはケプラーが示したように、延長以外に、不可入性と運動や速度の変化への抵抗とを含んでいる[37]。ひとたびこうした留保をした上でなら、絶対的静止の排除は堅持しつつも、ライプニッツは渦動説に少なくとも機械論の水準では賛同しており、デカルトの独創性を減じようとはしているものの[38]、やはりデカルトの機械論に囚われたままである[39]。二人とも見えるものを見えないものによって説明する点で、すなわち観察可能なものの範囲を越え出る理論に訴える点で一致しているのである。〈我、仮説を作れり〉。

光学機器の進歩は――ライプニッツの時代においてはとりわけ――どれほど示唆的なものであり得たにしても、そのためにわれわれの二人の哲学者のどちらも、感覚的なものと感覚できないものとのこうした対比が主観的であることを批判して、それを記録可能なものと記録不可能なものとのより経験的な対比に置き換えるよう導かれることはなかった。二人とも感覚的なものから出発し、類比により[40]感覚できないものの必然性〔必要性〕へと移行しているのである。実際、デカルトあるいはその翻訳者が言うには、[41]「目〔に見える範囲〕よりもさらに先まで行こうと望まないとすれば、人間の推論を大いに損なうことになる」であろう。増大や減少から出発する際には、「連続的に少しずつ」増大したり減少したりする物体を「そのたび毎に」付け加えたり取り除いたりして、われわれは感覚的なものへ至ったり感覚できないものへ立ち戻ったりしているのである。[42]デカルトが粒子の非連続的な付加による増大や減少を念頭においていることに疑う余地はない。[43]その見かけ上の連続性は、「成長する植物の各部分に各瞬間に付け加わる微小な物体がどのようなものであるか」気づくことができない、われわれの感覚能力の弱さに起因している。[44]「互いを圧迫したり妨げたりすることが決してない」よう小さな管の中に包まれている感覚〔神経〕網[45]の方はと言えば、刺激が相対的に充分強く、[46]それらの〔神経〕網の運動の一様な調和が増大したり減少したり乱されたりした場合に、感覚の閾値が乗り越えられる。[47]ある与えられた刺激に対して、引き起こされる刺激状態の総体的な強度は、刺激を受けた繊維の数に比例するが、[48]識別能力はこの同じ数と、対象が発するさまざまな刺激を引き起こすものの数との関係による。[49]刺激を引き起こすものがあまりに弱すぎる場合には、感覚〔神経〕網は感覚を生じさせない。感覚〔神経〕網が脳にもたらす最小の作用は、「〔火・空気・土というデカルトの三元素のうちの〕土元素の物体のもっとも粗大な部分の作用である」。あるいは、刺激を引き起こすものがあまりにゆっくりと横に動いている場合にも、おそらく感覚は生じないであろう[50]。さらに、物質の無限分割可能性[51]、仮説の経験との一致[52]によって、推論は、完全に「目〔に見える範囲〕よりもさらに先まで」進み、感覚的現象の基礎にあるのは感覚できない運動であるということを、たんに実践的〔慣習的〕確実性をもってではなく「実践的〔慣習的〕以上の」確実性をもって確信するに至るのである[53]。ライプニッツでも結論は同じであるが、彼はルクレティウスから埃の粒が太陽光線の中では目にみえる例を取り上げさえするし、水の中での塩の溶解や酸による腐食のような化学者の経験〔実験〕を強調している[54]。デカルト以上の精確さで、物質の内部運動がなければ、柔らかい物体ないしは非弾性体の衝突において現象として生じるように見える mv^2 の「減衰」は説明できないであろう、と付け加えている[55]。なるほど、もしもデカルトの「見えないものにのめり込む性向があれほどでなかった」ならば、彼は「見事な物語（beau roman）のような自然学」の著者にはならず、「おそらくは真の自然学の基礎を築いていたことであろう[56]」。けれども、非難が向けられているのは微細な物質、球体、有溝粒子、等々の想像物に対してであって、内部運動の仮説に対してではない。内部運動の仮説は粒子と結びつけるのに都合が良く、粒子について空想的な描写が試みられることもないであろう。だが、目に見えるものから目に見えないものへの移行において、とりわけ重要な相違点は、ライプニッツが連続律に依拠するところにある。その帰結として、第一に、われわれの感覚的知覚の感覚できない部分によって、「色や熱やその他の感覚的諸性質の知覚とそれらに対応する物体における運動との間には、ある関係が成り立っており、われわれがそれらの諸性質について有する知覚は……、デカルト派がわれわれの著者ロックとともにそう考えたように恣意的なものではない……[57]」。言い換えると、デカルトにおいては、われわれの知覚とそれらを生み出す刺激との間に表出という規則的な関係が存在しない。第二に、感覚的なものから感覚できないものへの移行において連続律が用いられることにより、感覚できないものとは、意識されない包蔵された感覚的なものであることになるが、われわれはある性質から別の性質へと飛躍するわけではなく、感覚できないものは——問題になっているのは運動なのだから——感覚的なものと同一の現象的性質を有するものであり続けている。デカルトにあっては感覚できないものは意識の外部に置かれる。それはもはや無意識ではなく非意識に属する。われわれはその場合、感覚的な現象性から非‐感覚的なものの存在論へと、知覚の対象から純粋知性の対象へと飛躍することになる。かくしてデカルトの自然学では、〈ア・プリオリ〉なものと〈ア・ポステリオリ〉なものとの間に、演繹的なものと経験的なものとの間に、裂け目が存在している。ライプニッツはその点を利用して、デカルトが経験を軽視したと非難することになるであろう。

　それぞれの物体が定義され、その永続性が維持され、その様態的な変化が説明されるのは、構造の法則による。その構造は隠されているので、われわれはそれを現象から推論し、その構造が今度は現象を、われわれに説明する。水が金ではなく、水銀が塩ではない等々なのは、物体により異なる諸粒子についての目に見えない幾何学による。デカルトは書いている。「金の部分と同じ形、同じ大きさ、同じ配置や運動を有する物質の部分は金を構成し、水の部分と同じであるならば水を構成し等々であるとする点で、私はあなたと同意見です[58]」。そうした構造から出発して、ある物体から別の物体への変化、たとえば塩水から金を溶かすことができる匂いの強い水への変化、を思考によって辿ることができる。実際、沸騰させて蒸気を蒸留器に通した塩水の中では、塩の堅くて撓まない結晶が曲げられやすくなっており、円柱状だったそれがアイリスやグラジオラスの葉のように鋭利な形に平たくなっているのである[59]。ある物質の感覚的諸性質に注目し、それらをよりはっきりと区別するために実験を行い[60]、デカルトは感覚できないものへと移行し、さまざまな現れを説明するためにどのような物質の部分——形態、大きさ、配置、運動——を考えなければならないかを探る。彼は、研究されている物質のあらゆる内的諸性質を知るために充分なだけの実験を行っていないことを認めてはいる。しかしながら、デカルトがその物質のあらゆる諸性質を知っていると考える場合には、その判断は当の物質の存在論的な本性に関わっているのであって、現象に関わっているのではない。彼には、目に見える諸性質を名目的定義に結び付けようとする気はまったくない。では、隠れた形相についての記述が本質的定義に取って代わるのだろうか。ところが、デカルトはそうした記述をまとめて定式化するわけではない。当の形相は帰納されたものであり、帰納的推論の末に確認されたものであるために内的必然性を欠いており、ただ、現象を組み立てている感覚的諸性質をその構成要素によって一つ一つ説明する、仮説演繹的な必然性を提供するにすぎないのである。対照的に、ライプニッツは経験的な定義を手に入れることに心を配る。単純な、すなわち一つの感覚にしか属さない感覚的所与については、われわれは明晰な認識を有する。しかし、単純であるがゆえに、その所与はただ名指され得るのみであって、定義され得ない。感覚的所与が複合的、すなわち複数の感覚に共通である場合には、当の所与は説明可能あるいは知解可能なものとなる。われわれはその所与の名目的定義を与えることができるが、名目的定義とは、対象を再認するために、さらにはとりわけ他者にそれを認識させるために「充分なだけの徴の枚挙にほかならない」[61]。ライプニッツは現象のそれぞれの徴に記号を付与し、現象の総体が記号式によって表出され得、それが知性にとっては現象の総体の代数的な描写となることを夢みていた[62]。明晰な観念の好例は、金をそれ以外の一切の金属から識別できるのに充分なだけの徴や検査法をとおして、貨幣検査官が金についてもっている観念である。しかしながら、名目的定義は「推測的」で「暫定的」なものに過ぎない。われわれが新たな検査法を発明しない限り、本物の金から「人工の金」を識別できなくしてしまうような、「金を偽造する手段を見つけ出すこともできるかもしれない」。あるいはさらに、展性を除いた他のすべての金の特性を有する物質をいつか発見できるかもしれないが、「そうした経験によってわれわれは、展性が、纏めて捉えられた金の他の諸性質と必然的な結びつきをもたない、ということを学ぶかもしれない」。要するに、われわれが金は不変であると信じているのは、「幾度となくそのことを経験してきたからにほかならない。われわれはこの物体の不変性とその他の諸性質との関連性を認識していないけれども、それは経験的な事実上の確実性なのである(63)」。かくして、ある物体を経験的に定義するその物体の諸性質の恒常的連結は、「明日夜が明けるであろうこと」と同じ種類の確実性を有する、まさに経験的な法則なのである(64)。こうした慣習的〔実践的〕確実性は、経験的必要性に見合うものである。今、われわれが何らかの現象についての明晰な認識から、そうした現象の根拠となっている諸本質や感覚できない運動についての判明で十全な認識へと上昇するとしよう。ライプニッツにとってもデカルトにとっても、そうした根拠は実在している(65)。ただしライプニッツはデカルトを——さらにはロックを——、現象とその根拠の内的構造を表出の法則によって互いに結びつけなかった点で非難する(66)。その結果、感覚できないものへの移行の中で、われわれは外的規定から内的規定へと(67)、暫定的なものから理性的なものへと、経験的必然性から共可能的なものについての論理的必然性へと——論理的とは言っても、それがさまざまな全体を構成する諸目的の動的関係に統べられていることを忘れないようにしよう——、経験論者が考える法則から合理論者が考える法則へと上昇していくであろう。付け加えておかなければならないのは、目に見えないものから見えるものへの一種の逆向きの運動を介して、経験的構造についての定義ないしは法則が、定義されたものの生成によって確立されることをライプニッツが望んでいた、という点である。定義されたものの生成は自然的秩序に従っているであろうし(68)、現存するものについての概念に関してそのような企てが可能な範囲で、名目的定義ではなく実在的定義を提供してくれるであろう(69)。生物についてのライプニッツの考察の中には、[70] 機械論としてのデカルトの見解に生気論として対立する見解が総体的に含まれているが、それらの見解はデカルト以降の顕微鏡による諸発見に多くを負っているのである。

V

法則という概念はいかにして引き出されるのであろうか。法則とは、根源的な永続性か、あるいは派生的な永続性である。根源的とはどういうことか。今日では、われわれはむしろ原理という言葉の方を用いるかもしれない。例えば保存の原理〔保存則〕といったように。デカルトもライプニッツも、至高の立法者を考えている場合——とりわけデカルトの場合——にせよ、自らの原理を諸法則の上位、例えば——ライプニッツのように——ガリレオの諸法則の上位に立てる場合にせよ、いずれも法則という言葉を用いている。派生的な永続性とは、ある原理によって決定される反復の永続性である。言い換えれば、まずは量の永続性——mv あるいは mv^2——、あるいは構造の永続性である。

その構造はデカルトにおいては機械的である。それは粒子の配置においてのみ成り立ち、本質なり実体的形相なりにおいて成り立つのではない。[71] ライプニッツにおいては構造は力動的であり、本質や形相が関与する潜勢的性格を有する。デカルトにおいてもライプニッツにおいても、この構造によって質的な諸法則が説明される。〔例えば〕蒸留が塩水を匂いの強い水に変え（デカルト）、ガラス化が塩の結晶を大きくする（ライプニッツ）。構造が自然的である場合は、自然法則を決定する。「われわれの身体の構成により、ある種の思考からは身体において自然にある種の運動が継起するようになっています。例えば、恥ずかしさから顔が赤くなったり、同情から涙が出たり、喜びから笑いが出たりするのが見られるように[72]」。構造が獲得されたものである場合は、習慣の法則を決定する。われわれの脳の諸部分の獲得された配置は（若き日のデカルトにおける、「やや斜視であった」少女を見つめてしまう傾向のように）、容易にある傾向を固定化する。(73) ライプニッツなら、構造は実在的なものだけではなく、現象を統べる建築術的原理によって理念的なものである場合もあり得る、と付け加えたかもしれない。〔例えば、〕反射や屈折の曲面に対する接面は、実在しない平面でありながら光学の諸法則を支配している。(74) いずれにせよ諸々の構造はこれこれの物体を定義し、これこれの現象に固有であり、特定の配置から成り立つが、そうした諸構造は何よりもまずその質的な機能によって重要なのである。

反対に、自然の中で保存される量は、どの個別的物体にも固有ではなく、必ずすべての物体全体に関係する。保存される量は自然学の数学化の基礎であり、量的な諸法則の根拠となり、可能な場合にはそれらを方程式で表す根拠となる。一切が機械的な仕方で生起するのは、同一の量が保存されるからに他ならない。その量が mv によって測られようと mv^2 によって測られようと、いずれの場合でも量の平衡は維持されている。ある一定の体系内部では、ある点における運動なり力なりの変化はすべて、別の点におけるそれと同等の変化により相殺されるはずであり、われわれは変化の後でその前と同じ等式〔関係〕を再び見いだすはずである。(75) この前と後は、因果的な結果が生じたということを示している。デカルトもライプニッツも法則を因果的なものとのみ考えている（そしてこの考え方は、彼らの実体主義と結びついている）。しかしながら、われわれが前や後と言えるのは、変化が実現された後でのことにすぎない。(76) 変化の最中にあっては結果は原因と共時的である。デカルトにとって、量的な等式によって記号化される運動の同一性は、「デカルトの自然学における主要なテーゼである光の伝播の瞬時性のテーゼが証し立てているように、いわば時間の不可分な点の中に」凝縮されている。(77) ライプニッツは、「光が単なる端緒のうちに、あるいは〈瞬間における〉作用のうちに成り立つ」とするデカルトを認めてはいないものの[78]——レーマー〔光速の有限性を立証したデンマークの天文学者〕の業績は、ライプニッツのパリ滞在時の一六七六年にまで溯る——、それでもやはり彼にとっても、原因が結果を産出するのは瞬間においてである。先達〔デカルト〕にとってと同様ライプニッツにとっても因果性は、それがニュートン以降に含意することになるはずの時間的継起の観念を含意してはいない。しかし、デカルトの不可分な瞬間はライプニッツの微分的な瞬間ではない。一方は現実態でしかありえないが、他方は潜勢態〔可能態〕である。したがって、原因による結果の産出は瞬間において生じるとしても、微分的な瞬間は帰結を包蔵している。そこからライプニッツにあっては、法則を規定するに際してデカルトには見いだせない新たな永続性が登場してくる。それは無限についての算術から得られ、個体的実体の概念に適用可能であり、それゆえにまた、延長と持続の中で諸実体の作用を混然と表出している限りでの諸現象にも適用可能である。その新たな永続性とは、ある〔級数的〕系列の多数の項を秩序づけている唯一不変の法則である。いかなる個物も継起のもとにあることを免れないため、個物において永続的なのは、連続的継起を包蔵している法則それ自体だけであり——〈連続的継起を含む法則それ自体〉——、その法則が各々の個物を宇宙の全体に適合させている。間違えないようにしよう。時間的なのは〔級数的〕系列ではなく、一様であれ多様であれ一つの〔級数的〕系列を構成している〔諸項の〕継起である。さらに、われわれがある〔級数的〕系列を得さえすれば、それをある主体なり実体なりの永続性に関連づけるには充分である。ある級数的法則の存続は、それが未来の各状態を含んでいるために、われわれが同一のものに関わっているという思考をもたらすからである。われわれが観察している変化を説明するためには、現象の進展についてのある一定の法則を内包した、表象を備えた諸実体すなわち諸モナドと、現象のすべての諸系列の間の合致、つまりは、諸系列、ならびに、神のうちにそれらの理由が見いだせる諸系列の間の合致、以外の何も想定する必要はないのである。[79] こうしたテクストによって確認されるのは、法則の無時間的性格である。というのも、法則が構成するのは〔級数的〕系列それ自体であって、この系列を表出する経験的な継起ではないからである。こうしたテクストはまた、法則といっても二つの考え方があることを示している。すなわち、それが衝突の研究における場合のように他から分離可能な限りでは一つの〔級数的〕系列となり、われわれが諸系列の全体を問題にする場合には諸系列の系列となる。そうした全体を生物学によって解釈することもできよう。ヒポクラテスに負うところの〈万物同気〉（σύμπνοια πάντα）が、デカルトの世界における単なる物質的凝集に還元されることはあり得ないであろう。そのとき法則は目的因を介して解明されることになる。しかし、では有機的な生命はどこにまで及んでいるのか。われわれは竜涎香が鉱物、植物、動物の内のどの領域に属するのか知らない。[80] さらに、「全体が一まとまりとなっていて、いわば大洋のようなもの」〔P. VI, p. 107〕である宇宙において、その中の各々の実体は他の実体の総体を表出しており、しかも、老人のこの上なく不規則な顔もある関数へと変換することができる解析という、デカルトには思いも寄らなかった新たな力が付け加わるならば、後にヒュームも主張するように、どんなものであれどんなものとも関係をもつことができるように思われ、その結果、最後にはただ全体の活動性だけが残り、それが個別的な諸法則を抹消し、法則という観念を適用不可能にしてしまうようにも思われる。法則を統計的な全体として定義することもなお可能ではあった。その場合には、分離可能な〔級数的〕系列は極限的な一事例に他ならない、ということになったであろう。しかし、確率論に関心を抱きはするものの、ライプニッツは蓋然性には主観的な意味しか認めることができなかった。蓋然性が観測者と観測されたものとの関係の科学的に客観的な構造と見なされるようになるためには、もはや、不可視なものも至高の観測者には見て取られ、しかもその知は決して蓋然的ではなく絶対に必然的である、などと考えられてはならないのである。

〔級数的〕諸系列の間の対応がライプニッツに許したのは、心身関係の実相を説明することではなく、心身の対応という現象を表現することである[81]。デカルトは逆に——級数計算に打ち込むことはなかった一方で——、心身関係の実相を説明しようと試み、しかもそれをスピノザやマルブランシュには知解不可能に思えた実在的因果性によって行った。この知解不可能性が、法則の観念と因果性の観念との分離を準備する。だがまた、心理学的な法則を語ること、すなわち自由意志を決定論に従属させることも困難になる。心的現象あくまで現象にとどまることで、ライプニッツはデカルトとは異なる水準に法則を位置づける。心的現象と物理的現象は、われわれに二つの因果的系列を呈示する。一方は観念的であり、他方は物理的、あるいはむしろ現象的である。すると今度は、運動法則との並行論が真正の心理学的な法則の存在を強要することになる。原因のない意志はなく、またあり得ないので、自由意志は道徳的自由にその場所を譲らなければならない。同時に、ブランシュヴィックが指摘していたように[82]、ライプニッツは精神の世界の中に機械論を導入せざるを得ない。ただしそれはライプニッツ的な機械論である。なぜなら、予定調和の仮説の起源は、実体の完全概念のうちに、mv の mv^2 への置き換えと進歩の同一量の保存とのうちに、そしてデカルト的な機械論が表象を説明することの不可能性のうちにあるからである。したがって、心理学的な諸法則に対しても運動の諸法則に対するのと同じように、われわれは連続律を適用しなければならない。言い換えれば、心理学的な諸法則は感覚できない表象なくしては不可能である。物質の、あるいは同じことになるが、運動の潜勢的な無限分割可能性には、魂の中における表象の潜勢的な無限分割可能性が、すなわち無意識が対応しているのである。

〔級数的〕系列として、あるいは〔級数的〕諸系列間の合致として定義されるライプニッツ的な法則についての考え方が、どれほどうまく歴史の哲学に適用されるかは、ほとんど注意を促す必要もないくらいである。どんな実体も、その述語の〔級数的〕系列を包蔵している。その実体に記憶を付け加えるならば、すなわち、〔理性的〕精神を考えるならば、当の実体に起ることとの一切はその歴史的変転の法則により決定される。たとえばカエサルはルビコン河を渡らねばならず、聖ペテロは〔イエスを〕否認しなければならない[83]。けれども一つの〔級数的〕系列は一つの実体の法則である限りでは分離可能であるが、その同一の実体が宇宙の秩序の中に位置づけられている限りでは、他のすべての実体に合わせて規則づけられている。かくして、ある個体の歴史は、それが協働する他のすべての個体の歴史を介してしか意味をなさない。おそらくこの個体はまずは、国王がその支配的モナドのようなものである国家の部分をなしていよう。だが、すべての国家は、神がやはりその支配的モナドのようなものである精神の共和国の部分をなしているのである。

デカルトとの比較対照を歴史的法則という主題にまで進めることはできないにしても、最後に、物理的世界の諸法則に関してわれわれの二人の哲学者に共通する弱点を指摘しておくことにしよう。それは、両者がともに計測を法則の基礎そのものとはしていない点である。だが、この辺で理論から離れ、実験という実践の方に取り掛かることにしよう。

Ⅵ

デカルトにおける経験〔実験〕への関心よりはむしろ蔑視の方を暴き立てたがる、たとえばリアールのような人々でさえ、そうした関心の重要性は認めざるを得ないだろう。いやそれどころか、われわれの哲学者は知識が進めば進むほど――一六二九年から一六三七年までの間のきわめて一般的な観察で満足していた時期以降になると――ますます個別的な観察を必要とするようになる(84)。技術に対する彼の楽観主義は機械論的な世界観の根拠となっているが、それは――「実証主義」との嫌疑をかけられることのまずないコイレ氏が見事に示しているように――十六世紀および十七世紀初頭の技術上の進歩と関係しているのではないだろうか(85)。一六二四年頃に自らの方法を導き出すやいなや、デカルトは数学を放棄して自然学に向かっている(86)。一六三五年には雪の六角形〔結晶〕を吟味しているし(87)、二重の虹を説明するために『気象学』では水を満たしたガラスの球状の器についての計算と観察を「見事なやり方で」結びつけている(88)。デカルトは自分自身で実験をすることにこだわっているが、それは、同一の事柄でも「さまざまな側面から見る」ことができるために、他人の実験を利用することがほとんどできないからである(89)。彼は塩と氷を用いた水の凍結についての実験を「何回となく」繰り返している(90)。磁針の偏倚角についての観察結果を多数求めていた彼に、たとえ三例でもそれが伝えられたであろうか(91)。一六三九年には、すでに「十一年前から」解剖を行っており(92)、雛鳥の形成を追跡するために卵を割り、妊娠した雌牛を「その子供を得るために」殺させて「仔牛が中に入った胎を一ダースほど」手に入れてさえいる(93)。人間の胎児の形成については「成果をもたらすに足るだけの実験を欠いている」ことを理由に当初はあえて説明は避けたにしても(94)、「若干の実験を行う時間と便宜を得られさえすれば、私の望み通りに全自然学を」完成させるという希望はたちまち――死の一、二年前に――彼の中に甦っている(95)。あるいはまた、「私の自然学を続けるために若干の実験が期待できるよう、庭の植物が成長する」にまかせてもいる(96)。「私のすべての推論が数学的明証性を有し、実際の経験〔実験〕が私のすべての結論を確証するような、そんな哲学のやり方」を用いていると自負しながらも(97)、デカルトは「まったく事実的な」問題、すなわち「それに関して何らかの実験を行える場合にしか人間には」決定できないような問題、の独立性を認めている。[98] 例えば重さの計測に関しては、「ヴェルラム〔フランシス・ベーコン〕の方法に従って」「いかなる説明も仮説も加えることのない」観察の蒐集を求めている。[99] パスカルにピュイ・ド・ドーム山の実験を示唆したのはおそらくデカルトである。[100] いずれにせよ、自分は形而上学にはほんの数時間しか割かなかったと断言するとき、彼は嘘をついてはいない。それを得心するには、デカルトが形而上学に割り当てた僅かばかりのページ数を、科学的で実験的な諸問題に割いた厖大なページ数と比較してみれば十分である。

もっとも、過大評価をしてはならない。デカルトは雪の六角形〔結晶〕のたった一回の観察で満足してしまっている。[101] ちょうど正弦法則について〈ア・プリオリ〉な考察から導出されたたった一回の検証ですませてしまったのと同じように。[102] 彼が考案した光学機器は実現不可能であり、実践よりはむしろ理論に属するものであった。[103] トリチェッリのガラス管に関するデカルトの示唆は特に独創的なわけではなく、自分自身の自然学の諸原理とはほとんど関係のないものであった。[104] デカルトはハーヴィの実験にただ従っているにすぎない。[105] 科学的な実験に固有の特殊な困難には気づいてさえいないように見え、彼がとりわけあてにするのは日常的な観察であり、ありのままの良識なのである。[106] デカルトにおいては最大限の推論のための最小限の実験が見いだされる、とマッハは言い、ガリレオのような人物と並べればデカルトは見劣りがする、とヒューウェルは評していた。[107] 問題の分析の中に組み入れることができない場合には、デカルトは経験〔実験〕の方を斥けることさえある。[108] 例えば、三角形の、一点を中心とした「振動」についての研究において、空気の抵抗を決定することができないような場合である。[109] 結局のところ経験〔実験〕は、多くの仮説の中からどれが実際に自然のうちで実現されているかを発見するためであるにせよ、結果を介して原因へと遡及するためであるにせよ、従属的な役割しか果たしていない。[110] 自然学は何よりもまず演繹的であろうとする。「私はプティ氏と彼の言葉をまったく気にしていませんし、私の屈折〔法則〕を経験〔実験〕によって反駁すると彼が請け合おうとも、それに耳を傾けるべき理由などない、と思われるのは、〔彼がしようとしていることは、〕三角形の三つの角が二直角に等しくないことを、ゆがんだ直角定規を用いて示そうとしているようなものだからです(111)」。ここから、「諸現象の観察と演繹の諸契機との間に成り立つ一致の確認」という、経験〔実験〕という語のデカルトに固有の意味が出てくる(112)。この確認が適用されるのは「もっともありふれた」観察に対してであるが、その理由は、そうした観察が「きわめて確実」だからであり(113)、またその単純さのゆえに幾何学的秩序にもっともよく当てはまるからなのである(114)。この点においてデカルトは、「事実の非科学的な確認に較べ、確実さでは劣るが精確さと詳細さでは優っている」物理学の本当の実験(115)を捉えそこなっている。あるいは、別の注釈者の言によれば、「スコラ学者たちの不明瞭な形而上学にデカルトが代置したのは事実の分析ではなく、より明晰でより判明ではあるが、やはり形而上学なのである(116)」。

かくして、ライプニッツは優位な立場で勝負できることになる。「私は、自分が考えていることを語るデカルト主義者よりは、自分が見ていることを語ってくれるレーウェンフックの方が好きです(117)」。経験〔実験〕は仮説を検証するために不可欠だし、仮説を思いつくために有益である。経験〔実験〕が衝突の法則のようなもっとも一般的な自然の諸規則と矛盾することは――デカルトの場合には矛盾しているが――あり得ないだろう(118)。経験〔実験〕は、細部についての認識が進むにつれて、ますます多数になっていかなければならない(119)。経験〔実験〕は一連の試行を通して名目的定義を精確なものにしてくれる(120)。比較対照表のおかげで生物学的あるいは化学的な諸々の種を決定してくれる(121)。われわれがもしも百科全書的な目録の中で諸々の事実を分類整理していれば、その最初の秩序から、名目的定義の結合法を介して別の秩序――

諸法則の連鎖についての秩序——が現れていることだろう。[122] 方法的な百科全書の完成に期待しつつわれわれが確認するのは、経験〔実験〕が別の可能性について、したがってまた別の種について教えてくれるということである。種とは類似の可能性に他ならないからである。[123] 経験〔実験〕の蔑視によって、デカルトはあまりにしばしば事実との不一致に陥っている。力学においてはもとより、例えば医学においても、「彼が仮説より観察の方に、より愛着をもって専念していたなら望ましいことであった」[124]が、周知の通り、「ステノ氏は本物の人間身体がデカルトの人間とどれほど異なっているかを発見して、デカルト主義に幻滅した」[125]のだった。あまりに演繹的であるとともに、鉤つき原子等々についてあまりに空想的でもあったために、デカルトの自然学は結局は物語（roman）のようなものに終わり、[126] 彼の後には不毛な党派が残されたのである。[127]

だが、もう少し細かく見ていくことにしよう。ライプニッツはあらゆる手を尽くして興味を惹くものを蒐集している。デカルトが生まれながらの良識による「もっともありふれた」観察にとどまっているのに対して、ライプニッツの方は、既に見たように、山師や錬金術師やその他の好事家や流浪の民からでさえ〔知識を〕借り入れようとしている。[128] 経験的な定義を書き写しては直ちに有益な応用へと進もうとした——もっともそれは個人的な打算による場合もしばしばであった。デカルトとは異なり、ライプニッツには生計を立てていく必要があったからである——。しかし、ライプニッツが蒐集しているのは他人の観察である。デカルトの個人的な探究に較べると、ライプニッツのそれは、ある種趣味の自然学——〔例えば〕奇妙な角をもったノロジカや、ブラントが発見したリンのもっとも基本的な諸性質などについての——に帰着しており、多少なりとも真面目に引用できるのはハルツ鉱山での鉱物学的観察ぐらいである[129]——そこからステノの影響のもとで『プロトガイア』が生まれることになる——。ライプニッツは——デカルトがピュイ・ド・ドーム山の実験を提案したように――水に浸された物体の重さについてのレオミュールの実験のような有効な実験を機会があれば提案できたとはいえ、[130] 自分では実験をしていないと言ってもよいほどなのである。それゆえ、ケール版『ヴォルテール全集』の編者たちも次のように述べざるを得なくなる。ライプニッツは「自らの時代に知られていたどんな事実も、さらには自然学者たちのどんな見解でさえ知っていたにもかかわらず、自ら新たな実験を行おうと考えなかったために、自然学においてはほとんど何ごとも為さなかった」し、「神学的なドグマに基づくのではなく観察された事実に基づいて形成された」ものので彼から引き出すことができるのは、地球についての一般理論――すなわち『プロトガイア』――のみである、と。[131] 一言で言って、重要なのは観察だろうか。ライプニッツは、われわれが先ほど見たようにデカルトも引き合いに出していた、ベーコン的な一覧目録の水準を凌駕してはいないし、ただそれを百科全書というより一般的な視点から利用しようとした点で優っているにすぎない。では実験の方はどうだろうか。こちらについても、他の探究者たちによって確立された法則や事実から出発した理念的な実験にとどまっている。たとえライプニッツがデカルトに反対して、自然学はつねに理性を経験と一致させねばならないという、実はデカルトも同じくらい断固と主張していたことを確言しているにしても、[132] やはり経験に対して優位に立っているのは理性の方なのである。このことに気づかされるのは、まずは、バラバラの観察結果があまりに多すぎることで理性が圧倒されてしまうのではないか、というライプニッツが表明している懸念によってである。彼は王立協会〔ロイヤル・ソサエティ〕の友人たちに次のように述べて警告している。われわれは後世に大建築物の材料だけしか残せないおそれがあり、自分たちの発見から利益を得ることのないまま、われわれ自身は野外生活を続けているようなものである。以下のことが必要ではないだろうか。（一）蒐集された事実を秩序づけ、一定の関係のもとに配列して、それらを結合法に委ねられるようにすること。(二) 実験に励む人々が論証の技法すなわち自然学の論理としての数学を無視することがないよう導くこと。二つの格率に纏められるこの方法のおかげで、幾人かの創意に富んだ人々が協調して働けば、生活の有用性のために他のすべての人々が一世紀以上をかけてなす以上のことを十年の間に成し遂げるのは間違いない(133)。ここで攻撃の的となっているのは、自らの巧妙な実験から機械論の月並みな結論しか引き出せないボイルである。ライプニッツにおける実験の論証への従属がさらによく分かるのは、彼が〔デカルトの〕衝突の法則を批判する仕方からである。というのも、〔ライプニッツによれば〕「これらの感覚可能な物体について私が述べていることは、衝突についての経験〔実験〕に基づいているのではなく、それらの経験〔実験〕自体を説明する〔根拠づける〕諸原理に基づいていることもまた明白であって、そうした諸原理は私たちが未だ経験も規則も有していない事例について決定することができるのであるが、しかも、このことは原因と結果の相等性という唯一の原理によって成り立つ」とされているからである(134)。デカルトの誤謬を示すために「マリオット氏はきわめてしばしば経験という原理を根拠にしていた」が、これに対してライプニッツは、自らの一般的公理——連続性についての〈ア・プリオリ〉な原理〔連続律〕——に依拠して自然学的な仮説に頼ることなく、〈原初的で最も具体性を欠く諸概念から〉デカルトが「力を誤解していた」ことを示し、デカルトの誤謬の「理由を明らかに」する(135)。経験から離れ、球体とか元素とか小枝状のものとか針状のものとか鰻状のものとかについての物語に迷い込んでしまったデカルトの空想的アプリオリズム(136)と、ボイルやマリオットのような人々の実験主義との間で、ライプニッツは現象に数学的形式を与えるという中間の道を探る。というのもライプニッツの見立てによれば、すでに一六七六年の時点でわれわれは、「必要な分析を施せばこの月下の体系の真実の構造をそこから演繹するに充分なだけの所与の現象」を手に入れているからである(137)。かくして彼は、運動の諸法則に関しては「いかなる推測も、経験の諸原理も用いることなく、まったくの幾何学的な論証によって」満足できると信じていたし[138]、「われわれは今や、仮説なしの真実の自然学を望める状態にある」と主張できたのである[139]。ここでライプニッツが仄めかしている数学的形式の付与は、決して現象の計測から出発して行われるわけではないのだから、結局はデカルト的な理想へと立ち戻り、世界についての完全な体系の演繹を望んでいることにはならないだろうか。デカルトが自然学を形而上学によって基礎づけたことを非難するどころか、ライプニッツは逆に、形而上学的な諸原理の分析においてデカルトが充分な高みにまで溯らなかったことを非難している[140]。結局のところ、デカルトの自然学は真実のものではないにしても、ライプニッツはそれを、「これまで経験がわれわれに提供してきた以上に堅固な諸原理の上に、今や打ち立て得るしまた打ち立てるべきものの、驚嘆すべきモデルであり見本である」と考えている[141]。それらの堅固な諸原理が確固とした諸法則を指定することを理解するには、衝突の規則のようなライプニッツの強調する特権的な事例を参照すれば充分なのである。

もとより十七世紀の科学の発展に関しては、概ね、ライプニッツはデカルト的アプリオリズムとイギリス経験論の間に自らの道を切り開こうとした、と説明される。しかし、われわれの論点はそこにはない。われわれが関心を寄せているのは何よりも体系の論理である。ライプニッツがなぜ自らの先駆者（デカルト）から遠ざかったのか、しかしまた、ニュートンの『プリンキピア』に近づくよりはなおデカルトの『哲学原理』の近くにとどまったのであるから、なぜ新しい見地へと入り込むに充分なほどデカルトから遠ざかるには至らなかったのか、こうしたことをわれわれは体系の論理によってこそ理解しなければならない。二つの理由が直ちに明らかとなる。第一の理由は、われわれの哲学者を対立させているもので、二人の感覚的なものについての認識論に存している。第二の理由は、二人を結びつけているもので、自然学を数学化するための二人の方法に存している。

VII

繰り返そう。ライプニッツとデカルトの対立点がほとんどいつも見解の同一性へと、しかもしばしば同じ語彙の中で解消されてしまうように見えるのは、当の同一性が見かけ上のものだからである。さもなければ、両者の対立点は真正のものではないと認めなければならないであろう。われわれの二人の思想家は言わばお互いを反響し合っている。認識するのは知性であって感覚ではない。真の知は理性と経験を調停する。これらが共有されている拠点である。相違点を見出すには、これを取り上げ直しているそれぞれの理説に当の拠点を当てはめてみればよい。一方において、デカルトは理性を、学知の次元では自然学的確実性と数学的確実性とを区別する必要がない直観的能力と定義したが、ライプニッツは理性を――「曖昧な意味に解された理性を論難してばかりいるような人々」には驚きだったが――「諸真理の連鎖」と定義している。[142]ただし必然的真理と偶然的真理を区別するよう直ちに配慮し、その結果、数学的確実性は自然〔学〕的必然性がもたらす慣習的〔実践的〕確実性ともはや混同されてはならないとされる。[143]けれども、まさに最初に二つの真理を対置するがゆえに、ライプニッツは次には二種類の確実性を認めなければならないことになる。これに対して、デカルトの直観主義はその本性からして前者〔数学的確実性〕としか結びついていないために、後者〔実践的〔慣習的〕確実性〕を蔑視したり犠牲にしたりする傾向があるだろう。他方において、デカルトは経験をライプニッツのような仕方で理解してはいない。[144]デカルトにおいてこの語は、「哲学者たち」すなわちスコラ学者たちに対する論争的な意味を有している。したがって、学知〔科学〕的経験〔実験〕とはなによりもまず明晰な、しかもできる限り判明な（数学的な）観念についての経験なのである。ところがライプニッツにおいては、経験は慣習的確実性の全領域、すなわち自然学、歴史、宗教に関わり、それゆえに経験は、感覚の証言であろうと他者の証言であろうと、たとえ単なる一私人や「奇跡を目にした人々」による証言であろうと、証言に訴えるのである(145)。しかも話を自然学に限れば、「経験」という語の論争的な意味は「哲学者たち」に対してではもはやなく、ガリレオやホイヘンスの助けを借りつつ、まさにデカルトやその党派に対して向けられているのである。

知っての通り、感覚的なものの主観性も、デカルトの実在的二元論においてとライプニッツの見かけ上の〔現象的〕二元論においてでは同じ意味をもたない。前者においては、この主観性は二種の実体の結合からの帰結である。想像する能力と感覚する能力は、「身体と結びついている」限りにおいてのみ魂に帰属するのであり、「したがってそれらも一種の思考であるが、それらを抜きにしてもまったく純粋な魂を考えることができる(146)」。主観的なものはそれゆえ、世界を認識するにあたって魂がひとたび身体から切り離されれば、そうしたまったく純粋な魂からは消え去るであろう。感覚的混濁は、魂への非認知的な、異質的な、物質の効果であるような要素の侵入に他ならない。非認知的な要素とは、認識能力と無縁であることを意味している。そこでは生得的なものはあり得ない。さらに、そこでは分析もまたあり得ない。それは確認することしかできず、諸々の観念へと分解することもできないだろう。学知的分析とはひとえに感覚的なものから非認知的な要素を、つまりは感覚的なところそれ自体を除去することであり、それを行うのは、感覚的なものが含んでいる認知的要素、すなわち、延長との関係において明晰かつ判明な観念、一言で言えば幾何学的な観念のみを保持するためである。こうした感覚的なものの分析の排除は、学知から経験的定義を締め出すことに帰着する。デカルトのような主観性の理解によれば、学知的客観性は感覚のまったくの彼方に、感覚的認識とは別の次元の、別の本性を有する認識の中に位置づけられることになる。ライプニッツの理解するところでは主観性は、異質な実体間の結合にではもはやなく、すべての被造物に内在的な制限性に由来するものである。質料を伴わない形相はないのだから天使でさえ身体を有する。身体をもたない被造物を認めることができないとすれば、何らかの感覚的混濁を伴わないような被造物の認識も認めることはできない。確かに、モナドがそれぞれの視点から世界を表出するその仕方には判明さの度合いがある。だが、もう一度繰り返せば、混濁は身体との結合によって魂に生じる偶発事ではない。被造物である限り混濁は内在的であって、デカルトの説とは反対に、われわれはまったく純粋な被造的魂など考えることができないのである。その結果、感覚的なものという混濁物は、認識能力と無縁であることを止める。それは判断へと連れ戻され、有限な被造物の無限の宇宙との関係や、無限な創造者との関係を表出するものとなる。世界はそれゆえわれわれに生得的である。この生得性がもしも現実態にあるとすると――仮定に反して現実的に無限な知性が要請されようから――矛盾をきたすことになるので、生得性は潜在的でしかあり得ず、だからこそわれわれの生得的な知を現実化するためには経験が必要なのである。ライプニッツの生得説とデカルトの生得説の対立は、潜勢態〔可能態〕対現実態の対立であると同時に、一元論対二元論の対立でもある。デカルトにおいて〈コギト〉はわれわれの認識の絶対的な第一原理とされ、まったく純粋な魂のもとで生得説は明晰かつ判明な思考として規定されており、明晰かつ判明な思考は現実態においてしか存在しない。かくして混濁物と、もしもそう呼びたければ無意識とは、思考の対象の中に求められるしかない。たとえその対象がさしあたりは意識の領野の外部に位置づけられようと、あるいは感覚的認識の場合のように、その対象が非認知的要素を含むとされようと同じことである。ところがライプニッツは、〈コギト〉と〈思考されたもの〉を形相と質料のように互いに緊密に相関したものとして決して分離しない。表象と傾向性を、〈表象〉と〈欲求〉を同時に含んでいないような思考は決して存在しない。同様に、他から分離可能な思考、言い換えれば宇宙全体の表象を含んでいないような思考も決して存在しない。したがって、無意識と混濁は生得的なものともはや対立せず、逆に生得説の方がそれらを前提としている。しかも無意識は、デカルトにおける場合とは逆に、表象を能動的なものにする傾向性となる。デカルトにとって無意識は表象の受動性に関連をもち得るにすぎないであろう。しかしながら、もしも無意識あるいは混濁が、本性上ただそれのみが明晰かつ判明なものへの特権を有しているとされた魂とは、異質な実体にもはや属しているのではないとすれば、感覚的なものの分析も可能になり、学知の中で寄与する場面もあることになる。もとよりその分析が完遂可能というわけではない。われわれの精神には感覚的性質を、延長においてそれを基礎づけている運動や感覚できない構造にまでも分解する能力はない[147]し、ましてや延長を超えて、空間において純粋に知性的な仕方で延長を基礎づけているはずの共在の諸関係にまで分解する能力もない。それゆえ、感覚へのある種の所与は依然としてわれわれには説明不可能であり、言い換えれば、事実上単純すなわち分析不可能である、と認めざるを得ない。しかし、単純に見えるものの中にも分析可能なものはある。〔例えば、〕緑色は青色と黄色から合成される[148]。複合的に見えるものの中にも——例えば、堅さ、流動性、柔らかさ、靭性、脆性、裂性、あるいは、揮発性のもの、固形のもの、溶媒となるもの、凝固剤となるもの、沈殿作用のあるもの等のように（こうした枚挙は順に、自然学〔物理学〕に、そして、デカルトにより軽視された化学に、それぞれ関わっている）——分析的な記述に適し、ゆえにそれらを「ある意味で知解可能」にする名目的定義に適したものはある[149]。性質についての学、〈どのような〉（ποιόν）〔質〕についての学が成り立つ余地があるのであって、ライプニッツはその記述的な学に質記述学（*Poeographie*）という名称を与えることを提案している[150]。

では、デカルトにとっては感覚的なものは客観的な意味をまったくもたない、ということだろうか。そうではない。その意味は二種の実体の実在的結合の理説のうちに含意されている。それゆえ、ライプニッツのまったく異なる理説に対応しているのは、当の客観的な意味についてのまったく異なった規定であるはずである。デカルトにとって感覚的なものは――ひとたび神の誠実により保証されれば――、外部世界の現実存在の徴である。なぜならそれは二種の実体の結合の結果であり、そのうちの一方の実体のみがこの結果を認識でき、しかもその結果を〔自らとは〕異質な本性の徴としてのみ認識できるからである。情念の日常的な経験は、われわれに心身の合一を証し立てることで[151]、感覚的なものが身体についての経験であることを証し立てている。「もしも感覚がいかなる客観的な意味ももたないとすれば、もしも感覚がまったくの確実性をもって身体〔物体〕の何らかの現実存在を指し示すのでないとすれば、幾何学と自然学の区別そのものも客観的な意味を失い、見せかけのものとなってしまうだろう」、とM・ゲルーは書いている[152]。『省察』の最終段階では思考は存在の唯一の尺度ではもはやない。まずは〈在ると直観されたこと〉(*intuitum esse*)として定義された現実存在は、感覚的なものによっても規定可能となっており、感覚的なものは実在的な因果性の結果によって規定可能になっている。ただし、感覚は一つの徴にすぎない。感覚は何かが存在することをわれわれに告げるが、それが何であるかを告げはしない。それどころかデカルトの主張するところでは、感覚的なものとその原因との間にはいかなる類似も存在しないのである[153]。しかも一般的な理解によれば、この類似の観念は直観主義にとって根本的なものである。というのも、直観が真実のものであるのは、直観が己の対象そのものを、自己の当の対象との同一性のもとで見ている、という理由によるしかないからである。対象が欠けている場合でも、少なくともその忠実な写しを見ているはずであろう。だが、直観主義にとどまりながら、その写しが忠実なものであるといかにして確かめるのだろうか。原型と写しの間の規則的で一定の対応関係に訴える必要があるだろうが、そうなれば形式主義に訴えることになるだろう。まさにこの点において、ライプニッツはデカルトが知覚〔表象〕とその対象との間に、至上の叡智にはふさわしくない恣意的な関係しか設定しなかった、と非難するのである。ライプニッツもまた、感覚的なものがわれわれに現実存在を知らせてくれるということは認める。[154] ただし、現実存在は〈在ると知覚されること〉(*percipi esse*)としてのみ定義され、[155] しかも感覚的なものは、異質な実体からの〔作用の〕結果によってはもはや説明されないのだから、観念的な因果性に帰されなければならなくなる。かくして感覚的なものの客観性は、もはや延長する物質との物理的関係によってではなくて、モナド間の観念的関係によって規定されることになる。デカルトにとっては原因‐結果の物理的関係に依存していたその客観性は、ライプニッツにとっては相互的な作用の観念的関係に結びつけられるものとなるのである。デカルトは、学知をもっぱら実在論者としてのみ構想している。彼は、「われわれの感覚の対象となった、あるいはわれわれが想像したあらゆる事物の中で、本当に世界の中に存在するものが何かあるかどうか」疑うことで、自らが出発点とした素朴な実在論を打ち壊すが、[156] しかしそれは存在論的な実在論に到達するためであり、それによって、世界の中に本当に存在しており、感覚的なものをその疑い得ない徴としているものが発見されるのである。デカルトは、真の諸原因の探究において自分は誤っているかもしれないが、自らが想像した諸原因がすべての自然現象を説明し得るならばそれで問題はない、と認める場合にも、[157] 学知に関する現象主義的ないしは実証主義的な考え方に移行することはない。デカルトがそのように認めているのは、たんに、慎重さから節の末尾で引用しているアリストテレスの権威の背後に身を隠すためでもなければ、作業仮説で満足しているためだけでもなく、[158] 把握〔包括〕不可能な無限〔者〕についての自らの直観主義的理論にとりわけ忠実だからでもある。神は「そのうちのどのやり方によっても、この世界のあらゆる事象を現在そう見えている通りに見えるようにすることができた、無数のさまざまな手段」を有しているからである[159]。しかもこうした神への訴えが充分示しているように、誤りもあり得ると認めたからといって、そのせいで学知が真の諸原因の、言葉の実在論的な意味での真の諸原因の探究ではなくなるなどということはまったくない。十八世紀が実証主義哲学を予示しつつ現象主義へと移行していくことになるのはまさに、デカルトに反対して、同一現象を自然が実現し得る手段の無限性に関する議論から、それゆえに原因についての形而上学的な探究を断念しなければならない、と結論づけることによってであろう[160]。ライプニッツは、学知についての観念論的な考え方がその心理主義的形態である現象主義と区別されない限りにおいては、デカルトよりは十八世紀に近いように見える。〔だが、〕実際にはデカルトと同じく、真の諸原因の探究が学者の仕事であると見定めている。ただその「真の」を観念論的な意味で理解しているにすぎない。それゆえ、ライプニッツの批判は文字通りに取れば『哲学原理』第四部第二〇四節と別のことを言っているようには見えないとしても、感覚的事物に関してライプニッツはデカルトに次のように反論することができるのである。すなわち、感覚的な諸事物に、それらが互いに合致し、それらを予測することを可能にする諸理由とも合致していること以外の、真理や実在性（〈それらの中における別の真理あるいは実在性〉）を求める必要はない、と[161]。しかしながら、この二重の合致が可能なのはもっぱら、すべてが相互表出し合い、しかもその相互表出が創造されざる論理によってのみ可能になっているからに他ならない。感覚は、デカルトにとっては外部の現実存在の徴にしかなり得なかった。なぜなら、直観主義は類似にしか表現的意味を認めることができなかったからである。しかも物理的な結果は、必ずしもその原因に類似しているわけではない[162]。ところが表出は類似を必要としない。表出が必要とするのは客観的論理についての形式主義だけである。かくしてライプニッツにとって感覚の客観的な意味は、同時に本質と現実存在を表出している点に存することになるのである(163)。

われわれはまだ、デカルトにとって感覚がもち得る客観的な意味をすべて汲み尽くしてはいない。実のところ複合実体に関して言えば、その性質には〔心身〕結合の維持を目的とする生物学的機能がある。それにより、神はわれわれをまったく好きにさせておきながら身体が必要とするものをわれわれに教えてくれている(164)。感覚は本能という客観的な意味を帯びているのである。しかしながらこの客観的な意味は、たとえわれわれに善について教えてくれるとしても、真なるものを知らせてくれるわけではない。それは実践的認識の領域に属しており、理論的認識の領域に属しているのではない。医学と道徳が単なる本質の直観によって基礎づけられる確実性には到達し得ないのも、まさにその理由からである(165)。ライプニッツの言うことも確かに部分的にはデカルトと一致している。もしも神が君主として〔人間〕精神を統治し、技師として単なるモナドを操作するのであるならば、それは、魂によって内的合目的性を付与されたわれわれのような複合実体と動物的機械との間にデカルトの神が立てた区別と、類比的な区別によるのではないだろうか。だがそれは見かけだけにすぎない。実際にはライプニッツにおいては至る所に内的合目的性がある。その合目的性が建築術的なものだからである。内的合目的性が人間的な複合体のみに限定されるということはあり得ない。なぜなら、それはあらゆるモナド的表象を、すなわちあらゆる表出を規則づけているからである。周知の如く、微小表象が、「あの何とも言えないもの、好み、感覚的な諸性質の心像、われわれを取り巻く物体がわれわれにもたらす無限を包蔵した印象、各々の存在が宇宙の他の一切との間にもつ結びつき、を形成している(166)」。単なるモナドと〔人間〕精神との差異は次の点にある。すなわち、前者は内的合目的性に従っており、それにより〔目指すべき〕善を表象することだけはできるものの、〔人間〕精神のようにそのことについての意識的表象をもつことはできず、そこで表出されている真理を識別することもできない、という点である。もしも現実存在の定義に〈感覚されていること〉(*sentiri*)〔という語〕が必要だとすれば、それは、すべての現実存在が偶然的であり[167]、したがってその根源が至高の叡智による創造されざる論理にあると同時に、至高の善性による道徳的必然性にもあることに由来している。それゆえにこそ、繰り返しになるが、この建築術的な合目的性は宇宙のどれほど小さな区画にまでも行き渡っており、われわれにおいてはその合目的性の役割は生物学的な情報に限定されておらず、多かれ少なかれ包み隠された仕方ではあっても、真理の客観的な意味がその情報のうちには含まれているのである。

かくして、感覚の効用が二人の哲学者において同じままということはあり得ないだろう。二人ともそれを現実存在の基準と認めてはいる。だからこそデカルトにおいては、感覚は自然学に対して想像力が数学に対するのと同じ関係に立ち、感覚が数学的抽象と実在的なものとを区別する助けとなる[168]。ライプニッツもこれには異を唱えなかったはずである。ただし、彼がこの現実存在の基準に見て取っているのは、混濁したものが判明なものを指示するような仕方で表出されたものを指示する表出であって、物理的な結果がその原因を指示するような仕方で記号対象を外的に指示する記号ではない。現象はライプニッツにおいてはデカルトにおける以上の真理性を保持しているのである。繰り返しになるが、デカルトも現象の観察を拒絶しているわけではない。観察は分析を準備し、仮説に先立つ。例えば磁石を研究するとしよう。まず重要なのは、この物体に関して手に入れることができるすべての経験を注意深く蒐集することである[169]。それればかりではない。もっとも重要な諸問題においても、すなわち〈コギト〉が問題の場合であれ――「というのも、」ライプニッツに言わせれば、「それは直接的経験に基づいた事実命題であって、諸観念の直接的一致のうちにその必然性を見て取れるような必然的命題ではないから[170]」――、あるいは心身合一が問題の場合であれ、自由の「内的な活き活きとした感覚」が問題の場合であれ――この自由と神の予見との調停についてはは何も言わないでおくにしても——、われわれが依拠しなければならないのは経験なのである。

さて、ライプニッツが質記述学（Poeographie）なるものを予期しつつデカルト以上に感覚的なものの自然誌的記述に重要性を認めているとしても[171]、他方でそれ以上に論理学に多くを求めつつライプニッツが示そうとするのは、〈コギト〉が〈思考されたもの〉を含意すること、心身合一の現象に関する予定調和説は知解可能性において相互作用説に優っていること、しっかり考えるならば自由は合理的な分析にかけることができ、その分析により理性は経験や神学とさえも一致することを示せること[172]、であるだろう。しかも〈コギト〉、実体的合一、自由はどれも人間的本性に関する問題である。世界認識の問題となればまた話は別である。今度はデカルトは自分の眼をもはや信じまいとして、衝突の法則の場合がそうであったように、自らの結論を経験に反していても固持しようとする。その理由は二つある。一つ目は幾何学者としてのそれであり、経験に頼ることは時として、あたかも三角形の三つの角が二直角に等しくならないということを、歪んだ直角定規を用いて示そうとしているようなものだ[173]、という理由である。二つ目は神学的な理由である。「……われわれの感覚が実際の世界でこれまで経験してきた一切は、これらの二つの（運動の）規則に含まれていることに明らかに反しているように見えるけれども、私にこれらの規則を教えた理由はきわめて強力なものであると思われるので、私は自分があなた方に対して描いている新しい世界でもそれらの規則をやはり仮定せざるを得ないと考える。というのも、真理を確立するためにたとえ思いのままにその基礎を選択しようとしても、神のうちにある堅固さそのものと不変性以上に堅固で揺るぎないどんな基礎を見いだすことができるであろうか[174]」。ライプニッツは神学的議論のこうした使用を拒み、いかなる場合にも信仰や経験が理性を毀損することを受け入れない。〔他方で、〕彼はデカルトが経験を軽視したと非難することもできるのである。二人の不一致の根源にまで溯る必要があるだろうか。デカルトにとって理性は直観的であったし、直観は真なるものの基準なのだから、理性的なものはすべて実在的である。ただし、実在的なものがすべて理性的であるということにはならない。なぜなら、私の直観は無限〔者〕を把握〔包括〕できないのだから、いかにして私はそんなことを知り得ようか。こうして、直観的演繹の明証性だけが、真なる知はどこに成り立ち、感覚を超えたところにある（というのもわれわれは二元論者なのだから）われわれの学知の対象となる実在はどのようなものか、を決することができるのである。しかしながら、ライプニッツにとっては理性は直観的ではないし、真なるものの基準は論理的形式主義のうちにある。というのも、われわれは同一の関係のもとで神と一致しており、論理は創造されざるものだからである。「理性的なものはすべて実在的である」という命題は、この事実からして換位可能となる。すなわち、「実在的なものはすべて理性的である」。したがって、経験が理論の欠陥を明らかにするなどということはもはや許容できない。実在的なものに形式を与えるのが、実在についての理論なのである。しかも、感覚的なものは規則的な対応関係により叡知的なものを表出しているはずである。感覚的な明証にはそれゆえ理性的な支えがある。感覚的な明証は自然誌的記述がもつ慣習的必然性に、すなわち、ライプニッツがデカルトのしたように単なる論理的明証性と混同することを拒んだ、自然学の確実性に属しているのである。

しかしながら、以下で見るように、理論的な諸原理から実践的な帰結へと至る間に、われわれの哲学者を隔てていた距離は著しく縮まり、時には消滅してしまうことになるだろう。まるで彼らの各々の理説の無時間的な論理が、歴史の論理によって方向を変えられてしまうかのように。二人のいずれもニュートンの世紀には属していないのである。

「私の自然学全体は幾何学にほかならない」、私はそれを「数学の諸法則へと還元した」、「哲学的な題材においては数学的な証明を得ること以上に望ましいことは何もないと私は考える」[175]、といったデカルトの数ある宣言に反響する、似たような宣言がライプニッツにもある。「……自然学の完全性はそれの幾何学への還元に存する……」、数学により運動についての学知は、「自然学の、それゆえにまた医学の鍵」となる、要するに、「哲学者が数学者である必要があるのと同じくらい、数学者が哲学者である必要がある……」[176]。

自然学の数学化を可能にするのは機械論的仮説である。そこでは世界は数学的な諸特性へと還元される。世界はそのことにより具体的実在性を失い抽象的なものへと変化してしまうわけではない。デカルトの分析は自然学による真の世界を、われわれの表象から次のものを注意深く排除することによって画定する。すなわち、一方で魂の様態ないしは思考のみの様態を、他方で心身合一のもとでは思考のみの様態とも延長のみの様態とも区分されない限りでの[177]感覚的なものの様態を、それぞれ排除することによって。思考の様態に属するのは、時間ないしは持続[178]、順序、数、及び普遍的なもの[179]、すなわち種、種差、固有性、偶有性[180]である。心身合一に属するのは、重さ、硬さ、色、及び一般に「われわれの感覚を何らかの仕方で刺激する」ものすべてである[181]。世界に本当に属しているのはただ延長とその諸様態、すなわち形、諸部分の位置、場所的運動のみであるが[182]、別の節では大きさ、持続、数が付け加えられている[183]。往々にして同一の様態が、あるときには思考に、あるときには延長に帰されている点については、われわれはどのような場合にそれらをただ思考するだけであり、どのような場合にそれらを延長実体の属性とみなすことによって明晰に把握するか、を知るならば何ら矛盾ではない。例えば、持続や数はわれわれのうちにあるが、事物はわれわれの外部で持続しており、神により創造された粒子がわれわれの外部に多数あるということは、光を発する物体が「たとえ眼を有する動物が世界に存在しなかったとしてもやはり自らの中に同じものを有したままであるだろう」のと同じくらい確実である(184)。同様に持続について言えば、われわれの感覚との関係で捉える限り、持続は本来的には物質に帰属させることができないはずの感覚的な性質である。〔しかし、〕物質がそれ自体において、部分と部分とがお互いに対して静止している諸部分の全体として規定されるならば、持続は物質の属性に帰属している(185)。結局のところ、自然は「あらゆる点において数学的に振る舞う(186)」が、われわれは一方では純粋数学と自然についての数学とを、他方では知性が延長実体に直接帰属させることができる数学的諸性質と、硬さや持続や数のような、われわれの外部にあるその実体のよく基礎づけられた現象による翻訳である数学的諸性質とを、区別しなければならない(187)。M・ゲルーにしたがい注記したように、デカルトの自然学は抽象的な数学とは区別されている。しかし、今こそわれわれがこれに付け加えるのは、デカルトは数学的存在についても同じく抽象的と考えてはおらず、そこに抽象物を見て取っていたアリストテレスに対して、むしろプラトンとともにそれらをすぐれて実在であると考えていた、ということである(188)。

ライプニッツは機械論的仮説を受け入れる。一六七九年六月に彼はテオドール・クラーネンに宛てて次のように書いている。「自然学の全体は疑いなく、大きさ、形態、運動を扱う幾何学のある種の実践に他なりません(189)」。ただ、デカルトの幾何学と力学は不充分である。幾何学がなぜ不充分かと言えば、力学者が頻繁に出くわす曲線の長さの決定や重心を求めることやその他無数の難問を、まったくの解析計算だけによって解決することができないままだからであり[190]、力学がなぜ不充分かと言えば、運動〔量〕の保存に依拠しているために、その衝突の規則は誤っているからである[191]。かくしてライプニッツは機械論を受け入れつつも、それを幾何学の解析よりもさらに高次の解析と、物質についての非デカルト的な理論とによって改善しようとする。それゆえデカルトとは異なり、感覚的なものを機械論に還元する際に、矛盾律のみに従う抽象的、数学的な要素――数、大きさ、形――と、それに加えて充足理由律とさらには連続律とを必要とする具体的、自然学的な要素――運動や固さ――とを区別する[192]。ここで数学的要素を抽象的と呼ぶのは、ライプニッツがプラトンやデカルトには反して、アリストテレス的伝統の下で、数学的存在を至高の実在とは認めずに、抽象的なものの中に位置づけているからである。さらに詳述すれば、アリストテレスの論理学は――人々がそれをより豊かなものにするために加えてきた、またこれから加えられるであろう改善点も含めて――その発展形態の一つに他ならない数学に優越しているのであって、それというのもこの論理学は、創造されざる知性の至高の諸規則に一致しているからである。ただし、それらの諸規則がわれわれの数学において関係づける諸対象――数、大きさ、形――は抽象的なものであり――だが、そこでこそ記号法によって増進され、「発展形態」への期待を可能にする、数学者の技術的な優越性は発揮される――、実在的なものが見いだされるのは運動や固さの側なのである。

量はデカルトにおいては存在論的な地位にまで高められたが、もはやその地位を失う。量はもはや、それ自体で数学的であり延長という本質によって直ちに数学化可能な〈物質あるいは量〉ではない。ライプニッツは、二元論に固有の延長実体を自らの理説の中に受け入れることはできない。彼にとっては、デカルト的な物質や運動は現象に属するものであり、何かしら想像的なところを含んでいる[193]。もしもそれについての分析を推し進めれば〈物質あるいは完全現実態〔エンテレケイア〕〉へと至る。それによって質的形相は非延長的な、アリストテレス的な意味での質料に分かちがたく結びついており、その反復が延長的物質の基礎にある。しかもなお、その第一質料はそれだけを取り上げるならば抽象物にすぎない。それが実在的なものになるには無限個のモナドの（観念的な）相互作用の中で反復されるのでなければならない。そのときわれわれは第二質料を手にすることになるが、これが動力学の扱う対象であり、デカルト的延長を超えた源泉としての力を指し示すのである。(194) こうしてデカルトとは反対に、ライプニッツには質的なものに量的なものを従属させる傾向がある。量的なものにおいては人は何かしら想像的なものを認めなければならない。このことは、自然学の対象——形而上学的にはそれは〈瞬間的な精神〉へと帰着することになる——について当てはまるのとまったく同様に、数学に関しても当てはまる。すなわち数学においては、計量は秩序に——この秩序に関する学こそが結合法であるが——従属する。大きさや数や形と同様に計量もまた、それを延長の様態と考えようが、運動が生み出すものと考えようが、いずれにしても想像的なものの性質を帯びている。前者の場合には、その様態は想像的な延長の様態となり実体の本質的属性の様態ではないからであり、(195) 後者の場合には、運動はデカルトにとっては幾何学者の線よりも把握が容易なためにより実在的であるとされたが、ライプニッツにとっては、運動はどんな被造的モナドの表出的認識にも内在する混濁を通してしか現れないものだからである。形〔図形〕についての真理は、その量的な側面よりはむしろ質的な側面の方に存する。だからこそ、幾何学においては相等の関係に劣らず相似の関係も同じく重要である。(196) さらに無限小解析は、図形の数学化を理論上無限にまで推し進めることを可能にする。「例えば人の顔で、その輪郭が幾何学的な線の一部になっておらず、一定の規則的な運動により一気に描くことができないような顔は存在しない」(197)。これに対してデカルトの代数幾何学では、直線と曲線の間の比は人間には認識できないとされていたのだった。(198) しかも、図形についてのわれわれの考察は、ユークリッド的な相似関係や無限小解析で尽きるわけではない。図形の諸点間の秩序のみの考察へとさらに進まねばならない。かくして図形により与えられる真理、ということはすなわち幾何学全体の本当の姿は、ライプニッツにとっては〈位置解析〉において見いだされることになる。われわれはデカルトから遠く離れた地点まで来ている。デカルトが考えていたような大きさ、数、形は、想像力の論理学に帰属させられる。[199] デカルトの機械論は存在論的な効力をもはやもたず、何かしら想像的なところを含んでいるのである。

それゆえデカルト的機械論を越えていかなければならない。まずは機械論の範囲内で、運動論から動力学への移行によって。もちろん、運動論にも自然学の中にふさわしい場所はある。けれども、時間を介在させないにしろ（等速運動の場合）時間を介在させるにしろ（変速運動の場合）、運動論は自然学に固有の要素をとりにがしてしまい、運動の軌道――〈運動の軌跡〉――しか考慮しないために、まったく幾何学的なものにとどまってしまう。〈実際、それはまったく幾何学的である〉。[200] 一言で言えば、それは想像的なものを含む抽象的運動しか扱わない。具体的運動は――これが固さ（consistance）とともに機械論の中に真に自然学的な要素を導き入れる――軌道に帰着して終わるのではなく、力を指し示す。[201] その実在性によって、[202] 具体的運動は固さや凝集性を、したがってデカルトが硬さ（*dureté*）と呼んだ堅さ（*fermeté*）を説明する。[203] それはもはや静止している諸部分の同時性によっては説明されず[204]――というのも、物質が〈瞬間的な精神〉に他ならないように、静止は無限に遅い運動に他ならないから――、協働する運動によって説明される。そして堅さという語の方が硬さよりも望ましいのは、デカルトが前提とした絶対的な硬さは弾性により置き換えられるべきだからである。[205] こうして連続律が実在的運動に適用されることが理解される。というのも、その運動は実体的で原因的な力から発しており、[206] その力のどれほど僅かの変化もその結果に表出されるはずだからであり、運動はそれに相反する静止によっては妨げられ得ないからである。したがって、デカルトに反して速度の変化は必ずやあらゆる度合いを経るのでなければならず、静止から運動へと飛躍することは不可能である(207)。さらに、実在的な連続性は無限小解析においてその観念的な数学的表現を見いだす(208)。この解析がデカルトの解析に優っているのは、その消失する量のために、運動をより適切に幾何学化するからである。消失する量は、運動の最小変化と秩序の原理を結びつけることを可能にし、運動研究に組み込まれることで運動法則を検証し訂正することを可能にしてくれるのである。それゆえ無限小解析のおかげで機械論の領域は拡張され、権利上は自然的宇宙の数学化が完遂される。ライプニッツは一方では、デカルトの衝突法則を正すことで力学に決定的な基礎を与えたと確信し――「人はこれまで力学の問題をまったくの幾何学だけの問題に還元することができませんでしたが、それは運動法則が決定されていなかったからです」――、他方では、ヘーゲルが自らとともに歴史が完成すると考えたのと同じ意味において、自らとともに数学はその完成に至ったと確信している――「今や純粋数学、すなわち数と図形と運動を含んだ数学がついに完成され、あとに残るのはただ若者が推論を身につけるための訓練だけになる、と言い得るように私は考えています(209)」。しかしながら、デカルト的な機械論の超克も、その超克における無限小解析の役割も、こうした注記だけに尽きるわけではない。

というのも、ライプニッツが超克しようとするのは運動学も動力学も含めた全体としての機械論であり、しかも合目的性を基礎にすることでそれを行おうとするからである。いずれにせよ数学的な抽象は、たとえそれが形而上学的な実在を表出しているとしても、原理的には力の現象的な結果に対してしか適用されない。「新たな計算」に委ねるべき変数をわれわれに与えてくれるのはこの結果の方なのであって、それゆえに解析はその彼方にまで至ることはできない。無限小量は確かに消失するにしても、延長の中で消失するのであって、その当の延長の表現であり続ける。おそらくはここに、バークリーやヒューム〔の批判〕

を予示していると思われる、「比較不可能なもの」についての不穏な理論の起源があることになろう。「無限を構成するためのあまりに大きすぎる多様性のために、実のところわれわれはついには道を見失い、数学の自然学への適用においてと同様、形而上学の諸規則の適用においても立ち止まることを余儀なくされる(210)」。けれども数学は、それでもやはり実体的な力の表現不可能な領域を、正確にしかも多くの仕方で表出している。デカルト的な幾何学的直観の中では速度の平方に対応するものは何もないが、にもかかわらず、衝突の法則が断続的にはできていないことを mv^2 により証明するのは、この平方なのである。無限を記号化し、極限への移行といった新たな操作的規則を介在させた記号計算を作り出すことによって、数学は今や、実在的な無限に起源をもつ一般的秩序の原理に形を与えることができる。すでに〈無限算〈無限者の算術〉〉においては、見かけ上の無秩序の下に隠されている秩序を明らかに示す、デカルトが知らなかった技法が存在している。すなわち、πの小数部分の無秩序から引き出された、かの $\frac{\pi}{4}$ の級数展開の驚くべき秩序がそれである。級数的な秩序は疑いもなくわれわれに、個体的実体のそれにせよ被造的世界のそれにせよ、完全概念のイメージを与えてくれる。そこでは、活動を規則づけている理由にしたがってでなければ何事も展開されてこないのである。さらに他方では、最大あるいは最小による〈最適の形について〉の決定が、デカルトの機械論がもっとも論破しがたいものに見えた、自然学のもっとも幾何学化された部分においてさえ、自然法則は選択の原理にしたがっていることを示している。もしも無限についての数学の驚くほどの精妙さによって、いかなる形であれ、たとえ老人の不規則な顔であっても幾何学化が可能であるという、デカルトが認めるのを拒んだことを考えられるようになるとしても、そこから、物質はいかなる形をとることも可能であるということは帰結しない。デカルトのこの物議を醸す命題は、当初は新しい計算により確約され、拡張されるように思えるものの、級数のある値やある関数における最大もしくは最小の最適値を他のすべてを排除して決定する目的論によって、逆に割り引かれることになる。機械論はそれに存在理由を提供する目的論によってこそ説明されるのである。かくして「真理がすっかり露わに示される幾何学や数に関する深い洞察に通暁した人々は、いつでも物事の秩序に感嘆する。そうした人々は、大きさの並びが不規則であるように見える数列を検討する場合にはいつも、厳密な議論の後にすべては驚くほどよく規則づけられて配置されており、見かけ上の無秩序は後になってこの上もないほど大きな美を形づくっていることを発見する。自然が至る所でこうした慣わしを守っており、……もしもわれわれが自分たちの身体という機械の特別な仕組みを吟味できるのと同じように普遍的調和を検討することも可能であるならば、物事の作者の叡智と正義と善性が、人間の統治の中にもものごとの形成の中にも少しも劣らず認識される、という見込みは大いにあるのである[211]」。

IX

にもかかわらず、ライプニッツは依然としてデカルト主義者である。というのも、彼もまた数学から取り上げるのはその方法の確実性の源泉だけであって、だからこそ彼もまた〈ア・プリオリ〉な進め方へと導かれているからである。確かにわれわれの哲学者の間には数多くの違いがある。デカルトは数学をアリストテレスの論理学から切り離そうとするが、ライプニッツは数学をその論理学の発展形態とする。〔デカルトの〕代数幾何学が提供しているモデルは〔ライプニッツの〕解析幾何学よりも限定的である。一方が幾何学的必然性しか認めようとしない――さらには、幾何学と自然学の間に、普遍的なものについての学と個別的なものについての学との対立しか設定しようとしない――と見えるのに対して、他方は、むき出しの必然性と仮定的必然性とを区別し、後者を偶然的命題の終極なき分析によって特徴づける。各々の項の、及びそれら一つ一つの間の結びつきの判明な直観に基づいた幾何学的確実性の後に続くのは、際限なく適用可能でいかなる項もそれにより構成できる規則に支えられた、慣習的確実性である。『哲学原理』は目的因の考察を退けるが、『クラークとの往復書簡』は幾何学から自然学への移行は適合の原理の適用により遂行されることを思い起こさせる。等々。しかしながら、こうした違いは演繹的なやり方と実験的なやり方との対立ではない。それらの違いはどれも、原因から結果へと進む〈ア・プリオリ〉なやり方の側での違いなのである。「なぜなら私の論証もまた形而上学的な理由から得られているからです[212]」と、ライプニッツはデカルトの力学に対する最初の攻撃の際からすでに誇っていた。さらに——あるいはむしろ、なぜなら——数学におけるわれわれの哲学者たちの理想はもっとも一般的な方法を発見することであり、それゆえに二人とも自然学のもっとも一般的な諸原理を確立することに専心しているからである。「〔フェルマ氏が〕素晴らしいことを個々にいろいろと発見しており、大いに才能のある人物であることは確かです」、とデカルトは応じていた。「しかし私はと言えば、これまで常に物事をきわめて一般的に考察して、そこから他の場合にも利用できるような諸規則を導き出せるよう研究してきました……[213]」。機械論を目的論によって超え出ることで、ライプニッツは一般性の要求を拡張しているにすぎない。自然の諸現象の理由が与えられて一切が機械論的に説明され得るようになるのも、まずは完全な理由の諸原理がその一般性のもとで扱われた後でのことに他ならない[214]。なるほど、自然学は個別的な事象についての学であり、一般性についての学である幾何学とは対置される。しかし、デカルトにとってもライプニッツにとっても、そこで問題になるのは天文学者にとっての太陽のように概念化された個別的なものであって、われわれの各々にとっての太陽のように知覚された個別的なものではないのである[215]。ところで、ニュートンのもとでの自然学〔物理学〕の進歩は、「普遍性の観点からではなく精確さの観点から〔解析〕計算を利用する」点に存することになるであろうし、その精確さは知覚された個別的なものから出発することになるはずである。数学に絶対の自然学的有効性を与えようとする傾向によって、デカルトとライプニッツは「〔解析〕計算の諸規則を形而上学から切り離さず、代数的記号を関係の徴表ではなく事物の徴表と見なしていた。彼らなら数学的自然学よりもずっと容易に数学的形而上学を作り上げていたことであろう」[216]。

われわれの二人の哲学者に共通するアプリオリズムにより、感覚的なものは宇宙の数学化から締め出される。デカルトにとっては感覚から思考を引き離すことが重要であった。実在的なものの本質すなわち真理は、蜜蝋の塊の分析の中で、プラトンのそれにも擬えられるような弁証法によって、数学的なものとしてあらわになる。神を認識することで私は、「当の対象の現実存在を考慮に入れない幾何学者の論証の対象となる限りにおいての、物体的本性に属する」[217]無数の事柄に関して完全な知を獲得する手段を有している、とひとたび確信した後でなら、私は演繹を続けて物体的事物の現実存在を証明することができる。だが、数学的真理が私に実在的なものの写しを提供してくれるのに対して、感覚的真理は結局のところ記号による写しなのである[218]。さて、ライプニッツは正当にも、その記号と写しの間には、感覚とそれを現出させる運動との間には[219]、確かにある関係が成り立っているが、それは決して規則づけられた連続的な関係ではない、と反論している。「理性はこの上ないほど完全に経験〔実験〕と合致しているので」その結論について争う余地はないほどである、と著者が信じる科学上の創意工夫に満ちた驚嘆すべき一節の中で、虚しいことに、色は光を形成する微細な物質の「球」の回転の速さと移動の速さとの間の比の変動によって説明されている。すなわち、この比が一定の限界の間で減少する場合に、われわれは赤から紫までのスペクトルを次々に見て取るというのである[220]。こうした説明が虚しいのは、その比〔関係〕が漠然としたままであり——それはどの程度変化するのだろうか——質的なものにとどまっているからである。だからこそ、「デカルトも、またグリマルディやフックのようにもっとも著名な彼の後継者たちも、自然学的な光学を数学的科学にまで高めることはできなかったのである」[221]。この点ではライプニッツも同様である。〔知覚〕表象は論証されることがない[222]。〔知覚〕表象は、ライプニッツが繰り返しているように、それを「機械的な諸理由によって、すなわち形や運動によって」は説明できないという意味で、数学化できないのである。「仮に一つの機械があって、その構造が考えたり感じたり表象をもったりするようにさせている……と想像してみても、その中に入ったところでお互いを押し動かしている諸部分を見出すのみであり、表象を説明するようなものは何も見つからないであろう」[223]。この〔知覚〕表象を幾何学化することの不可能性が、予定調和の仮説を支持するための議論さえ構成しているのである[224]。この仮説は、デカルトが論じていた魂と身体との実在的な相互作用を抹消することにより、両者間の一致の現象を知解可能なものとする。それゆえ、〔知覚〕表象は幾何学とはまったく別の領域に属している。それはもはや、デカルトにとってのように機械的な構造からの実在的な結果ですらない[225]。「一切は魂の中であたかも身体が存在していないかのように生起する」のであり[226]、表象と欲求の理由（ratio perceptionis atque appetitus）を延長の変様の中に求める必要はないのである[227]。もっとも、表出の理論は、表象を予定調和の仮説がそこから締め出しているように思える数学化可能な領域へと連れもどすための二つの方策を、われわれにかいま見させてくれることは確かである。第一の方策は、われわれが観念とその記号——普遍的な統語法のもとに置かれた言葉ないしは徴表——との間に設定しなければならないはずの規則づけられた関係に基づくもので、その方策が開拓する数学化可能な領域は、形と運動の領域ではなくて記号法的結合法の領域である[228]。計量可能なものの研究に限定されないためにデカルトの代数とは別種で別様の適用範囲をもつ一般的代数によって、感覚的なものについての記述を形式化し、感覚の分解不可能な諸々の所与を、それらがもっとも頻繁に現れる秩序に従って、そしてまた、今後現れるであろう秩序をそこから引き出せるような秩序に従って、結びつけることが重要になるだろう(229)。しかしながら、ライプニッツは普遍的言語あるいは普遍的記号法という自らの夢を実現することはできなかった。もしも実現していたとすれば、その形式化された記述は記述的諸科学、とりわけ自然諸科学にとって、きわめて興味深い分類学の基礎となっていたことだろう。ただし、それは質についてのアリストテレス的自然学の伝統の下でのことであるが。第二の方策が残っている。それは表象と表象に対応する機械的構造との規則づけられた関係に基づいており、われわれを形と運動の数学化可能な領域へと連れ戻す。ライプニッツはデカルトから着想を得てはいるが、運動を表象の実在的原因とはせずに、感覚の混濁した諸性質を数学的な形と運動についての判明な諸性質に置き換えようとしている(230)。しかし、ここでもやはりライプニッツのデカルトに対する優位性は、理論上のものにとどまっている。実際、それらの判明な諸性質は想像されたものであって、観察されたものでも計算されたものでもない。表象可能なものは第一の方策によってと同じくこの第二の方策によっても、数学的科学の圏域へと本当に高められることはないのである(231)。

こういうわけで、デカルトもライプニッツも数学的なモデルから引き出したのは演繹的厳密性だけであり、計測によって、帰納的な近似値を次第に正確に表現していくことから獲得されるはずの精確さではなかった。ホイヘンスのような実験家でさえ、この数学的モデルの魔力に屈している。しかもすでに見たとおり(232)、十七世紀のほとんどすべての実験について言っておかなければならないのは、A・コイレがガリレオの実験について述べているように、「結果の完璧さそれ自体が、それらの実験の不正確さの厳密な証明になっている」ということである(233)。ニュートンをまって初めて、「科学史の中で精確さへの配慮が構築的な精神を最終的に凌駕する機会が」出現するのである。[234] では、デカルトはどうだったか。彼もおそらく一度は、『気象学』の第八講において、大気中の水滴への入射光線と射出光線がどの角度をなす場合に虹を生じさせるかを決定するために、ベーコン的な一覧表を数値の一覧表に入れ替えることに思い至ってはいる。[235] しかしそれは、やがてニュートンがデカルト派に対して、諸々の色の屈折度の不等性を示すことを可能にする計測の作業からは、かけ離れたものである。[236] その上、デカルトは自ら、「哲学のまったく純粋な」主題におけるこのような数値の利用は例外的な事例にとどまるのであって、一般的には自分の著作を理解するために数学は必要ないことを強調しているのである。[237] ではライプニッツはどうか。彼はデカルトよりは計測に訴えている。[238] しかしながら、その計測は〈ア・プリオリ〉なものであって、決して実際に行われたわけではなかった。「ガリレオの法則から始めよう。質量1で速度4の運動体と質量4で速度1の運動体があるとしよう。ここから帰結するのは……」。こうしてデカルトの〔運動量〕保存則の批判が打ち立てられる。ライプニッツは計測などしていない。それゆえ、衝撃力以外の力などいったいどうして認められただろうか。[239] ただ計測することだけが、その本性は知られていないにしても〔解析〕計算が要請していた、引力という観念を認めさせることができたのである。もしもライプニッツが数学の使用においてデカルトを超え出ているとすれば、それは単に、彼が数学の領域を拡張した点と――とりわけ無限小算法は自然法則のより優れた形式化を可能にした――、結合法の機能を大いに活用した点[240]においてのみであり、計測の新たな使用によるわけではない。彼はデカルトを阻んだ二つの障壁に直面している。第一の障壁は、器具の精密さがとりわけ時間に関する点で不充分であったことである。[241] しかもA・コイレが示したように、[242] 計測するだけでは充分ではなく、計測した上で計算するのでなければならない。それで器具の改良が始まるのである。その進歩の歴史の中では、デカルトは光学レンズをカットする機械を組み立てるための努力により、最初の近代的な機械の製作者であったガリレオの後の一時期を代表するにすぎない。この観点のもとではライプニッツもデカルトを超え出るところまでは至っていない。第二の障壁は、数学的モデルが課してくる絶対的な厳密性と普遍性という理想にある。それは当時は測定による近似法とは相容れないようにしか思われなかった。理論が実験の可能性そのものを妨げているのである。「優れた実験は理論にもとづいているだけではなく、さらに、優れた実験を実現する手だてとなるものこそが受肉した理論に他ならない[243]」。

それゆえ、デカルトとライプニッツが新たな事実や実験への飽くなき好奇心にもかかわらず、応用に乏しい自然学しかわれわれに残さなかったとしても、驚くにはあたらないだろう。無駄に終わりはしたが、彼らは代数幾何学と無限小算法により、それぞれが計測の科学を驚くほど改良した。その理論的な科学から応用科学を作り出し、真に数学的な物理学を創造することができなかったのである。

X

数学的演繹の確実性は実験的帰納の不確実性とは相容れないように思われる。デカルトにとって「確からしさは哲学の中に場所をもたない[244]」。彼がそれを受け入れるのはただ実践のためにだけであり[245]、時に理論において受け入れることがあるとしても、それは意に反してであり「やむを得ず甘受している」のだ[246]。これとは逆にライプニッツは、その法律家としての、歴史家としての自己形成と結合法に関する企てのおかげで、「アリストテレスが『トピカ』の中でまったくそれをしなかったために、蓋然性の程度を扱う新しい種類の論理学が必要になるだろう」、と考えていた[247]。それゆえデカルトとは反対に、彼が自然学において蓋然的なことや確からしいことを主張しているのが見て取れるのではないか、と期待される。だが本当にそうだろうか。神学や歴史や法学のような人文科学と、自然についての科学は別物である。実験主義以前の時代に構想されたライプニッツの自然学はおそらく、相変わらず演繹的な確実性のモデルとして捉えられた数学のおかげで、デカルトの自然学と同じくらい蓋然性と確からしさを認めるのが難しくなるだろう。この点を以下で見てみよう。より明解になるよう、自同的な要素を対象とする数学的計算と、論理計算あるいは理由〔論拠〕の重みの算定〔評価〕とを区別してみよう。前者には未来の出来事の可能性〔見込み〕を算出する確率〔蓋然性の〕計算、恒常的な法則から出発する統計計算、近似値計算が分類され、後者には確からしさが分類されよう。ライプニッツは書いている。「正当なことに、理由〔論拠〕は計算されるのではなく、その重みが測られるのでなければならない、としばしば言われています。しかしながら、未だにわれわれは誰からも、理由〔論拠〕の力の重みを測るために用いられるべき秤を与えられてはいないのです[248]」。

確率〔蓋然性の〕計算が徐々に大きな科学的重要性を獲得していったにしても、それはデカルトの存命中には存在していないに等しかったし[249]、ライプニッツの存命中にもほとんど物珍しい数学の典型以上ではなかった。モーリッツ・カントールは二世紀にわたる進歩の歴史に通暁した上で、パスカル、ホイヘンス、ヤン・デ・ウィット、ライプニッツ、ジョン・クレイグ、ピエール・レモン・ド・モンモール、ヤコブ・ベルヌーイとニコラス・ベルヌーイ、アーバスノット、モアブルの業績を分析しているが[250]、ここではそのカントールの視点からこの時代を考察すべきではない。ライプニッツとその同時代人たちにとっての確率〔蓋然性の〕計算の重要性については、彼に言及するだけにとどめているモンチュクラの『数学の歴史』初版（Montucla, *Histoire des Mathématiques*, 1758）によった方が、きっとよりよく評価できる[251]。だが、われわれの哲学者の諸々の試みを『結合法論』からシュヴァリエ・ドゥ・メレとの出会いまで、そしてこの出会いから『弁神論』まで列挙してみたとき[252]、モーリッツ・カントールとともに次のように結論せねばならないだろう。「この章の中でわれわれがライプニッツについて言及しなければならなかったこと、しかもまさにライプニッツが重要であるという理由だけから言及したことを要約するならば、その結果は極端に乏しい。すなわち、ライプニッツは確率〔蓋然性の〕計算への興味をしばしば表明していたが、そのために成し遂げたことは何もなかった[253]」。彼は確率〔蓋然性の〕計算を自然学に応用しなかった。どうしてそんなことができたろうか。彼は計測していないし、実験的な自然学〔物理学〕はまだ演繹的になれるほど進歩していなかった。彼が取り組んでいるのは、サイコロやその他のゲームのような〈ア・プリオリ〉に解くことができる問題ばかりである。貸付[254]や終身年金[255]や『人間の寿命と人口についての若干の新たな推論について』[256]関心を示してはいても、いつも理論的な所与に基づいてのことである。一度は人間の寿命に関する蓋然性の算定のための統計を考えたようだが、予備的な問いしか残されていない[257]。一六七六年以降、ライプニッツはカルダーノによる根〔の公式〕を無限級数で表現することにより、方程式の根の近似解を求める努力をしていた[258]。一般的には、そうした級数により$\sqrt{2}$のような無理数やπのような超越数を精確に表現しようとしていた。さらに、われわれの知るところでは、不定問題のための方法を仕上げたいと望んでいた。しかしながら、測定の誤差を見積もるため近似値計算を実験科学に導入するという栄誉は、ロジャー・コーツに譲ることになる[259]。確率〔蓋然性〕や統計や近似値の計算を自然学の問題に応用するどころか、ライプニッツはそうした〈ア・ポステリオリ〉な応用は不可能であると考えている。それは実践においては有益で充分ですらある算定をもたらしてくれるかもしれないが、学問的には不完全である。有限回の経験〔実験〕では存在命題が含意する無限の分析を尽くすことができない。自然に関してはわれわれは慣わし（*habitudines*）しか知らないのであり、それでは将来について必要な予測に充分ではないのである。例えば、時とともに新たな病気が人類に蔓延し、それが死亡率についてのわれわれの予測をすっかり覆してしまうかもしれない。他方、われわれが観測によりある彗星の軌道上の点を幾つか決定したと仮定してみよう。それらの点は結合法〔組合せ〕により多くの仕方で秩序づけられるので、われわれは同じだけの数の可能的な曲線を得るだろう。さて、実際の曲線、真の法則はいったいどれになるのだろうか[260]。ところがクーチュラによれば、ライプニッツはその生涯の終わりには確率〔蓋然性〕の実験的な用法を「受け入れたように思われる」という[261]。それはライプニッツがたんに次のように述べたにすぎないたった一箇所のテキストから多くを引き出すことである。「人はさらに経験〔実験〕により〈ア・ポステリオリ〉な確からしさを算定します。〈ア・プリオリ〉な理由〔論拠〕がなければそれに頼らざるを得ません。例えば、この世界では男の子と女の子の数はほとんど等しいことから、生まれてくる子どもが男の子か女の子かの確からしさは同等である、というようにです」[262]。「〈ア・プリオリ〉な理由〔論拠〕がなければ」その場合だけやむを得ず〈ア・ポステリオリ〉な算定を受け入れるというのは、植物や動物の形成を力学から演繹することができないために、神は身体を自動機械として作ったと「想定して」、結果から原因へ向かうと決めた際のデカルトと同じではないだろうか[263]。実際、確率〔蓋然性〕の数学的計算の使用において、ライプニッツはデカルト主義者のままである。その計算をライプニッツは、演繹的な学知の要請にしたがい〈ア・プリオリ〉な、一般的な、必然的なものとしか考えていない[264]。彼が理論上の測定値をガリレオの法則に当てはめて補間し、デカルトの衝突の法則を批判するのも、この精神においてなのである[265]。反対に、実験科学は彼の目から見ると〈ア・ポステリオリ〉であり、個別的であり、蓋然的である。なぜ〈ア・ポステリオリ〉なのか。定義によって。個別的とはどういうことか。ライプニッツはデカルトの筆を引き継いだかのようにこう書いている。「……人間の寿命を見積もるために利用し得る考察には二種類ある、ということを考える必要がある。一方は、より不確実でより個別的であり、経験に依存しており、他方は、より一般的でより計算に適しており、その上推論に依存している」[266]。経験における個別的なものが蓋然性をもたらすのである。われわれはアリストテレスの教えに再会していないだろうか。学問的な推論——必然的な演繹——は一般的なものについてしか成り立たないのであって、経験的な推論は個別的なものを扱うので、蓋然的な帰納を越えた高みへと至ることはないのである[267]。

確率〔蓋然性の〕計算から確からしさの算定へと降りていくことにしよう。

デカルトの方法は、確からしさに対して、現れから存在への、あるいは本質から現実存在への移行における伝統的な役割をそのまま与えている。その役割は、素朴な意識にとっての真なるものを確からしさに帰す方法的懐疑とともに始まり、確実性を期待しつつ暫定的道徳を手に入れたり、三角形や経験の助けに関して可能的なものと現実存在するものとの区別を想起したりすることが問題になるたびごとに介在してくるし、あるいはまた、第五省察において物質的事物の本質が究明された後では、第六省察においてそれらの現実存在の証明へと至ることが問題になる際にも介在している。では、確からしさとはなんだろうか。可能的なものから現実存在を考えることである。それは「真理との一致」のうちにある、とライプニッツは言う[268]。デカルトの哲学においては、その役割は原理的に暫定的なものにすぎない。すでに見たようにデカルト哲学の直観主義は、外界の現実存在と、われわれがその世界それ自体を認識する可能性とを肯定する独断主義を含意しているからである。ライプニッツの哲学においては、その役割は原理的に暫定的なものではあり得ない。これもすでに見たように、ライプニッツ哲学の分析的形式主義は、外界の現実存在を確証することができず、それについてのよく結びつけられた諸現象を認識する可能性しかわれわれに認めない蓋然主義を含意しているからである。

かくして、確からしさとはわれわれにとって可能な現実存在のことである。神にとっては確からしさは存在しない。われわれにとっての現実存在の可能性とは、実在的な現実存在と同一視できない論理的な現実存在なのである。デカルトは書いている。「例えば私がある三角形を想像するとき、そのような図形は私の思考の外ではおそらく世界のいかなる場所にも存在せず、またこれまで決して存在しなかったであろうが、にもかかわらず、やはりその図形にはある一定の本性あるいは形相あるいは本質があり、それは不変かつ永遠であって、私が作り出したのでもなければ私の精神にいかなる仕方でも依存していないように、また、私が……三つの角〔の和〕が二直角に等しいということを論証できるということから明らかなように……」(269)。ライプニッツは現実存在についての定理の方をより強調する。一方で、われわれは定言的主張をする。「永遠真理について言えば、実のところ、それらはすべて条件的であることに注意しなければならない。実際、それらが言っているのは、「これこれのものが措定されればしかじかである」ということである。例えば、「三つの辺をもつすべての図形はまた三つの角をもつであろう」と言うとき、私が言っているのは、三つの辺をもつ図形があると仮定するならば、その同じ図形は三つの角をもつであろう、ということ以外ではない」。他方で、われわれは仮言的主張をする。「もしもある図形が三つの辺をもつならば、その内角〔の和〕は二直角に等しい……」。しかし、定言的命題は「実のところは条件的」であり、仮言的命題もしばしば「定言的命題に変形する」ことができる(270)。こうしたスコラの論理学者の細かな議論によって、ライプニッツはデカルトとは一線を画する。デカルトにとって論理的な現実存在は、私が自らの思考に対する独立性を経験する、ある本性についての直観によって確証される。論理的な現実存在の確からしさはそれゆえ、独立性についての何らかの感覚を伴った不完全な直観と結びついているはずである。

この感覚があるせいで、確からしいものはまったくの可能的なものとは異なっている。後者は信憑の対象ではなく、意志の埒外にある。直観について言えば、それは本質的な不完全性によって悩まされる場合もあれば、偶然的な不完全性によって悩まされる場合もある。前者は、直観がわれわれの知性の限界を問題視する場合——例えば、最大の数が存在するとか世界は無限定であるといったことが、まったくありそうもない〔確からしくない〕ことではない——であり、後者は、われわれがなおも混濁した観念を問い質さなければならない場合——例えば、「第三省察」においては、物質的事物の本質がさらに解明されねばならないにもかかわらず、世界の表象が私の作ったものであることもまったくありそうもない〔確からしくない〕ことではない——である。さらに、論理的な現実存在は、問題になっているのが諸々の原理であるか、あるいは、諸理由の順序において先に進むにつれて少しずつ複雑になっていく、導出された観念であるかによって、根源的か派生的かである。諸々の原理の——ただ単に論理的な——確からしさは、デカルトにおいてはほとんど市民権をもたない。それが方法の第一規則に反するからである。しかし、諸理由の連鎖を展開していくことができずに暫定的に演繹を中断しなければならなくなるたび毎に、われわれはある原理から再出発することになるだろう。ただし、その場合の原理は、根源的なものではなく単に確からしいにすぎない原理である。それは、すでに複合的な観念からしか成り立ち得ないだろうからである。定義についてのライプニッツの理論により、ある概念の確からしさ、すなわちその論理的現実存在の確からしさは、デカルトの場合とは異なった仕方で呈示されてくる。分析の技法が直観の明証性に取って代わる。われわれを制限しているものはもはや——最大数の例で既に見たように——、無限〔者〕を包括〔把握〕することの不可能性でもなければ、〔精神とは〕異質な物質がもたらす不明瞭さでもなく、有限な精神が無限を画定することの不可能性である。かくして第一に、ある概念は、私が不完全な分析によりそこから引き出した諸要素が互いに矛盾しない限りにおいて確からしいであろう[271]。そのような諸要素の数が増えれば増えるほど、本質の度合い、概念の確からしさもそれだけ高まるであろう。第二に、諸要素の数だけではなく、それらの間の秩序も考慮しなければならない。反復によるにせよ、結合法の規則によるにせよ、当の秩序が示唆する一致によるにせよ、その秩序は、もしもわれわれが当の秩序の〈ア・プリオリ〉な理由を知ることができれば確実性へと変貌するはずの確からしさを与えてくれる。例えば、自然数列の中で連続する二つの平方数の差は奇数になることが経験的に確かめられれば、常に同じことが成り立つとの確からしさが与えられるように。あるいは暗号文の解読は、そこでの配列の規則が発見されるのに応じて少しずつ確実になっていくように。あるいは諸々の自然現象の間の一致が、外界の現実存在を——デカルトが考えたように確実にするわけではないにしても——非常に確からしくするように[272]。いずれの場合も、比較考量のためには、分析される諸要素が比較可能でなければならない。しかも、それらの諸要素は、確率の数学的計算が可能な諸要素のような抽象的同一性をもはやもっていないのだから、それらを何らかの仕方で加算可能とするような同質性の原理のもとに置くことができるのでなければならない[273]。さらに思い出されるのは、——手段の単純性と作品の完全性の関係に応じて——ある概念は、より単純であると同時にさまざまな符合関係をより多く有しているならば、それだけより一層の確からしさをもつ、とされることである[274]。そればかりではない。確からしさはただ分析される所与に基づいてのみ評価されるわけではない。最後に、理由に重み付けを与える、信じようとする傾向性が、その分析に加えられなければならない。この傾向性は本質の度合いにしたがって変化し、確からしいものの〈現実存在への要求〉を、われわれのうちで表出している。ここでもまたデカルトの主意主義に対して、われわれの判断力に同意の自由をそれほど許容しないライプニッツの主知主義が対立していることになるだろう。

しかしながら、本来の意味での確からしさは、感覚的なものであろうと感覚できないものであろうと、原理のなかで仮定されているものであろうと感覚を通して呈示されているものであろうと、現実に存在するものを対象としている。原理のなかでそれが仮定されるのは、原理の表現する観念が、三角形の観念のような抽象的な観念ではもはやなく、われわれの外部の何らかの実在、実体、あるいはわれわれがその結果を演繹することになる原因、を指し示している場合である。感覚とともに感覚的な現れが介在してくる（想起されるであろうが、十七世紀の用語法では現れ（apparence）はまた蓋然性をも意味していた）。ある場合には、感覚的なものは不可視の構造に関係づけられる。その構造は静的であることもあれば（例えば、物体の化学的多様性を説明する場合）、動的であることもある（例えば、硬さあるいは堅さを説明する場合）。こうした場合にわれわれが関わるのは、いつも何よりもまず説明的な仮説である。またある場合には、感覚的なものはそれ自体で現れとして考察される（例えば、天体の運動や、ある物体の経験的な定義を与えるような諸特性の集合）。その場合には、われわれが関わるのは記述的な仮説である。説明的な仮説が原因にまで溯ることで(275)事象の形而上学的真理を対象とするのに対して、記述的な仮説は現象的真理を取り上げる。ここに自然学についての二つの考え方がある。一方によれば、世界はそれ自体が認識可能であるが、他方によると、われわれは世界の現れに留まってよいし、また留まるべきでさえあることになる。十八世紀は現象主義的な考え方の方を選ぶことになるだろう。ところで、この両者の考え方のもとでは、確からしさの意味そのものが変わってしまう。形而上学的な観点からは、真なるものは諸実体と諸原因に関わり、確からしさは感覚的なものに関わる。したがって、真の知、学知は、諸実体と諸原因の実在についての必然的推論において成り立つことになるだろう。これに対して現れは、たとえ幾何学者によって形式化されようとも、幾何学者は原因に溯ることはしないのだから、疑問の余地を残した想定の域を越え出ることはない。逆に、現象主義的な観点からは、ひとたび諸原因や諸実体が到達不可能であると宣言され、自然学者にとっての世界が観察可能なものへと還元されたなら、必然的推論は数学的抽象に伴うものとなり、蓋然的な推論が実在的なものについての認識を特徴づけることになるはずである。これがヒュームの観点となるだろう。デカルトとライプニッツは二つの考え方をともに抱いていた。自然学における形而上学者であった彼らにとっては、学知とは必然的な事柄について諸実体と諸原因を扱うもの以外にはない。けれども二人のいずれにとっても、現象は実在そのものではないとしても、少なくともある種の実在ではある。[276] しかも、機械論は両者のどちらに対しても力学の基本的現象についての記述、すなわち運動論を課すことになるが、そこは運動の相対性により支配されている。さて、形而上学的な観点を採るか、現象主義的な観点を採るかによって、仮説という概念そのものが意味を変える。第一のパースペクティヴのもとでは仮説は説明的であり、可能的なものと実在的なものとの間の不均衡が原理となっている。この不均衡は、われわれの理性が形成し得る組合せの数が自然の実現する組合せの数を超えていることにより露わとなる。それゆえに、論理的な確からしさ〔の領域〕は観察可能な実在〔の領域〕よりも大きい。だが、この不均衡は、神にとって可能なこととわれわれが考え得ることとの比較においても同じように露わになる。しかも今度は、われわれの論理的な確からしさ〔の領域〕は実在的なものあるいは実現可能なもの〔の領域〕よりも小さくなってしまうと同時に、主観的な無知に思えてしまうのである。第二のパースペクティヴのもとでは、仮説は記述的であり、理論的機能を失って実践的な機能を獲得する。仮説は、例えば天文学者たちが作り出すような「諸々の想定」の一部となるが、彼らはそれらを「ただ単にすべての現象を説明するために都合のよいものにしようとしただけであって、加えてそれらが真理に合致しているかどうか吟味しようとことさら気にかけたりはしない[277]」。だが、デカルトが繰り返し述べるところによれば、仮説は、「もしもそこから演繹される一切の事柄が経験にまったく合致しているならば[278]」、たとえ「真理から大きく遠ざかって」いようがそうでなかろうが、あるいはたとえ「偽」、「絶対に偽」でさえあろうと——それが意味しているのは、存在論的な実在との類似がなく、それゆえ真に見えることもない、ということであるが——、問題ではない[279]。仮説の原理はもはや可能的なものと実在的なものとの間の不均衡に存するのではないし、その本性も無知によって規定されるわけではない。原理となるのは有用性である。というのも、「仮説はそれが真であった場合と少しも劣らず人生にとって有用であろうし、その理由は、仮説を真理と同じように利用して、人が望む結果を産出するように自然的原因を配置することができるからである[280]」。ライプニッツはこれと違うことを述べていただろうか[281]。かくして仮説の確からしさは、その有用性により、記述的利便性により測られることになる。この点では、プトレマイオス、コペルニクス、ティコ・ブラーエによる三種の「想定」に関してデカルトが述べていることと、ライプニッツが多数の可能な「表出」の中からの最善のものの選択について語っていることを較べられよう。しかしながら、デカルトとライプニッツが形而上学的な観点と現象主義的な観点を代わる代わる採用できているにしても、彼らが「真の」学知を理解しているのは第一の観点からなのである。それゆえ、現れの相対性を脱して、記述的な仮説から説明的な仮説へ、実践から理論へ、確からしさから真なるものへと立ち戻ろうとする彼らの努力も驚くにはあたらないだろう。この上なく特徴的なのは、デカルトが諸々の仮説が等しく妥当する現れから出発しながらも（『哲学原理』第三部第一五節）、唯一有効な説明的仮説へと移行する（同第四二節）その仕方である[282]。あるいはまた、『哲学原理』の末尾において（第四部第二〇五—二〇六節）、決して欺かぬ神という神学的原理に依拠しつつ、「実践的な確実性」から「実践的以上の確実性」へと再上昇するその仕方である。ライプニッツもまた、その口調はデカルトと比較すればより現象主義的ではあるものの

——外界の存在についての二人の結論をここで想起しておく必要があるだろうか——、現象を力によって根拠づける際や、あるいは正弦法則の機械論的説明を批判して、現実存在についての形而上学的原理、充足理由という目的論的原理にそれを関係づけようと望む際には、先達〔デカルト〕以上の〔形而上学的な〕ことを述べている。

確からしさは事物の真理に関わり、観念の真理に関わる単なる可能性と個別的な事実の確証との間に位置している。それゆえ、〈ア・プリオリ〉な仮説から経験の考察へと移る際には、可能的なものから確からしいものへと進むことができるように思われるし、〈ア・ポステリオリ〉な仮説からその論理的な整合性の吟味へと移る際には、確からしいものから可能的なものへと進むことができるように思われる。事実に向き合い現実的なものを考察することで、確からしさ以前の可能的なものと、〔事実による〕確証の後に生じる、事実から示唆が得られたにせよ情報が得られなかったにせよ、確からしさから引き出された可能的なものとが、区別されるであろう。可能性に関わる論理的諸規則と経験とに同時に関係するこの確からしさの二重の本性が、実験的探究を主導することになる。

というのも、仮説の価値はまず何よりもそれを支える諸原理に依存するからである。デカルトにとってそれらの諸原理は「きわめて明証的」であり明晰判明でなければならない(283)。少なくとも理想はそこにある。ライプニッツにとっても、確からしさは「ものごとの本性からそれらについての認識の程度に比例して引き出される」のであり、「しかもすべてを論証することは難しいのだから、諸々の想定の数があまり多すぎず、結論ほど難しくないのでありさえすれば、もっとも明晰に見えることを仮定することができる」(284)。それらの原理から諸々の帰結が演繹されるが、デカルトにとっての理想はここでもやはり、「数学の明証性に」それらが基づいていることである(285)。なぜなら、「明証的でない原理から演繹される結論はすべて、たとえそれらが明証的に演繹されていたとしても、明証的ではあり得ない……」からである。[286] 要するに、ここでデカルトは、〈与えられた事実から〉確からしさ〔真らしさ〕の度合いを測定するに際して、「結論はもっとも弱い前提に依存しているのであり、その前提以上の確実性を有することはできない……とする論理学者たちの慣例」に依拠している点で、ライプニッツと一致しているのである。[287] 結局のところ、私が演繹することは「あらゆる経験と精確に一致する」のでなければならない。[288] デカルトは、明証的であればあるほど単純であるような諸原理をもつ仮説が、より多くの事実を説明してくれるのに応じて、確からしさが増大することを大いに強調している。[289] ライプニッツもまたまったく同様に、仮説は自然学においても歴史学においても、[290]「それがなければ説明が困難で、互いにまったく独立している多くの現象を容易に説明する」場合に、高度の確からしさをもつようになることを強調している。[291] ここから、作品の完全性との関係における手段の単純性という形而上学的原理を、デカルトの自然学がいかに準備しているかを見て取ることができよう。

明証性から出発して、デカルトは明証性へと立ち帰ろうとする。仮説は経験と合致する場合には反証されない。[292] さらにもう一歩進めば、仮説は、他の仮説を見いだすことが不可能に思える場合には是認される。[293] なるほど、神には私が考え得るよりも無限に多くの仕方が可能なのであるから、私が他の仮説を見出せないからといっても、実践において充分なだけの実践的〔慣習的〕確実性しか与えられないであろう。[294] しかし、神はまた欺く者でもないのであって、一方で数学的真理を、他方で「世界の中に物体が存在すること」をわれわれに保証してくれているからには、その「実践的〔慣習的〕以上の」確実性は、「数学の諸原理あるいは同様に明証的で確実なその他の諸原理によって、それらの物体に関して論証され得る一切のことがらにまで及ぶ」ことになる。[295] 反証されず、是認され、確証されることを通して、検証された仮説は明証性を身に纏うのである。ライプニッツの場合には、ことは同じようには運び得ない。彼は欺かない神の議論を介在させることを退け[296]、慣習的確実性の中にとどまり続ける。ライプニッツもまた数学的確実性へと立ち帰ることを夢みはする。それは、自然学においても数学と同じような操作が可能であるならば実現できるであろう。数学においては可逆的命題を利用できるので、総合が分析を検証してくれる。ところが、「天文学や自然学の仮説ではその立ち帰りは実現できない」。というのも、そこで定式化される命題は換位可能ではないため、総合が「分析の跡を逆向きにたどり直す」ことができないからである。かくして、「結果が仮説の真理性を論証するわけではない」のであって[297]、われわれは慣習的確実性を超え出ることはできないのである。

ある仮説は、より拡張的であればそれだけいっそう確実であると認められるが、検証するのはその分より困難になる。より個別的であればそれだけいっそう不確実になるが、同時に、二人の哲学者にとってはより検証可能なものにもなっていたことだろう。ただし、それは彼らの数学的自然学が計測にもとづいて構築されたものであったなら、の話である。十七世紀の用語法を尊重するのであれば、われわれは「一般的」と「個別的」と書くべきであったろう。「一般的」と「普遍的」も混同しないほうがよい。デカルトもライプニッツも経験論者ではない。真の学知は普遍的なものについての学知であり、一般性は諸原理の必然性の結果である。必然性が一般性から帰納されるのは、結果から原因へと向かい、どこまでも蓋然的にとどまる推論によって、「若干の」から「すべての」へ移行する場合だけである。普遍的なもののこうした必然性は、デカルトにとっては神の誠実に、ライプニッツにとっては創造されざる論理に基づいている。二人のどちらにとっても、その必然性が経験を説明するのであり、したがって、後者により前者が問題視されることはあり得ないだろう。たとえ〔ヘンリー・〕モアのように個別的な主張のそれぞれに疑問を寄せたとしても、[298] さらには、たとえライプニッツのように機械論を目的論に従属させたとしても、機械論の諸原理は疑問の余地がなく説得的である。なぜなら、「自然においてはすべてが機械的に生じる」という原理は、「理性だけによって確実とされ得るのであり、実験〔経験〕をどれほど数多く行おうとも、それで確実とはされ得ないような原理」[299] だからである。だが、諸原理の普遍性から遠ざかるにつれて、われわれは実在的な存在に関する確からしさの中へと入っていく。他ならぬその普遍性が、実在的なものを越えて広がっている可能的なものの領域をわれわれに開くからである。デカルトは光の〔伝播の〕瞬時性に自らの自然学全体の命運を賭ける覚悟ができていた。さらに、運動〔量〕の保存はたとえ偶然的ではあっても確実である。[300] 機械論に対してと同様、ここでもまたライプニッツは否定はしない。ただ mv はその積分である mv^2 から派生すると指摘するだけである。さて、今デカルトのように硬さあるいは堅さを固体の隣接する諸部分間の相対的な静止によって説明したとしよう。ライプニッツはそれを直ちに確からしくないものとはしない。なにがしかの真理もその説明には含まれているからである。すなわち、堅さは物体の様態であり、物体のある部分が他の部分とは別に運動するのを妨げる。ただし、mv の場合と同じく、デカルトは自らに明証的と思えることを直ちに論証済みと考えてしまい、あまり先まで——ここでは力にまで——遡らなかった。力こそが運動の根源であり、その共働によって堅さは、静止の仮説によるよりもうまく——すなわちあらゆる場合に——説明されるのである。[301] こうした批判が充足理由を援用しつつ〈ア・プリオリ〉に展開されていることに注意しよう。水の噴射や磁石の事例は、〈最後に〉論証を「例解する」[302] ために置かれているにすぎないのである。物体内部の隠された構造という、もう一つの仮説に移ろう。デカルトは、その仮説が説明する結果を同じように説明可能な他の仮説が見出せない場合には、自らが考案したとおりの形でその構造が存在することが証明できると考えていた。ところが、彼はそれらの結果がそのように生み出されたに違いないということを論証する前に、そのように生み出「され得た」と最初から認めてしまっている[303]。ライプニッツはいつものように、明証性の哲学者は不確実なことを確実とみなした、と指摘するだろう。さらに、顕微鏡による最初の探究成果を踏まえた上で次のように述べることになる。「可視的宇宙の諸部分の組成についてのデカルト氏の仮説が、その後なされた研究や発見によりきわめて僅かしか確証されなかったのは残念だ。あるいは、デカルト氏があと五十年長生きをして、彼の時代の知識に基づいて提供した仮説と同じくらい創意に富んだ仮説を、しかも今日の知識に基づいてわれわれに提供してくれなかったのは残念である[304]」。残るは法則に関してである。法則は、蓋然的なことあるいは確からしいことの程度よりは、むしろ真なることあるいは偽なることの領域に属している。すなわち、法則は——少なくとも真の学知においては——真なるものとして提示された諸原理から演繹されるからである。たとえば、デカルトは衝突の法則を感覚的な経験に反してでも演繹しているし、ライプニッツがその誤りを正す際にも、やはりガリレオの法則を含む諸原理からの演繹によっているのであり、したがって、新たな諸法則の経験との合致も、独自の実験的な探究からの帰結ではなく、よりよい諸原理から出発するよりよい演繹の結果なのである。ここまでのところでは、経験〔実験〕が必要とされるのは、デカルトに言わせれば「私の推論を支持し正当化するため」[305]にすぎないし、ライプニッツに言わせれば事例によって一般的な理由に「色づけを施す」ためにすぎない[306]。

しかし、帰納は経験〔実験〕からの一般化を行うのであるから、蓋然的なことや確からしいことにも一定の役割を認める。ただし、その役割は経験〔実験〕それ自体と同じく低次のものとみなされている。デカルトにおいて、枚挙は確かに分割や演繹の結果を検証するが[307]、それは枚挙が完全であり得るような場合のみである。その場合に枚挙は確実な方法の一部をなす。不完全な場合には、帰納という呼び方がふさわしいものとなる。枚挙が不完全であり得るのは、われわれが分析のすべての諸要素を精神に直観的に現前させているわけではないからか[308]、問題がまだ充分に分析されてはいないからである[309]。いずれの場合にも、枚挙はわれわれを不確実性の中に置き去りにする。ライプニッツはこの問題を別の形で、しかも明証性に基礎を置こうとはせずに論じる。分析が不完全な場合、われわれは自然学においては、想定された原因から結果を「論証する逆向きの手順〔立ち帰り〕」を行うことができず、蓋然的なことがらに留まるしかない。経験的定義が「暫定的」なものでしかあり得ない理由もそこにある[310]。われわれが種のさまざまな外的特徴をその定義に結びつけるのも、理由はわからないままに、その結びつきを「数え切れないほど何度も」経験し、それらが「いつも一緒に」あるからにすぎない[311]。それゆえ、帰納がわれわれに認識させてくれるのは、法則の必然性ではなく自然の習慣にすぎない。すなわち、いつもそうなるに違いないことではなく、きわめてしばしば生じること、アリストテレスの言い方によれば〈たいていの場合にそうであるような〉ことにすぎない[312]。実際、「われわれはいくつかの現象がしばしば結びついていたということから、それらがつねに結びついていると思い込みがちなのである[313]」。しかし、それでは想定された原因、感覚できない構造、あるいは法則は、いかにして見出されるのだろうか。デカルトとライプニッツは経験〔実験〕に与えられたものを結びつけることによって、と答えているように思われる。たとえばデカルトの言うところによれば、磁石について知り得るあらゆる経験〔実験〕を蒐集したら、それらの結果をすべて説明するにはどのような単純本性の混合（*mixtura*）が適しているかを探究せよ、というわけである[314]。さらに、二人の哲学者はいずれも、自然の探査を暗号文の解読に喩えている[315]。デカルトの暗号解読についての説明の仕方は、それを類比に似たものとしている。もしも文字Bと文字Aの間に文字Cと文字Bの間にあるのと同じ〔置き換え可能な〕関係があることを見出したならば、各々の文字をアルファベット順でそれに続く文字に置き換えるに充分であろうし、発見された解読の鍵の精確さに応じて、解読された文章の意味は充実したものになるであろう。われわれは類比の助けを借りて「蓋然的な」概念を「推測によって構成する」。たとえば水と土の間と空気と水の間に同じ関係があるなら、おそらくエーテルと空気の間にもその関係が成り立つであろう、というように。(316) ライプニッツの方も、「可視的宇宙の諸部分の組成についてのデカルト氏の仮説が、その後なされた研究や発見によりきわめて僅かしか確証されなかった」ことは残念がりながらも、また、一方ではデカルトを批判して、自然においては一切が徐々に生じるということを「私の連続律の一部」として明確にしながらも、植物学や動物学、及び、より一般的な題材における「類比の探究については、まったく同意」している。(317) ただし、ライプニッツは合目的性を帰納の基礎とすることで、デカルトよりも先まで進んでいる。すなわち、目的因の考察により光学の諸法則をデカルト以上にうまく論証できるばかりか、むしろ目的因は、「われわれが直接の作用因に基づけたり、創造者がそれらの結果を産出し自らの目的を達成するのにどのような仕組みを用いたかを説明したりすることができるほどには、まだその内的な本性が充分明晰にはわれわれに認識されていない」事象を発見するための、きわめて美しい原理を提供してくれるのである。(318)

しかしながら、帰納の占める場所はごくささやかなものである。まず、実験的〔経験的〕な探究のためにわれわれの哲学者たちが援用する推論が蓋然的なものであるのは偶々のことにすぎず、それらの推論が不確実なのも、それらが適用される題材のせいであって、演繹的であり続けているその形式によるわけではない、ということに注意しよう。デカルトは自然の探査を暗号文の解読に喩えていたが、それはただの比喩でしかなく、そこから何らかの方法を引き出したわけではない。この比喩は『哲学原理』の末尾で初めて登場するが、それは検証の議論を支えるためにすぎず、調査の手法を支えるためではない。それは、すぐ後で直ちに乗り越えられてしまう実践的〔慣習的〕確実性をわれわれに認めさせるために援用されているだけであり、数学的類比という演繹的形式のもとで説明されている。ライプニッツにとっては、暗号解読は結合法の一部をなすが、結合法はそれ自体が類比と同じく演繹的である。経験論者であれば、論理的必然性を抽象的なものだけに制限し、実在についての認識を蓋然的認識と同一視して、演繹的な学知と帰納的な学知を対置することもできよう。だが経験論者の数学者は存在しない。数学的精神の持ち主にとっては、蓋然的なことは確実性をともなって計算されるのであって、確実性は不確実性の極限ではない。逆に、不確実性は確実性の剝奪である。ところで、われわれの二人の哲学者は数学者である。デカルト主義の合理主義的解釈に反対するジャン・ラポルトの主張に反して、クーチュラがライプニッツについて書いていることをデカルトにも当てはめなければならない。「結局のところ、抽象的な数学が自然的諸科学の真の論理学であり、唯一の実験的〔経験的〕な方法は演繹であると矛盾なしに言えるのである[319]」。

クーチュラの結論はしかし、数学化された自然学のみをカヴァーするものでしかない。デカルトにとってもライプニッツにとっても帰納の役割が二次的なものにとどまっているのは、彼らが帰納を今日の科学者のように実験で得られた事実から法則の必然性への移行とは考えておらず、アリストテレスのように、幾つかのからすべてのへの一般化、これこれの場合に生じることからどんな場合でもおそらく生じるであろうことへの一般化、と考えていたからでもある。経験的な一般化は、必然的な事柄が生じてくるもとの法則を明らかにはしない。「個別的ないしは偶然的な事柄から何か一般的で必然的な事柄が演繹できると思うたびごとに」、われわれは誤る危険を冒すことになる[320]。ライプニッツも次のように繰り返す。事実命題は「ある意味では一般的となり得るが、それは帰納や観察によるのであり、したがって、たとえば水銀はすべて火の力で蒸発するのが観察される場合のように、類似した事実が多数あるということにすぎない。

そこには必然性が見られないのであるから完全な一般性ではない[321]」。デカルトは自然学において「実践的〔慣習的〕以上の」確実性に至ることを望むために、そうした不完全な一般性にほとんど注目することができない。ライプニッツの方は慣習的確実性で満足するのだから、デカルトよりはそれに注目することもできる。彼は帰納的方法の全体を類比に帰着させているが、その定義はアリストテレス的な帰納を想起させるものである。「というのも類比は、数多くの場合に一致ないしは対立している事柄は類似の所与においてもまた最初の事例の通りに一致ないしは対立している、とわれわれが推量することに基づいているからである[322]」。しかし同時に、この定義が帰納の基礎にしようとしているのは充足理由律という〈ア・プリオリ〉な原理であって、経験論者や、さらにはアリストテレス主義者とともに、まるで〈最初に感覚のうちになかったものは知性のうちにはない〉という格言に〈知性そのものは別にして〉と付け加える必要などないかのごとく、単なる一般化にとどまろうとするものではない、という点にも是非注意しておこう。

われわれの二人の哲学者にとって、感覚的なものとの関係はつねに確実性を弱めることになり、それだけで帰納の役割を制限する充分な理由になる。実際、「感覚の経験が知らしめることはすべて」日常的な取るに足りない認識でしかない。「ところで、明証的でないような原理から演繹されるどんな結論も、たとえその結論が明証的に演繹されている場合であろうと明証的ではあり得ない」。それゆえに、われわれは感覚的なものからではなく、「非物質的ないしは形而上学的なことがら」から始めなければならない[323]。ライプニッツも、結論はもっとも弱い前提に依存しているために、事実命題においては「観察に属する確実性と一般性しか」もち得ない、と繰り返している[324]。こうして、帰納により得られた確からしさは、それが可能であることによってある法則の必然性を示唆しつつも、感覚的なものの混濁さを帯びており、経験を説明するために可能的なものから〈ア・プリオリ〉に演繹された確からしさほどには確実性を含んではいないのである。

その当の経験は、われわれの哲学者たちにより二通りの仕方で扱われる。一つには、幾何学者の想像力により幾何学化され、その結果、経験はもはや日常的な認識には属さないものとなる。けれども、そうした幾何学化は計測を利用していないため、経験はニュートンが構想することになるような数学的物理学の領域にはまだ属していない。さもなければ、経験は感覚的観察が提供するもっとも確実なものとして考察される。けれども、そうした確実性は計測の精確さによるものではないため、日常的な観察は詳細でないほどそれだけ確実なものになる、というデュエムの指摘にわれわれは立ち戻ることになり、ここでもやはり科学的観察からは遠ざかってしまうことになる。

デカルトにおいてもライプニッツにおいても、数学的モデルは帰納的蓋然性を排除しようとする。かりに蓋然性が認められるにしても、理論的意義に関しては（デカルトの場合は）まったく認められないか、（ライプニッツの場合は）ほとんど認められないかであり、たんにその「効用」において、実践的意義において認められるにすぎない。確からしいことを認めるのは、理に適っている（rationnel）のではなく、分別に適っている（raisonnable）のである。

XI

概して見れば、デカルトにおける世界観はその自然学によって、すなわち感覚的な現れの下に隠された構造についての幾何学的想像力によって主導されている。そのように幾何学化された世界は目的論を排除し、静的な直観に分解される。したがって、その世界は神学から解き放たれ、厳密に言えば一つの自然を構成しない。ライプニッツの機械論は、これに対して普遍的調和の幾何学化といった外観を呈する。最善を計算に委ね、流量や極限への移行といった力動的なものを受け入れる。それが表現する世界は依然として神学に結びついており、一つの自然を構成する。

デカルトとライプニッツは二人とも、自然学がまだ哲学の仕事であり得た時期に登場している。彼らはおそらく、偉大な自然学者にして哲学者でもあった最後の二人である。デカルトは神の誠実によって真理の規準を基礎づけ、有機体までも幾何学化することを夢みる。化学には疎遠なままであり、自らの学を運動の研究に基づいて作り上げた彼には、――同時代人には実際にそう思われたのだが――アリストテレスに対抗するエピクロスを思わせるところがある。ライプニッツの方は、唯一の論理に自らの真理の規準の基礎をおき、ガリレオやホイヘンスのような人々により得られた成果を整った形式にまとめ上げる。自然学において形而上学的かつ神学的な原理を保持した、あるいは再導入した彼の世界では、万物が生きている。エピクロスに対抗するアリストテレスである。

どちらがより古く、どちらがより新しいのか。いずれもライプニッツである。より古いという理由は、その形而上学と神学への愛着であり、その点が十八世紀の活力論争では非難されることになるし、ブランシュヴィックの弾劾の的にさえなることになる。より新しいというのは、デカルトの想像物を彼が放棄したからであり、デカルト的な機械論〔静力学〕に動力学が勝利したからである。十八世紀の半ば以降には、機械論に抗して生命科学や人文科学によるアリストテレスへの回帰が起こることになる。

しかしながら、二人の哲学者は依然としてニュートン以前にとどまっている。ニュートンはライプニッツとともに、デカルトに反対して確実性と明証性を同一視することを拒むであろう。ニュートンはまた、ライプニッツにもデカルトにも反対して、数学からただ論証的厳密さのみではなく何よりもまず計測を取り上げ、それが数学という言語の精確さを形づくるだろう。そのとき、世界についての学知〔科学〕は統一に向けて歩み出すことになる。

反対に、計測化された実験の不在――あるいは極端な乏しさ――は、ライプニッツにおいてもデカルトにおけるのと同じく、自然学の統一性を打ち壊している。彼らのもとでは学知の確実性と臆見の蓋然性との対立がどちらにも見出される。幾何学的形態についての想像物によってであれ、分析的形式を与えることによってであれ、演繹的であり、〈ア・プリオリ〉に数学化可能なのが学知である。とりわけ理性的な力学がそうである。臆見に属するのは、あらゆる事実の寄せ集め、あらゆる「歴史」である。デカルトにあっては、この区別ははっきりしている。ライプニッツでは、彼の論理学が蓋然性を許容し、その度合いの正確な計算を可能にしようとするために――これは蓋然性を確実にするのと同じことだが――、この区別はそれほど目立たない。ライプニッツはさらに、法学や歴史や地政学[325]といった人文科学も実践している。最後に百科全書も夢みている。だが、蓋然性〔確率〕の計算は彼にとってア・プリオリな仕方でしか意義をもたなかった。歴史を諸々の学問の中に含めるのを躊躇している[326]。そして、百科全書は何より実益を目的としているにもかかわらず、十八世紀におけるように反形而上学的な経験主義を標榜してはおらず、それを動機づけている演繹的な理想――知識を結合法的総合によって扱えるよう、〈幾何学的様式〉あるいは〈法律的様式〉で分類すること――は、原因から結果への連鎖の復元を期待しつつ結果から原因へ向かおうとするとき、ベーコンよりはむしろデカルトに近づいている。一言で言えば、真の学知は純粋知性がおうとするとき、ベーコンよりはむしろデカルトに近づいている。一言で言えば、真の学知は純粋知性が関わるべき事柄であり、可能な限り神の視点へと立ち戻るのでなければならない。これに対して、つねに蓋然的でしかない事実についての認識は、限られた感覚的な人間の視点に縛られたままである。

デカルトとライプニッツの哲学的自然学は、実験科学のニュートン以前の段階に位置づけられるとき、その弱点にもかかわらず過小評価すべきではない重要性を有している。確かに、『哲学原理』の方法は自然学において早くにその不毛性を露わにした、とライプニッツが言うのももっともである[327]。その方法は小球体とか環状物質とか有溝物質についての物語にあまりに多くを頼っていた。では、ライプニッツの方法はより生産的だったのだろうか。確かにそうなり得たはずであった。例えば、最小作用の原理が力学において一定の役割を果たすことになるように。だが実際にはそうならなかった。われわれはヴォルテールの『ニュートンの哲学原理』への序文におけるケール版全集の編者たちの証言を引用しておいた。結局のところ、デカルトの想像物とまったく同じくらい、ライプニッツの形而上学に人々はうんざりさせられたのだ。そしてとりわけ、繰り返しになるが、その形而上学はデカルトの形而上学と同じく計測に留意していなかった。それでもやはり、ライプニッツとデカルトが機械論的仮説のおかげで自然学の最初の数学化を行った、ということに変わりはない。それにより、自然学はアリストテレスから解き放たれた。L・ブランシュヴィックが主張するようにその後もアリストテレスと別れたままであったにせよ、あるいは十八世紀に再びアリストテレスのもとに立ち戻り、ただし今度は実り豊かな結婚となったにせよ、いずれにせよ〔一度は〕解き放たれたのである。

結論

I

さて、方法、諸〔科〕学、〔哲学〕知、そのいずれの部分においても、またその全体においても、デカルトの哲学はライプニッツから攻撃されている。

その方法は、真理を探究し、またとりわけ論証するための伝達可能な技法を提供していない。彼の懐疑はどうか？　大道芸人の派手な口上である。彼の直観はどうか？　主観的な空想である。ではいかに分析すべきか？　何物にも替えがたいのは、概念を構成する要素をわれわれに示し、合成されたものが可能であることを同時に証明してくれる実在的定義である。何物にも替えがたいのは、アリストテレスの形式主義を取り上げ直し改良した形式主義である。デカルトは得意げに論証しようとして失敗した。自らの形而上学的思想を〈幾何学的論証の形式で〉纏めようと試みた際、彼が証明したのはただ、想像力とはかけ離れた題材における論証の真の方法がどこに存するのかをなお理解していない、ということだけであった(1)。『方法序説』はあれほど自画自賛された規則によって財宝を約束しておきながら、われわれの前に並べ立てたのは炭でしかなかった(2)。

『幾何学』にこの点がよく表れている。自称するところの明証性に縛られ、デカルトはより高次の解析を認識しなかった。アポロニウス的伝統の中で長さを測ることのみにとどまり、アルキメデスの精妙な手法に充分な省察を加えなかった。無限についての考察を排除し、無限級数による表現も、その正確性に異を唱えていたであろうが、排除した(3)。超越数を前にして挫折せざるを得なかった。まったくの誤りだが、あらゆる問題は方程式に還元され得ると考えてしまった。そんな『幾何学』にふさわしいのは「小さな問題を探究することだけ」であり(4)、デカルトがそこでしているように「我慢ならない尊大さで(5)」語ることを到底正当化できはしない。

では、方法は〔他の〕諸〔科〕学においてはそれ以上に成功したのだろうか。

力学では、その方法は抽象的な運動論にしか妥当しない保存則の定式化を与え、経験と連続律の論理とに反する衝突法則を述べ立てるように導いた。天文学――実のところケプラーとコペルニクスのそれ――では、デカルトは渦動が距離に比例してとてつもない速度で動くとしながら、その点に困難がないかどうかを探究してもいない(6)。ライプニッツがデカルトにおいてもっとも評価しているのは自然学である(7)。潮汐についての、虹についての、磁石についての（ギルバートに触発された）説明などを取り上げることができよう(8)。だが、何と想像的な仮説だろうか。何と空想的だろうか。何と経験〔実験〕を欠いており、この「よくできた物語のような自然学」から期待できる応用例の何と少ないことか(9)。たとえ渦動説が大層みごとなものであるにしても、第一元素や小球体は存続しようもないであろう。いったいどうすれば物質が、自身の中心を軸として回転する等しい諸部分へと分割されるのであろうか。無際限に小さい粒子といった観念以上に認めがたいものがあるだろうか(10)。堅さが結果として生じ得るのは、静止からではなく運動からであろう(11)。光は瞬時には伝播しない。屈折の法則はスネルからの剽窃である(12)。デカルトは大気の重さを考慮に入れていない(13)。化学をなおざりにした(14)。生命科学では、無限に分割できる自然の機械とわれわれが製作する機械とを区別せず、自然学におけるよりもさらに顰蹙を招くことに、〔生命についても〕合目的性を排除した。その推論は目に見えない部分にあまりに基づいており、目に見える部分に充分基づいてはいない。彼がわれわれに説明しているのは、実在の動物の構造や発生というよりはむしろ空想上の動物の構造や発生であり、獣に感覚を否定したのも理に合わないことであった[15]。

諸〔科〕学から第一哲学へと至るならば、直観主義が分析の欠如をそこに持ち込み、後者は知を不確実にし、誤謬推理を倍加させ、基礎づけの作業を妨げる。この分析の欠如は〈コギト〉からすでに露わになっており、その感受が誤って判明な観念とされ、〈思考されたもの〉から切り離されている。結果として、自覚されていない思考は無視されてしまう[16]。この同じ分析の欠如は神の存在証明においても見られる。すなわち表象と意識的表象が、魂と精神が混同されてしまう[16]。とりわけ存在論的証明においては、実在的定義の不在により証明が不完全にとどまっている[17]。さらに、意志と知性の概念それ自体が大層突飛なものに変形されてしまい[18]、いわゆる永遠真理創造説なるものが導かれるが、これは摂理を破壊し、宇宙から一切の美と一切の目的性を奪い去るような説である[19]。分析の欠如はまた、デカルトが実体一般の本性を間違って理解していたことの理由も説明してくれる[20]。すでに見たように魂は精神と混同され、このことが二元論を避けがたいものにしていた。しかしながら、二元論は（予定調和説により）説明されなければならない見かけ上のものにすぎず、形而上学的実相ではない。デカルトは自らが理解していたような魂について不死性を論証することができず――それどころか、二元論は魂が可死的であると考えるよう促す――、たかだか記憶を欠いた不死性を提起できたにすぎない[21]。デカルトはまた実体の完全概念にまで分析を進めることもできず、その結果、彼においては魂は物質と同様あらゆる形相を受け入れ得ることになり[22]、個体化されていない。魂の自由は理解不能なものになり、神の予見と調停不可能となる[23]。二元論のもう一方の面では、物質は延長に還元されるが、これに対して分析が究極項に至るまで続けられたなら、延長は力によって基礎づけられ、力動説が樹立され、秩序の原理として連続性が要請され、作用因の領域は目的因の領域に従属することになったであろう。そうすればあらゆる形態を取りうる物質といった醜聞も、〈スピノザ的宿命〉やホッブズ的唯物論に近い教説も避けることができたであろう。(24) 最後に、実体一般の本性を理解しなかったために心身合一をうまく理解できなかったのも致し方のないことであった。

さらにライプニッツは、デカルトの哲学が宗教を危険にさらす点を強調した。デカルトの神は知性も意志ももたない。そこには摂理はない。物質の延長への還元は聖体の秘蹟を矛盾を孕むものにする。記憶を欠いた不死性はわれわれに未来なき道徳、希望なきストア的忍従しか与えない。(25)

他のすべての批判を主導している基本的な批判の論点を要約するなら、おそらく次のように言えるだろう。デカルトは創造されざる論理に背いていた、と。ライプニッツ哲学の出発点を思い出してみよう。ライプニッツの哲学は存在から出発しており、存在のカテゴリーはその哲学によれば論理学のカテゴリーの中で表現されていた。そこにあるのはキリスト教化されたアリストテレス主義であり、神は単なる〈思惟の思惟〉(νοήσεως νόησις) であることを止め、世界についての思惟となっている。〈神が計算し思考を働かせるとき世界が生まれる〉(*Cum Deus calculat et cogitationem exercet fit mundus*)。この哲学の中心にあるのは〈私は思考する〉(*Cogito*) ではなくて、〈神は世界を思考する〉(*Deus cogitat mundus*) なのである。したがって、その方法が哲学的回心といった意味をもつことはあり得ず、オルガノン〔(学問の) 道具〕という伝統的な意味を保持している。方法は、観念を「しかるべく」考察する仕方についての決定的な啓示といったものにはならず、改善可能な技術であり続けている。ところで、技術の改善にはすべての探究者が貢献し得るとするなら、それが〈唯一人だけの仕事〉にとどまるということはあり得ないだろう。〈コギト〉は精神の共和国から孤立して、絶対的始原を虚しくも自称する。そうした孤独な〈コギト〉のセクト主義よりも、歴史的進歩の思想として規定される折衷主義を選ぶべきである。ここからライプニッツの技術と数学理論をめぐる主戦場を容易にたどることができる。デカルト的直観主義に反対して形式主義は、幾何学が算術に対して、計量が秩序〔順序〕に対して、有限が無限に対して、静的同等性に基づく非連続体が力動的同等性に基づく連続体に対して、それぞれ優位性を与えられていることに異議を唱える。創造に、その原理である創造されざる論理を適用してみよう。われわれはその創造が偶然的であるということを理解する。なぜなら、論理はわれわれに、それがなければ選択が不可能であるはずの、可能的なものの法則を与えるからである。さらにその同じことから論理はわれわれに、それがなければ選択が下せないはずの、共可能的なものの法則も与えるからである。かくして可能的な諸世界の中で最善の世界が選択される。そこでは一切が秩序づけられ、互いを表出し合う。すべてにおいて連続律が尊重されており、世界を必然性の帰結ではなく神の作品としている合目的性から逸脱するものは何もない。この世界はデカルトの世界とは対立する。デカルトの世界では直観が至る所で連続性を断ち切っているように見える。魂と身体、知性と意志、自由と神の予知、刺激と知覚表象、現在と未来、等々。さらに、そこではとりわけ目的因の考察が直観によって退けられ、結果として、物質が盲目的偶然によって受け入れ可能なあらゆる形態を取り得ることになるのである。

Ⅱ

こうした批判をどう読むべきだろうか。

心理学者からすれば取るに足りない問いかもしれない。二人の人物の何と対照的なことか。デカルトはその出自ゆえに享受できた独立への嗜好が高じて非社交的となり、素っ気なく、尊大で、激しやすく、若干の慎重さを取り戻すのはイエズス会士やソルボンヌの博士たちに対してのみであり、文献的学識を侮蔑した、学派の領袖である(26)。ライプニッツの方は生まれながらの外交官であり(27)、「地位ある人々との交際への極端な嗜好、策謀や諸々の事業や旅、あらゆる種類の気晴らしへの好み」を有し、「生きるためにどんな方面へも関心を向け、弁護士と訴訟人、つらい交渉者、外交官、技術者、現場監督、医師もしくは薬剤師、パンフレット作者、ハノーファー宮廷の道化者等々を次から次へとこなすこと」を余儀なくされたが(28)、あらゆる分野にわたる文献的学識を誇っていた。これ以上互いに相容れない人物像を思い描くことはできまい。また、これ以上真っ向から対立するタイプの知性を思い描くこともできまい。ライプニッツはデカルトという人間が好きになれない。その「我慢ならない尊大さ」を、盗用した相手の人々――プラトン、聖アンセルムス、ヴィエト、ケプラー、コペルニクス、ギルバート、ハーヴィ、スネル等々――に対する忘恩を、自らの学派をなそうとする野心を非難する(29)。そしてまさにその学派が、デカルトの言葉を「ピュタゴラス学派の〈師はかく語りき〉以上に」神格化しようとすることに(30)、しかも当の学派が凡庸で不毛であることが露わとなるだけになおさら(31)、ライプニッツは余計に苛立つのである。それゆえ、ロベルヴァルやユエが広めたデカルトを中傷する噂を、ライプニッツはためらうことなく繰り返してもいる。しかしながら、われわれはそれ以上を教えられはしない。心理学はライプニッツの批判の中にあるやや厳しい表現や論戦のための歪曲を理解する手助けにはなるとしても、それより先には行かせてくれないのである。確かなのは、ライプニッツはデカルトを知る以前に体系の基礎は築いていたのであって、デカルトと張り合うためにその体系を構築したわけではない、ということである。

　歴史はさらに先まで進ませてくれるかもしれない。ライプニッツがパリに滞在した時期にはすでに、先入観にとらわれない精神の持ち主にとって、なぜデカルトの自然学は疑わしいものでしかあり得なくなっていたのかを、歴史はわれわれに示してくれよう。まず、科学はもはや一人の天才あるいは一つの学派の仕事ではなく、徐々に集団的な仕事となっている。フィレンツェやロンドンやパリにはアカデミーが出現していた[32]。それらが示していたのは、唯一人だけの教師への愛着は、「自ら考察を加える力や余裕がないか、自分でその労を取ることを望まない矮小な精神のものでしかない、ということである。だからこそ、われわれの時代の三つの著名なアカデミー、すなわち、最初に設立された英国の王立協会、そして次にパリの王立科学アカデミー、さらにフィレンツェのアカデミア・デル・チメント〔実験のアカデミー〕は、アリストテレス主義者にもデカルト主義者にもエピクロス主義者にも、どんな著作家の信奉者になることも望まない、とはっきり宣言したのである[33]」。さらに、デカルトの『幾何学』はすでにフェルマやパスカルやウォリスの――そしてまもなくニュートンの――諸研究により乗り越えられていただけではなく、『哲学原理』もまたレンやホイヘンス、そしてレーマーにより窮地に追いやられていた。すなわち、レンとホイヘンスは衝突法則の誤りを正して mv の保存を疑わしいものにしていたし、レーマーは光が瞬時に伝播しないことを示して、デカルトがそれに自らの自然学の命運を賭ける覚悟でいた主張を打ち壊していた。クリスチャン・ホイヘンスに導かれてライプニッツにできたのはただ、『哲学原理』が時代遅れである、ときわめてすみやかに認めることだけだったのである。それだけではない。フランスではとりわけデカルトのおかげで、科学と哲学が神学から切り離され、宗教の外側で発展していたのに対して、ドイツではとりわけメランヒトンの教育改革のおかげで、科学と哲学は宗教的要求と結びついたままであった[34]。それゆえにライプニッツも、「新哲学の濫用は敬虔を大いに害する」のであり、それに対しては、すべてが完全に結びついていてどんな粉飾もできないような体系により対抗しなければならない、と感じるべく備えさせられていた。「ガッサンディ氏、マルブランシュ神父、デカルト氏、〔スピノザ、〕ロック氏についての私の注記は精神に備えをさせることに役立つ。私はいつでも詳しく説明できるわけではないが、いつでも正当に語るようには努める。私は哲学者として出発するが、最後は神学者になる」(35)。精神に備えをさせること、ここに『弁神論』の著者によるデカルト批判の役割が明確に説明されている。

同時に、この説明はわれわれに、ライプニッツが自分の書いたものがどのように読まれることを望んでいたかも教えてくれる。すなわち、心理学の観点からでも歴史の観点からでもなく、哲学の観点から、ということである。ライプニッツは自らの批判の理由を説明するために、自身の体系の連関、言い換えればその全体を参照するよう求めている。これこそまさにわれわれが従おうと努めてきた指示である。その参照がなければ、彼のデカルトへのさまざまな反論は、もはや互いにうまく結びつかない場当たり的な指摘でしかなく、本当のところ一つの批判を構成しないであろう。ところで、それらの指摘を結びつけているのは三つの——それら自身も互いに結びついた——主導的な観念、すなわち、明証性の拒絶、連続性、合目的性である。さらにまた、この自分自身の教説の全体への参照要求によって、ライプニッツは体系と体系を対比するようわれわれを促してもいる。この対比を目立たせるには、『哲学原理』の末尾(第四部第二〇四—二〇六節)と〔『弁神論』の〕「信仰と理性の一致についての緒論」を比較してみるのがよい。デカルトにとっての理性とは、思考の間断なき運動によって結びつけられ得る直観の総体である。ただし、その首尾一貫性は、もしも神の誠実がそれを実在的な何物かに関係づけてくれないのであれば、主観的なものでしかなかっただろう。だからこそわれわれは、実践的〔慣習的〕確実性からそれ以上の確実性へと至ることにもなるのだ。ライプニッツにとっては、理性は「諸々の真理の不可侵の連鎖」——それらの真理が必然的真理であれ偶然的真理であれ——である(36)。この不可侵の連鎖は、もはや外部から、観念にとって外在的な判断によって形成されるのではなく、創造されざる論理により、そしてわれわれの世界がその現実化に他ならない叡知的世界により規制された、判断的作用の内的展開である。それゆえにこの不可侵の連鎖は、それ自体が客観的な効力を有しているのである。諸理由の秩序〔順序〕に移ろう。原理上は、総合は分析がたどった跡を逆に立ち帰るのでなければならない。事実上は、この立ち帰りがいつも可能になるわけではない。デカルトにとって困難は、延長の直観がその立ち帰りを可能にしている幾何学から、形而上学への移行においてあらわになる。否、とライプニッツは反論する。それでは第一哲学の確実性を失墜させることになってしまうだろう[37]。差異が存するのは自然学と数学の間である。すなわち、偶然的なものと必然的なものの間に、終わりのない分析と終わりのある分析の間に差異が存するのである。一言であえて概括的な類比に訴えることが許されるならば、デカルトにおける理性は時にカント的悟性を思い起こさせるのに対して、ライプニッツにおけるそれはむしろヘーゲル的理性に近い。

Ⅲ

ライプニッツはデカルトを理解していたのだろうか。

驚くべき問いである。何と、三世紀もの隔たりがあり、ライプニッツほどの人物でもないのに、デカルトが言おうとしたことをさらにうまく読み解けると思っているとは。もちろん、同じような主張がそれほどまでに不遜というわけではない。実はそうした主張はむしろ、一人の哲学者をわれわれの真理として選び取らせた強い想いの方を証し立てている。それゆえに、誰が真理に異を唱えているか、を理解してこなかったのだ。ライプニッツも言っている。「通常、節度のある人々に起こることが、ここで私にも起こる。

ペリパトス〔アリストテレス〕学派は私をデカルト主義者であると見なし、デカルト主義者の方は、彼らが光と称しているもののどれにも私が従わないことに驚く」[38]。

偉大な人間というものは自らの才能の特異性そのものにより他から隔絶する、ということを認めよう。彼らはお互いを排斥し合う。お互いが他方を規定し合う。プラトンとアリストテレスは互いが対照されることでよりみごとに位置づけられる。同じように、デカルトとライプニッツもお互いの排斥を通じてよりよく理解されるのである。

さらに、彼らの時代をよりよく理解させてくれる。デカルトとライプニッツをこうして対決させることで、われわれはそれぞれの世紀にはその言語があり、その世紀のものではない言語で問い質すことは間違いである、ということを学ぶ。数学が重要なのだろうか。異論の余地はない。十七世紀のもっとも偉大な哲学者たちは数学に確実性のモデルを見ていた。だが、哲学的思想のすべてを数学的モデルに還元することは――十八世紀の後半には生物学的モデルと歴史学的モデルということになろうが――、いわゆる数学主義といったものを引き合いに出すのと同じく支持できないように思われる。合理主義とか観念論とか実在論など、われわれがカント以前の哲学者を注釈するために用いる習慣になってしまっている何々主義〔論〕という言葉は、どれもカント以前には使われていなかった。こうした言葉があらゆる遡及的錯視を生み出すことになる。例えば、デカルトにおいてであれライプニッツにおいてであれ、実証主義の影すら見ることはできない。したがって、彼らにとって自然学は形而上学よりも前に来るのか後に来るのかを問うには及ばない。二人の自然学は形而上学的であり、形而上学は大部分が自然学のようなものである。リアールにもアムランにも背を向けなければならない。あるいはまた、われわれの哲学者たちにあって神を信じる誠心さを疑う余地は微塵もない。それなくして彼らは存在について論じることはできなかったはずである。この点ではオルジアッティ猊下やマクシム・ルロワの側につくとしよう。

ライプニッツ対デカルトの論戦においていずれに与すべきかに関しては、科学上の優越性がハノーファーの思想家の方にあるのを否定するのは難しく思える。無限小算法を作り出し、物理学を運動論に限定せずに力に関する研究をそこに付け加え、有機体一般に関する演繹に対して比較解剖学を推奨したのだから。形而上学については、デカルトのそれは当初、ドイツ思想を大きく鼓舞したライプニッツの形而上学ほどには豊かな成果をもたらさなかった。デカルト形而上学への関心を呼び覚まし、それに新たな経歴を与えることになったのはカントである。しかし、一方の形而上学の他方に対する優越性を示すことなど問題にはなり得ないだろう。

最後に、ライプニッツがデカルトを批判するにしても、その偉大さを認めていないわけではない、ということを忘れないでおこう。ライプニッツはデカルトを人類の英雄として認め、敬意を表している。ちょうど英雄たちが闘いに際して互いに敬意を表すように。

〔日本語版の読者へ〕

読むことの師匠

ミシェル・フィシャン
（谷川多佳子訳）

読者が日本語訳で読まれたこの本は、フランス語のライプニッツ研究において、さらにはそれを超えて、一時代を画するものである。

著者のイヴォン・ベラヴァルは、一九〇八年二月一四日にセートで生まれた。初めはいくつかの職業に従事したが（船員、税関検査官）、一九四一年に、哲学の上級教員資格試験《アグレガシオン》に合格した（これはフランス高等教育における哲学教員の最難関の採用試験である）。

マンの国立高等学校《リセ》、ついでパリ近郊のラカナル国立高等学校の教授を経て、国立科学研究所（CNRS）に出向し、哲学史の研究を続けていった（一九五一―一九五五年）。それからストラスブール大学、ついでリール大学で、専任講師、助教授を務め、国家博士の論文審査（一九六〇年）をへて教授となった。最後に一九六五年、ソルボンヌの教授に任命された。また、国際哲学センター（Institut international de philosophie）の事務局長、ライプニッツ協会（Leibniz-Gesellschaft）の創設（一九六六年）以来、副会長であった。

一九八八年一一月一九日に逝去した。

イヴォン・ベラヴァルの最初の著書は『誠実（ありのままであること）への配慮』(*Le Souci de sincérité*, 1944) だったが、この本は、成人に達した人間に、誠実さの配慮を捨てて率直さの配慮へと招き入れることで終わっている。率直さは語のあらゆる意味において、哲学者である一人の書き手の無思慮な打ち明け話などではまったくなく、彼が事物と観念と言葉とのあいだになすオリジナルな経験のなかで、自らを表現する作品の特徴となっている。イヴォン・ベラヴァルは、境界なき探究心に早くから目覚め、しかし相対的には遅れて大学での哲学研究にやってきたのであり、そうしたなかで全生涯にわたって、振る舞いの自由と、思想と言語の生への注意力とを保持していた。こうしたものが彼の企図の特異性をかたちづくっている。*1その学位論文であるこの『ライプニッツのデカルト批判』（一九六〇年）とたくさんの論文とによって、ベラヴァルは、この数十年のライプニッツの専門家と解釈者のなかで、最も偉大な研究者たちのひとり、おそらくは最も偉大な研究者となった。しかし、専門家のサークルにだけ閉じこもり、そうした書物だけを他のすべての書物から切り離してしまうことは、彼にとっては誤りとなろう。つまり、ベラヴァルは彼のやり方でもって、真にライプニッツ的であったのだ。それは、言語あるいはすべての言語の力能が、多様性と現実的なものの統一性とを表出できるような百科全書、という肥沃な夢によってである。こうしたことが、彼のうちで「一人の哲学者をわれわれの真理として選び取らせた強い想い」*2といわれるものであった。この選択が彼のうちで熟してきたとき、ベラヴァルはライプニッツとディドロのあいだで躊躇したことだろう。ディドロはいろいろな意味で彼に似たものがあったし、彼の最もすばらしい本のひとつ*3を生み出したのだから。私が思うに、二つの動機が彼をハノーファーの哲学者へと傾かせたのではないか。その構成の詩的豊かさに結びついた、ライプニッツ哲学の数学的着想への愛好。そしてより内心では、合理的に異なる宗派間の協和をめざすライプニッツへの倫理的共振。

哲学テクストに対するイヴォン・ベラヴァルのオリジナルな態度の鍵があるのは、『哲学者とその言語』(*Les Philosophes et leur langage*, 1952) だ。言語と記号についてのライプニッツの省察が、この書物においてすでに、ベラヴァルの思考の着想源となっている。哲学の言語は、事象の観察によっても、数学的学問の操作的規則によっても、検討されえない。哲学の言語に残るのは何か。「観念である。では観念とは何か。可能的言説の企図」である (p. 181)。言語の空虚な使用、言語偏重主義が「創造することの欠落」(p. 183) と認められるとすれば、言語の成功とは、観念の発明とその命名との両者を同時化していく作用のうちにある。この意味で、哲学的作品を読むことは、ベラヴァルが「諸概念の美学」(p. 155) とよぶものに属する。そうなると、ベラヴァルがデカルトとライプニッツ (ディドロだと事態はこれほど逆説的でなくなる) を、ジャン・ポーランが『タルブの花——文学における恐怖政治』[*4] で与えた方法の諸規則に則って導かれた厳密な訓練といったような、文学的批評として読んだと示唆しかねない恐れがある。かくして、すべてが斉一だとしたら、ベラヴァルがライプニッツの思想的変化について書いた次の文を、ベラヴァル自身にあてはめることもできるだろう。「定まった方向へのこうした一貫した傾向がひとたび捉えられてみると、もし必要とあれば次のことを想起することもできよう。すなわち、偉大な著作家というものは、その源泉によって説明されるものではなく、逆にその著作家がもろもろの源泉を説明するものなのだ、と」[*5]。イヴォン・ベラヴァルの方向はこうして、ジャン・ポーランから受け取った文学のアプローチと、アレクサンドル・コイレ[*6]による諸観念の歴史との、予期せぬ結合を可能にするものとなった。ポーランからは、原初的に与えられたものは「言葉－観念という二つの面の一体」という言語の概念であり、コイレと共に諸観念の歴史で認めたことは――こちらのほうが主導的であったが――、どのように、古典主義時代の人々のもろもろの哲学と科学的諸体系は不可分に結びついていて、彼らがそこに等しくあった一つの世界の現実そのものを私たちに語っているのか、であった。さらには、ベラヴァルがコイレの死に際して書いた数行のうちに、ベラヴァル自身を認めることは容易だろう。

「彼の死によって私たちは、読むことへの師匠を失った。彼は、熟知しながら読んでいた。彼は、偉大な注釈者たちの技法をふたたび見いだした（…）。その方法は（…）テクストそのものを頼ることにあり、テクストの言語そのものを頼ったのである（…）。作品を軽視して行使される、〝人間的な参考資料〟の乱用はすべきでない。それは私たちの時代の悪徳だ。歴史的な現実を隠してしまう現代的な解釈に抗して、今日捨て去られてしまっているある種の推論様式、ある種の形而上学的諸原理を採用すべく、私たちの知に馴染みになった真理を忘却することがしばしば必要であった。目的は何か。思想家のオリジナリティを尊重することだ（…）。ある思想家のオリジナリティを見いだすのは、それにかかわる他のたくさんの思想家のものを読むことなしにはできないだろう。*7」

そしてこれこそ、この『ライプニッツのデカルト批判』において私たちの認める〈読むことの師匠〉なのである。すなわちここでは増殖し屈折する読みの、すばらしい修練がある――デカルトを読む最中にライプニッツを読み、ライプニッツの固有の読みを通してデカルトを読み返しているベラヴァル。その表現は、文学的構成の稀有な才能を実現し、単なる〈同時進行の併行〉よりもはるかに繊細で有用な書物を私たちに提供してくれる。ここでは〈比較の方法〉が真正に適用されるのだ。

「ライプニッツがデカルトを読むすべがなかったと想定することも、また、その読解がわれわれにライプニッツ自身のことを教えてはくれないと想定することも、困難なのであった。(…)それぞれに順番に関わる二つの研究を単に併置した場合にしばしば起こるように、両者を対峙したままにしておくのではなくて、ライプニッツをデカルトとともに読み返すならば、おそらくは真の意味での比較的方法を彼らに対して適用することになるであろう。*8」

本の構成がかなりはっきり示しているように、この比較のなかで、ベラヴァルはライプニッツの側に位置している。知的な好みと、歴史的な方向の注視によってである。したがってまず、ライプニッツ研究への寄与があり、二次的なあり方でのみデカルトに関する書となっている。つまり、デカルト批判はここでは、ライプニッツの思想を明らかにするものとして作用する。

しかし、たとえばクーチュラによるライプニッツの体系があり、あるいはカッシーラーによる、あるいはラッセルによるライプニッツの体系があるように、今度は私たちが〈イヴォン・ベラヴァルによるライプニッツの体系〉を特徴づけようとしても無益だろう。ベラヴァルの美質と、彼に負っているライプニッツ研究の獲得成果は異なる性質のもので、別次元に位置づけられる。時代が思想にゆだねる諸問題に挑みながら形成され、自らの言語を獲得しながら本体をつくっていく進行中の思想の現前を、明白にとらえさせてくれる哲学史の稀有な書物なのである。

数学、自然学、形而上学はこうして、デカルトとライプニッツにおいて、まず、現代の言語に翻訳しないことによってのみ読むことを学べ、オリジナルにおいてのみ理解可能な言語の事象としてとらえられる。「それぞれの世紀にはその言語があり、その世紀のものではない言語でそれを問い質すことは間違いである」[*9]。ベラヴァルのデカルトは、ライプニッツが読んでいたデカルトそのものであり、『省察』のデカルトであるよりも『方法序説』、『科学論文集』、『哲学原理』のデカルトである。同様にベラヴァルのライプニッツは、その体系のしかじかの領域から大きな解釈的総合が再構築されるようなライプニッツではなくて、机に向かって仕事をしているライプニッツであり、読みながら手にもつペンで構想し発明していく不屈の読書家である。『ライプニッツのデカルト批判』を読まれる方々は、読者としてこの本の知の利点を引き出すには、同じ忍耐を共有しなければならない。すなわち、数学思想と科学的方法の二つの構想の対立のなかで、二つの世界観と、端的にいえば思想の二つの構想の対立をみとめていくことである。

ベラヴァルが第一章からそうしているように、ここで〈直観主義〉と〈形式主義〉を語ることは、ごく最近の観念の時代錯誤《アナクロニック》的な用法なのではない。それは、変わることのない不変式を、最も特異なものであるその歴史的表現の文体的な特異性のなかで発見することである。それは主に、固有に学をなすもの、より厳密には〈二つのドグマティスム〉の二つの概念にかかわる。すなわち、デカルトにおいては、注意深い精神に課される観念の明証性が真なるものの規範を与えるのであり、ライプニッツにおいては、理性は真理の侵されざる連鎖にほかならず、論理の形式的な法則によって神の知性の内にまでつながる。両者において、その数学と自然学の概念化と現実化は、この根本的な対比から生じている。

まず数学について、ベラヴァルは、デカルトにおける幾何学の優位とライプニッツにおける代数学の優位の対比の綿密な研究の中に入っていく。前者にとっては、幾何学の曲線の方程式化は、それから得られる利点がどのようであろうと、常にそこから存在を規定する対象の構成となる。後者にとっては、発明の途を開くのは、記号とその結合の制御である。こうしてデカルトは、ギリシア数学と決着をつけることができないでいる——方程式の計量と配置は、算術的な（性急にいえば解析的でない）彼の有限の幾何学の範囲を定める。ライプニッツは、秩序と無限のマテシスによって、解析の古典主義時代を創始する。関数によって方程式を超え、微分によって形態化を超える。構造の近代的代数学とトポロジーを先取りする。

自然学においては、両者とも宇宙論的射程の全般的な理論を構築し、数学からは計量の精密さでなく、方法の確実性をなすものを取り出している。ベラヴァルはここで、二つの〈世界像〉の研究を重視する。この故に、彼はまず、根拠とそれをつかさどる原理に専念するのであって、デカルトの提示した諸現象の説明の詳細には立ち入らないし、ライプニッツの力学についてさえもそうである。これが、次の問題にすでになじんだ読者を驚かせることになる。ライプニッツが生前にデカルト自然学の批判を基礎づけた中心テーマ、すなわち、運動量保存の原理として表わされている mv の運動の単純量に対して、力で mv^2 を置き換えたことなど、本書の中ではかすめられてさえいないのだ。ここであたかも十八世紀に生きていた人のように評価するベラヴァルにとって大事なのは、自然学をア・プリオリな構成に限定し、前ニュートン的なままである二つの学説の限界を読み解くことである。だがそれでも、〈物語《ロマン》〉と名付けられるだろうものの間で、バランスは一様でない。というのも、「ライプニッツの形而上学の物語《ロマン》は、デカルトの自然学の物語《ロマン》よりも自然学的となった。なぜなら、時空は実体ではなく関係となり、物質はユークリッド的拡がりではなく事象になるからだ*10」。

けれども、この本の最も強い教訓のひとつが私たちを待ち受けるのはここなのである。デカルトにおいて、直観的明証性の優位は、伝統の拒否を含意し、博識教養に頼るものとしての記憶の信用をなくしてしまう。ひとりの発意が過去を切断し、最終的に、来るべき未来の時代の哲学と科学を創設する。ライプニッツは古文書保管者、歴史家であり、言語の資源と過去の遺産を共に信頼する。つまり、知は人類全体の事象であり、あらゆる時代のものである〈精神の共和国〉の所産なのだ。「デカルトの方法は、自らを絶対的始原に措定する自由意志の方法である。ライプニッツの方法は、イデアの世界、さらにはその時間的表出である歴史的世界のもとに自らを置く、道徳的自由の方法である。その方法は覆すことを望まない。完成させることを求めるのである」[*11]。だが、過去を侮蔑したデカルトはかくして、哲学史が、以降神学と切り離されて、自立することを可能にした。これに対してライプニッツは、すべてに共有される神学的あるいは摂理的要素をもって、もっぱら未来の、歴史の哲学の先駆者となるだろう。

ところでイヴォン・ベラヴァル自身には、己の文化教養の世界と彼の周囲とが齟齬をきたしているという、しばしば悲劇的な感情があった（これについては彼の『失われた未来』[*L'Avenir perdu*、スイユ社、一九七五年]の省察が明らかにしている）。ベラヴァルは歴史の哲学も、その神学的基礎も採用しなかったし、摂理の存在も信じていなかった。逆に、そうしたものの消滅を嘆く時にさえ、〈精神の共和国〉の知的な理念のなかに自らの姿を認めていたのだった。彼にとってライプニッツのモナドロジーは、分有される自由という、真の個体主義の倫理的意味があった。「自由であること、それは共通の働きのなかで自らを表出し、相互に表出しあうことだ。モナドロジーは、私たちの個体主義であり、そこでは各々が、他のものたち――あらゆる時代の――へ意味を与え、そして他のものたちから意味を受け取る。この形而上学の物語《ロマン》は抽象的なコスモポリタニズムを癒してくれる。つまり、各々が他のものたちと異なり、他のものたちと協働するために異なっているに違いなく、すべてのものが自由なままである諸々の個体において、普遍的なものが具体的であるところにのみ調和がある」[*12]。読むことの規則は、まずはテクストを正しく聞き取ることの確かな本能とともに選ばれるのだが、ここでその哲学的正当性を見いだす。ある著者ないしある時代の言語の特異性は、あらゆる時代の言葉のエコーが作られる総譜のなかでのみ、本当にそれと分かるのである。「モナドロジーは、各言葉が他のすべてからその意味を受け取り、他のすべてにおいて自らを映し込むような言語として機能している。言語についての考察がモナドロジーを照らし、モナドの相互表出は、言語についての考察を照らす[*13]」。

こうして、デカルトとライプニッツが同時代人でなくとも（デカルトが亡くなったときライプニッツは四歳に達していなかった）、彼らの個は交流する。思想が、その対比と対立から発したより特異なもののなかで理解されうる理想的な遭遇の領野のなかで、支え合いながらである。両者の個別の言語を尊重するという条件のもとでだ。この故に、『ライプニッツのデカルト批判』を日本の哲学の読者に届けた谷川多佳子氏と訳者の方々に謝意を表しつつ、日本の読者の方々にこうおすすめしたい。この書物を、著者が書いたように読んでいくこと、可能なかぎり、二人の哲学者のオリジナルな原典の直接の参照に向かう配慮をつねにもって。そうして読者の方々には、読むことの巨匠のレッスンのアクチュアルな豊かさをみとめていっていただきたい。

パリ－ソルボンヌ大学名誉教授
ライプニッツ協会副会長

注

＊1　最も重要なものは本人によって、まず以下にまとめられている。『ライプニッツ研究——ライプニッツからヘーゲルへ』*Etudes leibniziennes: De Leibniz à Hegel*, Paris, Gallimard, 1976. 次いでフィシャンにより編集・刊行された以下の書がある。『ライプニッツ——古典主義時代から啓蒙へ』*Leibniz, de l'âge classique aux Lumières. Lectures leibniziennes*, éditées et présentées par Michel Fichant, Paris, Beauchesne, 1995.

＊2　本訳書（下）、五六三頁。

＊3　『パラドクスなきディドロの美学』*L'Esthétique sans paradoxes de Diderot*, Gallimard, 1950.

＊4　ジャン・ポーラン（一八八四—一九六八）は一九二〇年以降、NRF誌の事務局長、ついで編集主幹だった。この雑誌は、文学的サイクルのなかで中心的な位置を占め、ガリマール系の出版活動の文学的方向づけに突出した役割を果たした。ポーランの著書『タルブの花——文学における恐怖政治』（一九四一年。野村英夫訳、晶文社、一九六八年）にはとりわけ、「意味から言葉に、生の言語から思想に、規則的な関係、正確にいえば法則——文学は明らかにここから多大な利益を引き出すだろう——が存在しないのかどうかを見いだす」ことが提示されている。イヴォン・ベラヴァルは、フランスの『ユニヴェルサリス百科事典』でポーランに優れた略述を捧げているが、そこで、この作品がベラヴァル自身の思想に及ぼした深い影響を示唆している。

＊5　本訳書（上）、六頁。

＊6　アレクサンドル・コイレ（一八九二—一九六四）はロシアで生まれた。一九〇八年、フッサールとヒルベルトに師事するためにゲッチンゲンに赴き、一九一三年からはフランスに居を構えた。哲学史、初めは宗教思想の学者であり、『ガリレオ研究』（一九三九年。邦訳、法政大学出版局）によって科学史に新しい段階を切り開いた。大戦の間はアメリカ合衆国に亡命し、一九四五年年以降は、プリンストンとパリの両方で、研究と教育

をおこなった。彼の業績すべては、古代人の有限な宇宙から無限の宇宙への移行と自然の数学化によって特徴づけられる古典科学が、どのようにして形而上学的基礎に依拠しているかを示そうとしている。

＊7 Y・ベラヴァル「アレクサンドル・コイレの哲学的探求」、*Critique*, nº 207–208 (août-septembre 1964), 675–676.
＊8 本訳書（上）、一四―一五頁。
＊9 本訳書（下）、五六四頁。
＊10 *Etudes leibniziennes*, p. 20.
＊11 本訳書（上）、一三七頁。
＊12 *Etudes leibniziennes*, p. 21–22.
＊13 *Ibid.*, p. 21.

［解説1］

ベラヴァルのライプニッツと十七世紀

——あるいは、ライプニッツのデカルトと十七世紀

伊豆藏　好美

ここに訳出したイヴォン・ベラヴァルの『ライプニッツのデカルト批判』がパリのガリマール書店から刊行されたのは一九六〇年であるから、今から五五年前ということになる。哲学史や思想史に関する学術的な図書、いわゆる「研究書」の「賞味期限」がどれくらいかは決して一般論では語れないにしても、刊行後半世紀以上を経てなお読まれるに値し、それゆえに翻訳に値する研究書はそう多くはないだろう。裏を返せば、訳者は本書に当然それだけの古典的な価値を認めているのでなければならないことになる。実際、私たちはベラヴァルのこの著作を、哲学史・思想史研究の古典として長く読み継がれるにふさわしい記念碑的作品と考えている。以下、そのようにみなすことができるのはなぜかを改めて振り返ることで、読者になにがしかの解説を提供すべき訳者としての責めをふさぎたい。ただし、著者ベラヴァルの経歴やライプニッツ研究以外の業績についてはM・フィシャン氏による紹介があるのでそちらに譲り、ここでは

もっぱら本書の哲学史研究としての特徴と研究史上の意義に焦点を当てることにしたい。

1 ベラヴァルのライプニッツ

本書の主要テーマはさしあたり三つあるとみなすことができる。すなわち、第一にライプニッツの哲学、そして次にデカルトの哲学、さらに両者の哲学の対比を通して描き出される十七世紀の哲学、である。まずライプニッツに関しては、ベラヴァルには本書以外にも『ライプニッツ哲学入門』[*1]、『ライプニッツ研究——ライプニッツからヘーゲルへ』[*2]、『ライプニッツ——古典主義時代から啓蒙へ』[*3]の三冊の著作があり、これらの著作およびそこに収められた多数の論文によって、著者がたんにフランス語圏にとどまらず、二十世紀後半における世界のライプニッツ研究をリードした第一人者であったことを否定する専門家はおそらくいないであろう。そして、彼の学位論文にして代表作でもある本書もまた、その原題をあえて直訳すれば『デカルトの批判者（としての）ライプニッツ』となることからも明らかなように、第一義的にはライプニッツ哲学の研究書であることは言うまでもない。

ところで、二十世紀中葉までのライプニッツ研究史においては、よく知られているように、世紀初頭のラッセル、クーチュラによる汎論理主義的解釈、カッシーラーによる新カント派認識論に立脚した解釈に始まり、ハイデッガーによる独自の存在論からの解釈、グリュアの道徳的・法学的解釈、ゲルーの力学に焦点を当てた解釈、といった注目すべき解釈が次々と登場した。そうした解釈に多かれ少なかれ共通していたのは、ライプニッツの体系の多様な構成要素の中からある特権的な中心点を選び出した上で、そこから体系全体を整合的に導き出し、あるいは説明しようとする傾向であった[*4]。こうしたタイプの解釈はどれも、ライプニッツ哲学がもつきわめて多面的な相貌の各々を鮮やかに照らし出してくれる点では大いに刺激的であり、また啓発的でもあったが、同時に、多様な観点からのアクセスを許容するライプニッツの体系を格好の舞台として、もっぱらそれぞれが自らの解釈の独自性を競い合っているかのようでもあり、果たしてそれらの解釈がライプニッツその人の思考と企図にどれだけ迫り得ているのか、という疑問を残したことも否定できないであろう。*5

二十世紀中葉までのそうしたライプニッツ解釈史の中にベラヴァルのライプニッツ研究を置き戻してみたとき、あらためて強く印象づけられるのは、彼のライプニッツへのアプローチが上に挙げたような一連の研究とはまったく異なった観点からなされていた、ということである。その相違は、たとえば「ベラヴァルのライプニッツ解釈の特徴は何か」とでも問うてみたときに直ちに明らかとなる。すなわち、私たちにはベラヴァルの「解釈」の特徴を挙げることができない。なぜなら、そもそもベラヴァルはライプニッツを「解釈」することなど目指していないように思われるからである。では何を目指していたのか。ライプニッツ自身のテクストはもちろん、それが批判の対象としていたデカルトのテクストやその批判に示唆や材料を提供した人々のテクスト等、当時のきわめて多彩なテクストの読解を通して、ライプニッツその人の思考を再発見すること、である。ベラヴァル自身の言葉を引けば、「当時のものの見方の中で、ライプニッツがデカルトに対して向けた視線へと至」ること、である。いったいどうしてそんなことができるであろうか。「実現不可能な夢である」とベラヴァル自身も直ちに付け加えている。「十七世紀のものではあり得なかったようなある種の考え方を避けることができれば、それだけでも大したもの」だ、と（上巻一二頁）。つまり、歴史的背景やその時代の文脈を重視した内在的な思想史研究、とでも言えば一見至極地味で堅実な試みのように思えてしまうが、その実、解釈者自身の問題関心から独創的な解釈を試みるよりもはるかに困難で野心的な企てを、ベラヴァルは本書で目指していたのであり、このことは今引いたそれ自体は控えめに響く言明からも逆に充分にうかがえるだろう。

それにしても対象がライプニッツともなれば、テクストとその時代に忠実であろうとする同種のいかなる思想史的研究にも本質的に伴うはずの困難以外に、さらに二つの特殊な困難が付け加わらざるを得ない。一つは、ライプニッツが関わった、それゆえにまたライプニッツ哲学にも関わることになるはずの学問領域の広大さである。形而上学以外に、論理学、数学、力学、法学、歴史学は言うに及ばず、宗教論、道徳論、政治論、言語論、地質学、図書館学、保険論、中国研究にまで至る、ライプニッツの知的関心と業績の広範さに見合う仕方でその思考を時代の文脈の中で理解するには、ライプニッツに匹敵するもう一人の天才を必要とするであろう。*6 二つ目の困難は、この対象領域の広範さとも関係するが、ライプニッツの残したテクストを網羅し、厳密な校訂を施した決定版の全集（いわゆるアカデミー版）が、まだ当時はほとんど利用できなかったということである。一九二三年に刊行が開始され、最終的には全一〇八巻となる予定で現在までにようやくその半ばの五十数巻までが完成したアカデミー版全集であるが、ベラヴァルが本書を書いた時点で利用できたのは、まだわずか五巻分にしかすぎなかった。もちろん、現在でもなお広く用いられているゲルハルト版を始めとして、当時利用可能であったほとんどあらゆるテクストが利用されてはいるが、扱う領域や年代によっては、このことは研究上の大きなハンディにもなりかねなかったであろう。

ベラヴァルはそうした困難を、ライプニッツの「デカルト批判」のみに考察対象を絞ることによって回避し、克服した。実際、彼は本書の研究対象が「ライプニッツではなくて、デカルトを批判するライプニッツ」であることを強調している（上巻七頁）。つまり、他ならぬデカルト哲学との対比という探究の手法そのものが、本書でのベラヴァルのライプニッツを規定し、限定しているのである。

ところで、デカルトはライプニッツにとって、ホッブズやスピノザ、マルブランシュやベール、ニュートンやロックといった、同じくライプニッツが重要視し、かつ批判の対象とした同時代の巨星たちと比較しても、やはり別格の特別な存在であったと言えるだろう。なぜなら、彼らの中の誰も、デカルトのように、そしてライプニッツもまた望んだように、普遍数学の理念を掲げつつ同時代の数学それ自体を革新し、そこから学問全体の方法論的モデルを取り出し、形而上学と一体化された統一的世界観を新たな自然学の成果とともに示す、という壮大で野心的なプロジェクトまで企てはしなかったからである。しかもその共有された企図のもとにありながら、「方法の精神」において、その「数学的モデル」において、形而上学の原理とそこから引き出される「世界観」において、いずれの局面でも反復される体系的な対立は、これもやはりデカルトとライプニッツの間にしか見て取ることができないものだからである。ベラヴァルはその対立を、「方法の精神」における「直観主義」対「形式主義」（第一部）、「数学的モデル」における「幾何学主義」対「算術主義」（第二部）、「世界観」における「機械論」対「建築術的目的論」（第三部）という一連の対比のもとで鮮やかに浮き彫りにしていく。

しかし、こうした対比が可能になったのはあくまで、一方においては、ライプニッツ自身のデカルトへの批判的応答が最初期の著作から晩年に至るまで彼の哲学的営為の中で一貫した主導動機を構成しており、あらゆる時期の主要なテクストにおいて反復されていたからであり、他方においては、デカルト哲学が設定している問題領域と探究の方向によって、ライプニッツの側での批判と応答が厳密に画定され得たからに他ならない。「ライプニッツ主義の特定化は、ここではデカルト主義の側から果たされねばならなかった」とベラヴァルが言うのはこのことであり（上巻七頁）、しかもその「特定化」は、上記の二つの理由により、いかなる恣意性をも免れることになったのである。

さて、こうして本書は第一義的にはライプニッツ哲学の研究書でありながらも、そこで採用された探求の方法論的要請によって、同時にライプニッツとデカルトの比較研究という形をとることになった。十七世紀の他の主要な哲学者たちとライプニッツとの比較研究としては、本書以前にもハイムゼートの『デカルトとライプニッツにおける認識の方法』、フリードマンの『ライプニッツとスピノザ』、ロビネの『マルブランシュとライプニッツ』などが存在したが、本書の最大の特徴にしてユニークな点は、何と言ってもその比較研究の手法そのものにある。先に引いたとおり、ベラヴァルが目指したのは「当時のものの見方の中で、ライプニッツがデカルトに対して向けた視線へと至」ることであった。つまり、二人の哲学者が残したテクストをたんに対置して、それらを外在的に比較検討するようなやり方は最初から退けられている。一見、両者のテクストが並置されているだけのように思える場合にも、実際にそこで行われているのは、「それぞれに順番に関わる二つの研究を単に並置した場合にしばしば起こるように、両者を対峙したままにしておくのではなくて、ライプニッツとともにデカルトを読み返す」ことであり、デカルトのテクストを解読することを通して、ライプニッツによるデカルトの読解を再発見することなのである（上巻一五頁）。

したがって、先にベラヴァルはライプニッツを「解釈」することなど目指してはいない、と述べたが、その一方で、デカルト主義に対する批判という観点のもとで自ずと強調されることになる「ライプニッツ主義」の特徴は、この上なく明確に描き出されている。デカルトの「永遠真理創造説」を断固として斥け、神と人間精神に共通する「創造されざる論理」の存在を主張するライプニッツ。「コギト」の直観的明証性を唯一の絶対的な真理の規範とするデカルトを批判し、「矛盾律」や「理由律」をはじめとする「理性の真理」の優越性を指摘するとともに、「事実の真理」については、「さまざまなものが私に思考されている」を「コギト（私は考える）」と並ぶもう一つの「第一原理」として強調するライプニッツ。あらゆる過去と他者から隔絶し、おのれを絶対的始原に位置づけようとするデカルト的な「私」に抗して、文献的学識と歴史的伝統を尊重する進歩的折衷主義を採用し、「われわれ」による「精神の共和国」の建設を夢みるライプニッツ。デカルトの直観主義が数学から排除した無限と、その数学が適用された自然的世界において見失われた秩序と連続性を、記号的形式主義と表出の理論に依拠し、連続律や無限小の概念によって取り戻そうとするライプニッツ。絶対的な意志と力能を有し、この世界を「無差別の自由」によって創造したデカルトの神を否認し、可能的なものと共可能的なものの論理に基づき、過つことなく最善を選択したはずの神の叡知と善性を確信するライプニッツ。そしてとりわけ、機械論によって自然の世界から目的因を締め出し、魂と身体との関係を説明不可能なものとしたデカルトの二元論を斥け、神の作品としての建築術的な合目的性のもとで、すべてが秩序づけられ互いを表出し合っているモナド論的宇宙を構想するライプニッツ。こうしたベラヴァルによる「ライプニッツ主義の特定化」は、デカルトのテクストを入念に読み返しつつデカルトその人を越えていこうとしたライプニッツの思考を、きわめて生き生きと私たちに伝えてくれている。

しかし、同時に印象的なのは、ベラヴァルが両者のテクストの間を絶えず行きつ戻りつしながら、たんにライプニッツがデカルトに対して向けた批判だけではなく、デカルトの思考をも、あたかもそれがライプニッツへの応答であるかのように、二人が向き合っていた時代の問題群とともに鮮やかに甦らせていることである。結果的に私たち読者は、ほぼ半世紀の隔たりゆえに実際には交流することの叶わなかった二人の同じ世紀の天才の、仮想的な「対話」が行われているかのような錯覚にときとして誘われることになる。[*7] これもまたベラヴァルの言う「真の意味での比較的方法を彼らに対して適用」した成果であり（上巻一五頁）、その点が本書の最大の魅力を形づくっていると言うことができよう。

かくして、本書はライプニッツ哲学研究であると同時に、まさにそのことゆえにデカルト哲学研究の書でもあることになった。では、そこで描き出されているデカルト哲学に関しては、いったいどのような特徴が指摘できるであろうか。

2　ベラヴァルのデカルト

フランスにおけるデカルト研究の歴史において、ベラヴァルが本書を世に問う直前の一九五〇年代と言えば、折しもその後のデカルト研究に多大な影響を与えることになった二つの決定的な解釈が登場した時期であった。すなわち、アルキエの『デカルトにおける人間の形而上学的発見』と、ゲルーの『諸理由の順序によるデカルト』がそれである。一方のアルキエがデカルトの諸著作を年代順に読み解いていくことで、デカルト哲学における自然科学的認識の次元と形而上学的経験の次元とを峻別しつつ、前者から後者へのデカルトの思想的進展と深化を強調したのに対して、ゲルーの方は、考察対象をデカルトの『省察』に限定した上で、哲学的テクストの解釈は当のテクストそのものに内在する論理構造を明らかにするものでなければならないとする厳格な方法論的立場から、『省察』における論証構造の徹底的な解明を、精緻かつ鋭利な分析により遂行したのだった。アルキエによる歴史主義的な観点からのデカルトの思想的発展の三段階の区別や、「コギト」によって切り開かれた「存在論的な経験」を重視する人間論的、あるいは実存主義的な解釈は、その後のデカルト解釈に決定的な影響を与えることになったし、他方のゲルーが提起したテクスト解釈に関する厳格な方法論的要請は、たんにその後の『省察』およびデカルト解釈への甚大な影響のみならず、広く哲学史研究一般に対して、恣意的な歴史的文脈への言及や心理主義的分析を持ち込むことなく、テクストそのものに内在する論理構造を解明することへの強烈な動機づけを与えるものであった。*8 ベラヴァルがこうした当時のデカルト解釈の動向に無関心なまま本書に取り組んだとはとても考えられない。

実際、以上のような解釈史の文脈に置き戻して「ベラヴァルのデカルト」を振り返ってみるならば、そこには上記の二つの解釈に対して明確なオルタナティヴを提起しようとする企図を読み取ることができる。繰り返しになるが、ベラヴァルは「当時のものの見方の中で、ライプニッツがデカルトに対して向けた視線へと至」ることを目指していた。すなわち、十七世紀の同時代人であったライプニッツの視線の先にあったデカルト哲学こそが、本書のもう一つの主題なのである。したがって、自らの比較研究の方法が「一人の大哲学者がもう一人の大哲学者について下した判断を根拠とする、という利点」を有し、「十七世紀の一人の人間による読解」は「自らが向かい合っていた哲学についてのわれわれの考えに歴史的修正をもたらすことを約束してくれた」とベラヴァルが自負するとき（上巻一四―一五頁）、その「利点」とはもちろんデカルト読解における「利点」ということであり、「歴史的修正」とは二十世紀のデカルト解釈に対する「修正」に他ならなかったはずである。では、その「修正」の内容はどのようなものだったのだろうか。

まず問題視されているのは、たとえばアルキエの解釈や彼以降その影響下から生まれた解釈のように、デカルトの形而上学と科学的諸研究とを異なる次元にあるものとして区別した上で、とりわけ「コギト」の形而上学をデカルト哲学の核心とみなすような解釈である。ベラヴァルは、十七世紀におけるデカルト主義とは何よりもまず新たな学知（科学）を築き上げるための方法であり、神学から解放された哲学であり、機械論的自然学であった、という点を強調している（上巻七頁）。「コギト」は当時、あくまで方法論的な文脈のもとで取り上げられ、議論されており、自然学を中心とするデカルトの科学的な業績から切り離された「コギト」の形而上学（あるいは主観性の形而上学）がデカルト哲学の核心とみなされるようになったのはカント以降のこと、つまり、哲学者が自然的世界についての認識を科学者の手に委ね、当の科学的認識の成立や妥当性を問題とする認識論が哲学の主要な仕事になってからのことにすぎない（上巻一一―一三頁）。言い換えれば、『方法序説』をその『（科学的）三試論』（『屈折光学』、『気象学』、『幾何学』）から切り離して読むことも、『省察』を特権的な著作として形而上学だけを重視することも、十七世紀にはおよそ考えられなかったことであり、現代のデカルト解釈が、結果的に『哲学原理』の「仏訳者への手紙」でデカルト自身により示されていた哲学体系についての構想、つまり哲学の全体が、形而上学を根、自然学を幹とし、その幹から出ている主要な枝を医学、機械学、道徳学とする一本の樹に喩えられたことに明確に示されていたパースペクティヴを、歪めてしまっている点をベラヴァルは批判しているのである。すなわち、「自然学も形而上学も、われわれがこれらの名称で呼んでいるものとは違う」のであって、「両者は一方が他方と結びつくかたちでのみ存在」していた、というのである（上巻一〇頁）。

もっとも現代のデカルト研究者から見れば、ベラヴァルのデカルトは、アルキエ以降の解釈が決して無視することのできなくなったデカルトの思想的発展段階をまったくと言っていいほど考慮しておらず、たとえば比較的初期の著作である『規則論』や『世界論』と『省察』以降の著作を、それらが書かれた時期にほとんど配慮せず扱っている点で、すでにデカルト研究としては時代遅れである、と評価されるかもしれない。しかし、ここで改めて銘記しておくべきなのは、ベラヴァルが依拠しようとしたのは十七世紀の同時代人ライプニッツによるデカルトの読解であった、という点である。すなわち、当時の同じ問題群に向き合っていたライプニッツが、デカルトの思想的発展段階に配慮し、その哲学を「解釈」しようとしてデカルトのテクストを読んだとはおよそ考えられない以上、ベラヴァルのテクストの扱い方は、少なくとも彼自身が立てた方法論的原則には忠実に従ったものであり、またそうである限り、ライプニッツの視点から十七世紀におけるデカルト主義の特徴として取り出された内容が、ときにアルキエやゲルーの解釈と際立った対照を示すのも、当然と言えば当然だったのである。

さて、そうするとライプニッツがほとんど引用しなかった『省察』に考察対象を限定し、そのテクストの内在的な構造分析に徹したゲルーのデカルト解釈との対立もまた自明ということになるだろうか。確かに、たとえば『省察』本文では直接言及されることがなかったためにゲルーが重要性を認めなかった「永遠真理創造説」に、ベラヴァルはライプニッツの批判の主要な論点としてしばしば言及し、この説こそは「デカルトが自らに課した真理の規則の帰結」であり、彼の「制限された独断論」にとって「不可欠の部分」をなしていた、と強調している（上巻六八―六九頁）。しかし他方で、本書ではアルキエへの言及はほとんどないのに対して、ゲルーの著作はかなり頻繁に引用され、しかもその解釈は多くの場合にむしろ肯定的に活用されているのである。この事実が示唆しているのは、両者の対立というよりはむしろ近さの方であろう。その理由はいったいどの辺にあると考えられるだろうか。

ここで直ちに思い当たるのは、なるほど『省察』というテクストだけに考察範囲を限定し、その内在的な論理を明らかにするために、歴史的文脈の考察や心理的分析はもちろんのこと、他の著作を利用することすら自らに禁じるというゲルーのきわめて厳格かつ禁欲的な方法論は、当然そのままベラヴァルの採るところではなかったにしても、しかし、あくまでもテクストそのものを読み込むことによって、そこから浮かび上がる論理や思考の再構成あるいは再発見に徹しようとする方向性は、実は両者に共通していた、ということである。実際、常識的に考えるならば歴史的な研究では必ず重視されてもよいように思われる発展史的・形成史的な観点に、ベラヴァルはすでに触れたようにほとんど配慮していないように見える。また、本書の「結論」では、心理学的な分析や歴史的文脈の考察が、ライプニッツのデカルト批判を理解するために一定の役割は果たすことを認めつつも、しかしそれ以上に重要なのは、「心理学の観点からでも歴史の観点からでもなく、哲学の観点から」体系全体の連関を理解することである、とも断じている（下巻五五九—五六二頁）。こうした心理主義や歴史主義への批判あるいは懐疑と表裏一体をなした、いわばテクスト中心主義的な解釈方針に関する限り、ベラヴァルはむしろゲルーにきわめて近い立場を採用していたと考えられる。

とはいえ、もちろん『省察』というただ一つのテクストに沈潜してその内部構造を取りだそうとしたゲルーの解釈方針と、デカルトとライプニッツのほとんど利用可能な限りのあらゆるテクストを縦横無尽に参照し、それらを読み解く中から両者の哲学体系のいわば構造的差異を自ずと浮き彫りにしようとするベラヴァルの手法は、やはりきわめて対照的であり、仮にゲルーの解釈態度が優れてデカルト的と評し得るとするならば、ベラヴァルのスタイルはそれ自体がまさにライプニッツ的であるとも言えるだろう。

しかし、それでいながらベラヴァルのデカルトは、ときにそれを批判するライプニッツをしのぐほどの生彩を放っている。あの方法的懐疑に始まり神の存在証明から外界の存在証明へと至る形而上学的な省察の歩みの中にいるデカルトはもちろんのこと、数学が有する確実性の中から新たな学問構築の方法を取りだそうとする『規則論』のデカルト、幾何学や代数の斬新な解法を案出しつつも「無限」についての分析を注意深く避けていくデカルト、自ら実験や解剖を行いつつ機械論的な自然についての独創的な仮説を考案していくデカルト。それを逐一批判していくライプニッツのテクストばかりではなく、同時代の実に多彩なテクストが織り成すポリフォニーの中で、ベラヴァルが再現していくデカルトの力強い思考の緊迫感と躍動感は、確かに「人類の英雄」（下巻五六五頁）と評されるにふさわしく魅力的である。実際、どう考えてみても「ライプニッツ主義者」であったはずのベラヴァルにとってさえ、やはり十七世紀は「デカルトの世紀」であり（上巻一九頁）、「デカルト革命」（同一三八頁）の時代だったのである。だが、十七世紀はまたライプニッツの世紀でもあったのではないのだろうか。最後に、ベラヴァルとライプニッツにとっての十七世紀について考えてみたい。

3　ベラヴァルの、あるいはライプニッツの十七世紀

「デカルトとライプニッツ、そして十七世紀のいずれに対しても忠実であろうとして、私はこの研究が目指す方向を、形而上学との結びつきにおける方法と世界観とに定めねばならなかった」（上巻一二頁）。ベラヴァルはこのように述べて、本書の第三の主題が他ならぬ十七世紀という時代そのものであったことを明確にしている。ところで、改めて考えてみるならば、哲学研究や思想研究は対象とする哲学者や思想家を必ず彼ら自身の時代の文脈と枠組みの中でのみ読解し、解釈しなければならない、というわけではない。それはあくまでも研究の手法と目的の選択の問題であろう。ベラヴァルは「それぞれの世紀にはその言語があり、その世紀のものではない言語で問い質すことは間違いである」と書いているが（下巻五六四頁）、この主張を逆から見れば、本書でデカルトとライプニッツの、さらには同時代のさまざまなテクストを比較参照しながら読み解いていくことで彼が再発見しようとしたのは、二人の哲学者たち自身の視点

と思考であると同時に、まさに十七世紀という「人間精神の歴史における決定的な時代」(上巻一五頁)の精神そのものであった、とも言えるであろう。あるいはむしろ、デカルトとライプニッツの読解が十七世紀という時代を理解するための手段として選択されていた、とさえ見なし得るかもしれない。実際、ベラヴァルは次のようにも述べているからである。「この探究は、もっぱらデカルトとライプニッツとに関わりながら、形而上学から始めて、方法の精神、数学的モデル、哲学的世界観を、彼らが抱き得たとおりに再発見しようと努めることになるであろう。これら三者は、後に続く時代との対比において、方法と数学的理念の世紀と呼ばれるにふさわしい世紀の特徴をなす問題群である」(同上)。

ところで、このように再発見された十七世紀の特徴が、基本的にはデカルト哲学によって規定されていることは明らかであろう。それは、すでに見たように本書における「ライプニッツ主義の特定化」が「デカルト主義の側から」なされていた以上、当然の帰結とも言えようし、十七世紀を「デカルトの世紀」と呼び、「デカルト革命」の時代と規定することも、決して間違ってはいないだろう[*9]。何と言ってもデカルトこそが、幾何学と代数を媒介する解析幾何学によって彼の世紀における数学の劇的な発展を促し、物質を幾何学化することによって機械論的自然学の最初のモデルを考案したのだから。その結果、同時代の他の誰にもまして「新しい科学的精神の発展に寄与し」(上巻一九頁)、旧来のアリストテレス主義的な学問観や世界観を打ち壊し、哲学を神学から解放したのだから。

しかしまた他方で、デカルトと彼を批判するライプニッツとの対比の中からベラヴァルが取りだした十七世紀の特徴は、「後に続く時代」つまりは十八世紀との対比によっても規定されている。とりわけ第三部の「世界観」においては、二人の哲学者が「ニュートン以前」の時代に属していたことが強調され、彼らがたんに現象のうちに見いだされる法則性の定式化には止まらずに、依然として形而上学と一体化された自然学の構想を追い求めていた点や、数学のア・プリオリな演繹を確実な学知のモデルと見なして、計測や実験の意義を捉え損ねていた点が、ニュートン以降に展開される自然科学との対比から、きわめて十七世紀的な特徴として指摘されている。また、第四章「デカルトの幾何学主義とライプニッツの算術主義」および第五章「代数幾何学と無限小算法」では、デカルトとライプニッツそれぞれが同時代の数学の発展に寄与したその内実に即して、二人の論理と思考の差異と対立が精緻に再現、分析されており、現代の自然科学へと通じる数学的自然学がまさに立ち上げられた時代の、自然学とそのツールとしての数学の革新者であった二人の哲学者のテクストの詳細な解読は、本書の際立った特徴をなすとともに、その思想史研究としての古典的意義を大いに高めていると言えるだろう。

もっとも、本書の題名からもっぱら「哲学史」あるいは「思想史」に特化した書物を期待された読者には、以上のような本書の構成と特徴に表れているベラヴァルの十七世紀という時代に向けられた関心は、あるいは数学史や科学史にやや傾斜し過ぎているとの印象を与えるかもしれない。しかし、繰り返しになるが、それは「デカルトを批判するライプニッツ」という本書の主題そのものによって、ベラヴァルが予め自らに課した制約の結果である。すなわち、形而上学と分かち難く結びついた方法、数学的モデル、哲学的世界観としての自然学、という本書の構成に反映されている十七世紀観は、ライプニッツが批判の眼差しを向けたその先のデカルトあるいはデカルト主義によって限定されていたのであり、それはベラヴァル自身が採用した方法論的前提からの厳密な帰結だったのである。

だが、ここから私たちは、本書で「デカルト革命」の時代として規定された「十七世紀」に対するライプニッツその人の関係が、実はきわめてアンビヴァレントなものであったことにも改めて気づかされる。なぜなら、ライプニッツは一方では、微積分や級数論によって数学を、力の概念や目的論によって自然学を、それぞれ拡張することでデカルトが開始した革命の発展的継承者になったが、他方では、とりわけ本書の第二章「革命と伝統」で鮮やかに示されているように、デカルト哲学の「革命」性それ自体に対する一貫した批判者でもあったからである。その「反革命」的な立ち位置は、たとえばデカルト主義が「神学から解放された哲学」と規定されたときに、もっとも鮮明に浮かび上がるだろう。ベラヴァルが本書の「結論」で引用しているように、ライプニッツは「新哲学の濫用は敬虔を大いに害する」と確信し、「私は哲学者として出発するが、最後は神学者になる」と書いていたのだった（下巻五六一―五六二頁）。自然学に関してベラヴァルは、デカルトとライプニッツの形而上学と一体化した数学的アプリオリズムを念頭におきつつ「二人のいずれもニュートンの世紀には属していない」と評しているが（同五一七頁）、ライプニッツが「信仰と理性の一致」を弁証する『弁神論』を世に問うたのは、実は他ならぬその「ニュートンの世紀」に入ってからのこと、すなわち、デカルトはもとより、ホッブズもスピノザも、ロックも、さらにはベールも、みなそれぞれの流儀で哲学と神学の分離を企てた世紀が、すでに幕を下ろしてからのことだったのである。しかも新しい世紀は、ほどなくしてライプニッツの形而上学に「うんざりさせられ」て（同五五四頁）、リスボンの大震災以降はその「オプティミズム」を嘲笑の的とすることになる。

ここからいったいどのような結論が導けるだろうか。おそらく、ライプニッツの哲学を「十七世紀」という「デカルト革命」の時代の枠組みの中だけで、あるいはもっと言えば「近世」という時代の枠組みの中だけで理解し尽くすことの不可能性である[*10]。これは「ベラヴァルのライプニッツ」を否定することだろうか。むろん、そうではない。くどいようだが、ベラヴァルが本書の主題を「デカルトを批判するライプニッツ」に限定したのは、「ライプニッツ哲学はそれを考察し得る視点の多様性という点でデカルト哲学をはるかに凌駕して」おり、「その完全な概念は到達不可能な一つの理念」にとどまらざるを得ないことを、充分すぎるほどに熟知していたからである（上巻七頁）。すなわち、本書でのライプニッツは、実はベラヴァルがそれを通してデカルトを、そして「デカルトの世紀」としての十七世紀を読み解いた視点そのものだったのであり、ベラヴァルが採用したその視点とは、デカルトが開始した革命に対する批判的総括者としてのライプニッツの視点に他ならなかった。しかし、視点それ自体が、そこから俯瞰されるパースペクティヴの中にくまなくその姿を現すということがあり得ないのは、当然と言えば当然だったのである。*11

最後にもう一度繰り返せば、ベラヴァルは本書で、デカルトとライプニッツをあくまで彼らの時代の「言語」で読み解くことに徹し、両者を十七世紀が直面していた問題群の中で対峙させることを通して、二人の哲学者とその世紀を理解しようと試みた。もちろん、デカルトやライプニッツの哲学を論じるときに、誰もが必ずそうした読解方針に従わなければならない理由などない。哲学的なテクストはつねにあらゆる読み方の前に開かれているからである。しかし、それでもデカルトとライプニッツが「人間精神の歴史における決定的な時代に位置している」ことは動かないであろうし（上巻一五頁）、「二人とも、自然学がまだ哲学の仕事であり得た時期に登場し」、「おそらく、偉大な自然学者にして哲学者でもあった最後の二人である」ことも間違いないだろう（下巻五五二頁）。その「決定的な時代」について、また、当の時代の始まりと終わりにまるで合わせ鏡のように互いを映し合って対峙する二人の偉大な哲学者について、私たちがよりよく理解したいと考えるとき、ベラヴァルの本書は現在でも、そしておそらくはこれからも、必ずや大きな手助けを与えてくれることであろう。

注

＊1 *Leibniz: Initiation à sa philosophie*, Vrin, 1961. 現在も二〇〇五年刊行の第六版が入手可能である。当初、『ライプニッツの思想を知るために』と題されて一九五二年に刊行された（*Pour connaître la pensée de Leibniz*, Bordas, 1952）。

＊2 *Études leibniziennes: De Leibniz à Hegel*, Gallimard, 1976. 一九九三年には同書店の Collection TEL 叢書中の一冊として再版されている。

＊3 *Leibniz: De l'âge classique aux Lumières: Lectures Leibniziennes*, présentées par M. Fichant, Beauchesne, 1995. ベラヴァルの死後、M・フィシャンにより編纂された論文集。

＊4 ベラヴァルは、L・ブランシュヴィックによる次のような指摘を引用している。「ライプニッツ哲学の「完全な概念」は歴史家にとって、せいぜいそれに向かって徐々に近づいていくことが期待できるにすぎない一つの理念であるばかりではなく、研究の進展が妨げられることのないように「パースペクティヴの中心」を決定することこそが、すべてのライプニッツ研究にとっての先決問題なのである」（上巻原注四頁）。

＊5 なお、現在までのライプニッツ研究史における重要な文献や解釈については、たとえば、酒井潔・佐々木能章編『ライプニッツを学ぶ人のために』（世界思想社、二〇〇九年）の「第Ⅱ部 資料編3 研究文献案内」が参考になる。

＊6 ライプニッツの知的関心と業績の広範さについて現在の研究状況から俯瞰するには、酒井潔・佐々木能章・長綱啓典編『ライプニッツ読本』法政大学出版局、二〇一二年、が有益である。

＊7 ベラヴァル自身も「二人の対話」という表現を用いている（上巻一五頁）。ホッブズに手紙を送り、スピノザとは会談し、マルブランシュと親しく交わり、ベールとはたびたび手紙をやりとりしたライプニッツであったが、デカルトがスウェーデンで客死したときはまだ三歳であった。ロックとの仮想的対話とも言える『人間知性新論』で、ライプニッツが「デカルト氏があと五十年長生き」してくれたら、と書いた一節を、ベラヴァル

は引用している（下巻五四六頁）。

＊8　アルキエとゲルー両者の解釈の特徴、およびその後のデカルト研究への影響については、小林道夫「現代フランスにおけるデカルト研究の諸問題」『理想』第五八九号、理想社、一九八二年、六六—八二頁、および、「現代フランスにおけるデカルト研究の状況」『思想』八六九号、岩波書店、一九九六年、二七一—二八三頁、を参照した。また、デカルト研究会編『現代デカルト論集Ⅰ　フランス篇』勁草書房、一九九六年、には、アルキエやゲルーの論文も含め、それ以降の研究史における重要論文が精選されており、同論集の『Ⅱ　英米篇』、『Ⅲ　日本篇』と併せ、二十世紀におけるデカルト研究の成果を通覧する上で有益である。

＊9　ちなみに、中央公論新社から刊行されている『哲学の歴史』シリーズで十七世紀を扱った第五巻のタイトルも『デカルト革命』となっている（小林道夫責任編集、二〇〇七年）。

＊10　「ライプニッツは千年単位の天才、カントは百年単位の天才」という、坂部恵がライプニッツを評した言葉をここで想起しておきたい（『ヨーロッパ精神史入門——カロリング・ルネサンスの残光』岩波書店、一九九七年、九六頁）。坂部はこのように述べることで、ライプニッツを評価する準拠枠としては、たんに十七世紀どころか、カント的な「近代」という枠組みをもってしてもまったく不充分であることを指摘していた。坂部のそうしたライプニッツ観については、次の拙稿で論じたことがある。「坂部哲学の中のライプニッツ」『別冊水声通信　坂部恵——精神史の水脈を汲む』水声社、二〇一一年、二一五—二二五頁。

＊11　なお、ベラヴァルは本書以降に刊行された『ライプニッツ研究——ライプニッツからヘーゲルへ』や『ライプニッツ——古典主義時代から啓蒙へ』に所載の諸論文においては、ライプニッツとの「比較研究」の範囲を、デカルトやスピノザといった十七世紀の哲学者だけではなく、プラトンからルネサンス人文主義、啓蒙の哲学者たちからカント、ヘーゲルへと、大きく広げていることも付け加えておく。

［解説2］

ライプニッツのコギト批判

岡部　英男

〈コギト・エルゴ・スム〉、デカルトのこの命題によって近代哲学は幕を開ける。デカルトはここから自らの形而上学を展開し、デカルトに続く者たちもこの基礎の上に主観性の哲学を繰り広げることになる。コギト（思考する「私」の存在）がすべての出発点であり、その「私」の本質が「思考すること」であって、この真理を導き出す手続きが方法的懐疑と呼ばれる。哲学史の中などではライプニッツも近代合理主義の中に位置づけられたりもするが、ベラヴァルが詳細に論じているように、ライプニッツは単純にデカルトに従っているのではない。

ライプニッツのこれに対する批判は、コギトは唯一の真理ではないこと、そしてそれを導き出す懐疑という手続きは絶対の確実性などない「道化芝居」にすぎないこと、ほぼこの二点に要約できるだろう。ライプニッツの手稿には、以下のような文章がある。

デカルト氏はまるで、人々を引きつけて治療薬を売りつけるために人前で芝居を行う山師〔ペテン師〕（charlatans）のように振る舞ったが、そこで見せられるのは道化芝居（bouffonneries）やその他の風変わりな事柄である。*1

「道化芝居」とはずいぶんな言い方だが、これは何を意味しているのだろうか。ライプニッツは通常こうした言い方を用いたりはしない。ゲルハルト版哲学著作集に「道化芝居」という語は一度も登場せず、『デカルトの原理の一般的部分に対する批評』では、デカルトの懐疑は「仮構〔虚構〕（fictio）」と穏当な言い方に代えられている。「疑わしいものを偽と見なすことにどんな利点があるのか、私には分からない。それは先入観から解放されることではなくて、それを変えてしまうだけである。ただ単に仮構として解されているとしても、それを濫用すべきではないだろう」（G, IV, 355f.）。「道化芝居」などという言い方を随所でしていたら、当然デカルト派からの総攻撃に遭っていたであろうから、それを隠していたのかもしれない。だが、たとえその語がボーデマン（編）の『手稿集』に一度しか登場しないとしても、ベラヴァルも本書で指摘しているように（上巻二一二頁）、ライプニッツがデカルトの懐疑に対して感じていた違和感を見て取ることができよう。では、それはどのようなものなのか。

1　デカルトの懐疑とホッブズの仮説

デカルトは疑うことのできない確実な学知を求め、それを見出すためにいったんすべてを疑ってみることから始める。まず、感覚を通じて学ぶものを疑い、感覚はときには誤りに導くこともあるし、感覚が示すものは夢や幻覚との違いを明確にできないとして、それらを排除する。次に、数学的推論の確実さを疑い、邪悪な霊によって欺かれているかもしれないとして、それさえも排除する。そして、自分を欺く者があるとしても、自分の存在がなければ欺くことさえできず、そのように疑っている「私」の存在は疑い得ないとした。デカルトは、外界の事物、自分のもつ観念・表象・記憶、そしてそれらを表示する言葉や記号を排除した。

デカルトの懐疑の特異性を明らかにするために、ホッブズの「世界消去の仮説」と比較してみよう。ライプニッツにとってホッブズは、記号・言語論や思考を直観ではなく推論とみなす考え方など、多くの影響を与えた存在である。ホッブズはデカルトが亡くなった五年後に、『哲学原論』の第一部『物体論』を公刊し、その中で一見デカルトの方法的懐疑にも似た議論を展開している。ザルカによれば[*2]、ホッブズの形而上学は『物体論』の次の言葉で始まる。「自然に関する学説の端緒は、……除去（privatio）によって、すなわち、世界が消去〔無化〕されたと仮構してみることによって最も良く把握されるであろう」（『物体論』第二部第七章一）[*3]。思考している自分に現れている表象以外何も存在しないと考えてみるという仮定である。これはコギトの特権性を示すものなどではなく、表象の独立宣言であり、言葉による存在と、事物の存在との分離である。「私が認知能力によって意味しているものを理解するためには、われわれの外なる事物のある種の像や概念がわれわれの精神のうちに連続的に存していることを想起し認めなければならない。ある人が生きていて世界の他のすべてが消滅したとしても、彼はそれでもなお、彼がそれ以前に見たり知覚したりしたすべての事物の像を保持するであろう。誰もが、事物の不在や破壊をひとたび想像しても、だからといって想像力自体の不在や破壊が帰結しないことを、自分自身の経験によって知っている。われわれの外なる事物の性質のこうした像や表象は、われわれがそれら事物の概念、想像、観念、認知、認識と呼ぶものである」（『人間本性』第一章第七節）[*4]。ホッブズの「私」には、像や観念、表象が残っているし、それらを保持し記憶するための道具（符号）も残っている。ということは、現在の私には、過去の私も他者も表象という形で存続しており、それらを結びつける符号も存続していることになる。

ホッブズは言語を二種類に分け、現在の自分の意思を他人に伝えるための共通の公共言語を記号（signum）と呼び、思考が絶えず変化するために忘れやすい自分の思考を固定し記憶するための個人的な徴を符号（nota）と呼んで、前者よりも後者が基本的であるとしている（『物体論』第一部第二章一—二）[*5]が、記憶のための徴としての符号も、何かの代わりとなって表示することによって過去の私と現在の私を結びつける徴であり、現在の私にとって過去の私がもう一人の他者と理解するならば、共通言語としての記号と同じ働きをするとも考えられる。ライプニッツもこうした考え方を基本的に踏襲している（『人間知性新論』第三部第九章、A, VI–1, p. 278, A, VI–2, p. 247, 500 など）。

それに対して、デカルトはそれら一切を切り捨てる。疑っている「私」には、過去の私も表象や観念も他者も、それらを喚起する徴としての符号も記号も残っていないはずである。だが、個々の観念や表象の内容を疑うことと観念や表象の存在そのものを疑うことは別であるはずなのだが、どうして観念や表象の存在そのものを疑うことができるのか。ホッブズやライプニッツならこうデカルトに問うだろう。デカルトの議論には誤魔化しやすり替えがあるのだろうか。

2　意識と記憶

デカルトは、こうした「私」の存在を発見する働きを意識（*consience*）という語によって表現した。この語はもともとは、道徳意識・良心・共知などの、文字どおり「共に知る（con-sience）」という意味で古くから使われていた言葉であったが、デカルトはその語を認識論的な「意識」という新たな意味で用いた。*6疑っている私の働きと、それに気づいている私の働きは一体であって、そこに隔たりはない。どこが革新的なのかというと、意識という語こそなかったものの、ソクラテス以来、「自知」という問題は古くからのものであって、「知られる側の私」と「それを知る側の私」は別物で、両者の間には分裂・隔たりがある、というのが通常の理解であったのに対して、デカルトはそれらを一なる働きとしたからである。

これに対してはすぐに疑問が提出された。例えばビュルマンはこう反論している。「意識するとは思考することである以上、どのように意識することができるのか。あなたが意識していると考えるためには、すでにあなたは別の思考に移っており、したがって以前考えていたことをもはや考えておらず、だから、あなたは自分が考えていることを意識するのではなくて、自分が考えたということを意識するのである」（AT, V, p. 149）。これに対してデカルトは、「意識するということは、確かに、思考しかつその思考について反省することである。しかし、この反省は先の思考が存続している限り生じ得ないというのは間違いである。……魂は同時に多くのものを思考することができ、……自分の思考について意識することができるからである」（*ibid.*）、と答えている。思考と、それについての意識との同時性・一体性こそが、デカルトの意識概念の特異性である。

ミッシェル・アンリは、デカルトのコギトの究極の定式を、「見ていると私に思われる（videre videor）」（『第二省察』A.T. VII, p. 29,『哲学原理』第一部第九節、など）という命題にあると見なし、それを自己触発と呼んでいる。*7疑っている〔見ている〕私以外の一切を排除してしまったのだから、自己触発としか言えない。「見ている（video）と私に思われる（videor）」と、デカルトはなぜ受動態を使うのだろうか。「私とは何であるか」という問いに答えるためには、「私とは〜である」という形で、言語が介入し、「私」を対象化して答えざるを得ない。すると、そのように考えている「私」とは何か、という次の問いが出てきてしまい、これが際限なく続くことにもなりかねない。すべてを「私」から始めるためには、プラトンの「第三人間論」にも似た、「……を見ている私、を見ている私、を見ている私……」という、無限遡行する自己言及のアポリアを避け、主体と対象に分裂する以前の直接性を表さなければならない。まさにそのために、デカルトは「私に思われる〔見られる〕(videor)」と受動態を使ったのではないだろうか。だが同時にそれによって、「見ている私」は、私ではない何かに出会っているのではないのか。「私」に伴う受動性に気づきながらもデカルトはそれを切り捨て、対話の可能性を自ら封じてしまったのではないのか。デカルトの意識には「私」と対象、「私」と「あなた」の相互性が欠けている。*8

デカルトは何を恐れているのか、おそらくライプニッツはそう感じたのではないか。思考している私と、それに気づいている私の分裂・隔たりは、そしてそれが継続した無限遡行は、何ら不都合なものではなく、そこにこそ意識の本質が現れているからである。「精神のつぎのような働きは、私にはきわめてすばらしく思われる。すなわちそれは、私が自分が思考していると思考するときであり、自分の思考の真ん中で自分の思考について思考していると自分が気づくときであり、反省のこうした三重化に少し後で私が驚く時である。次に私は自分が驚いていることに気づき、ある意味でこの驚きに驚く。そして一つの観照にとどまると、私はいわば交互に、ますます自分自身へと還帰し、自分の思考によって自分の精神をしばしば高めるのである」*9。

ライプニッツにとって意識とは、初期から晩年に至るまで、一種の記憶であるとして一貫している。「現在のもしくは直接的な記憶、すなわち直前に過ぎ去っていったものについての記憶、言い換えれば……意識ないし反省」（『人間知性新論』第二部第二七章第一三節）という考え方は、既に一六七六年の草稿に現れている。「われわれ精神のなかには、ある特有のものとして、自己知覚ないし自己感覚がある。これはいつもわれわれのなかにある。なぜなら、われわれが言葉を使う度ごとに、われわれはそれに気づくからである。われわれは望む度に、自分の思考を知覚するのに気づく。すなわち、自分が少し前に思考したことに気づくのである。したがって、知的な記憶が存するのは、われわれが何を知覚したかにではなく、われわれが知覚したという事実のうちである。……私が反省について連続的に反省しつつ、長い間自分自身について考え反省するとき、いわば一種の驚きがあり、この相互作用に驚嘆する。この自己感覚はつねに存在しているようである。なぜなら、すぐ後に、知覚したのは自分だと気づくからである」[*10]。思考している私、を思考している私……という無限遡行も、いわば一つの記号として捉え、「私」または「自我」という言葉で表現することによって、自己意識の複雑な働きを記号的に認識すれば、ちょうど、3.14……という円周率をπという記号で表現する場合と同様に、ライプニッツにとっては何ら問題はない。「人びとは自分自身や他人と、ある時は無言で、ある時は声で、ある時は書かれたもので、またある時はうなずきや他の合図〔記号〕で対話している。……私が自分自身に語るときはいつも、私は、これやあれ、すなわち自分の感じているものを意識しているという命題を認めなければならない」（『思考の要素について』A, VI-3, pp. 506f.）。ライプニッツにとって、「私」のなかにはつねに記号があるからである。

3　ライプニッツのコギト理解

デカルトの第一真理〈コギト・エルゴ・スム〉をライプニッツはどう理解しているのか。それについてのまとまった記述はないものの、随所でそれには触れられている。例えば『人間知性新論』ではこう述べられている。

「私は現実存在する（j'existe）」ということの命題は、他のいかなる命題によっても証明され得ない命題すなわち直接的真理なので、究極的な明証性をもっていると言うことができる。そして、「私は思考する、ゆえに、私はある（je pense, donc je suis）」と言うことは、厳密にいえば思考によって現実存在を証明することではない。「思考している（penser）」と「思考しつつある（estre pensant）」は同じことであるからだ。「思考しつつ私はある（je suis pensant）」と言うことは、「私はある（je suis）」とすでに言っているのである。……それは、事実の命題・直接的経験に基づく命題であって、必然性が諸観念の直接的一致のうちに見られるような、必然的命題ではない。反対に、「私（Moy）」と「現実存在（l'Existence）」という二つの名辞〔項〕がどのように結びついているのか、言い換えれば、なぜ私が現実存在するのかを見るのは神のみである。（『人間知性新論』第四部第七章第七節）

「私は思考する、ゆえに、私はある」というデカルトの命題は、「思考しつつ私はある」と言っているにすぎない、というライプニッツの理解は、スピノザのコギト理解[*11]と同様のものである。「思考しつつ私はある」ということは、思考することによって、そしてそれに気づいていることによって、私は私の存在に気づいているということである。だから、意識は「私」の存在を教えるのであって、「私」の本質を教えるのではない。ライプニッツは、「私たちは、私たちの存在を直観〔的思考〕によって認識する」（『人間知性新論』第四部第九章第二節）ことには同感する。「……知性とその対象の間に直接性があるのだから、証明することはできず、直接的と呼ぶことができる」(同所)。それは、「意識の直接性のために直接的であるような内的経験である」(同書、第四部第二章第一節)。ライプニッツも意識の直接性を把握していたことは、デカルトのコギトを、「思考しつつ私はある」とライプニッツが述べていたことにも見て取れる。「思考しつつ(pensant)」という現在分詞は、「私はある(Je suis)」との同時性を表しているからである。

こうした意識の直接性は既に早くから見られ、一六七二年の『無限算へのアプローチ』で触れられている。「私が感覚していることが私によって感じられている(me a me sentiri sentientem)、すなわち、私が感覚していることが直接に、言い換えれば、媒介なしに感じられている……事実、私と私の間には、すなわち精神の内には、媒介は何ら存在しない。……感覚しつつ私はある(ego sum sentiens)。……したがってまた私は、感覚している私が存在する(sentiens ego sum)と気づくのである」(『無限算へのアプローチ』A. II-1, p. 227) ここには、私の存在が感じられている〔意識されている〕(sentiri)と、デカルトと同じく受動態が使われている。

だが、私の存在の発見ではなく、私の本質が問題になるとき、デカルトとライプニッツの間には違いが生まれる。デカルトは意識によって「私」の存在を発見したあと、懐疑を封印する。方向を転じて、「私」が何であるのかを確定することへと向かう。物体的像や記憶、感覚と想像力が排除された結果、「私とは思考するもの以外の何ものでもない、……言い換えれば、精神(mens)、すなわち魂(animus)、知性(intellectus)、理性(ratio)に他ならない」(AT, VII,27)、といったんは結論づける。だが、「それらはいずれも、いままで私がその意味を知らなかった言葉である」(*ibid.*)とされ、使い古された伝統的な言葉では正確に言い表すことができないとして、「私は真なるもの、真に存在するもの、……思考するものである」(*ibid.*)、と結論づけられる。

だが、こうした言葉は誰に対して向けられたものなのか。コギトにおいて他者は存在しない以上、他者に現在の自分の意思を伝えるための公共言語（ホッブズやライプニッツの記号）でもないし、過去の自分は存在しないのだから、過去の自分と現在の自分を繋げる記憶のための言葉（ホッブズやライプニッツの符号）でもない。言ってみれば、究極の私的言語とも言える。もちろん、デカルトは言語に無批判的であったのだから、後の基準を当てはめても仕方ないとも言えるし、あるいはヒンティッカのように、コギトを行為遂行的[*12]と捉え直すこともできるだろう。だが、記号も懐疑の対象であったのだから、「私は思考するもの」と言うことに正当性はあるのだろうか。もしも懐疑をさらに続け、思考していることさえも疑うならば、「私は私である」としか言えないのかもしれない。「私が考える（Cogito）は、私は言う（for）、ということしか言わないのである……「私はある、私は存在する、というこの命題は、私がこれを言明する度ごとに、あるいはこれを私が精神のうちで把握する度に、必然的に真である」……つまり、真理はその言表行為によってこそあるのである。……私は言明する、私はある。私は私と言明する。私は私と言明しつつある」[*13]。

デカルトは枚挙の方法（あるいは排除の方法）によって確実だと言うだろうが、ライプニッツから見れば、思考と存在との結びつきは、事実の真理・直接的経験に基づく真理であって、必然性が諸観念の直接的一致のうちに見られるような必然的真理ではないし、「私は思考するものである」が正しいとしても、そうした「結果が〔懐疑という〕仮説の真理性を論証するわけではない」（『人間知性新論』第四部第一七章第六節、G, V, p. 466)。

「〈私はある、私は存在する〉というこの命題は、私がこれを言い表す度ごとに、必然的に真である」、とデカルトは言っていた。「われわれ精神のなかには、ある特有のものとして、自己知覚ないし自己感覚がある。これはいつもわれわれのなかにある。なぜなら、われわれが言葉を使う度ごとに、われわれはそれに気づくからである」、とライプニッツは言っていた。だが、両者が言い表す言葉には大きな違いがある。ライプニッツは意識の直接性は認めつつ、自己言及の無限遡行を記号的に解決する。デカルトのように「私」から始めるのではない。いわば「私」という記号から始めるのである。そこには、「私」やモナドという言葉を使う他者も使わない他者も前提されている。

デカルトの直観には盲目的思考が取って代わる。確かに、「私とは何かを理解するには、私は自分が思考する実体であると自覚するだけでは足りない。私を他のすべての可能的な精神から区別するものを判明に考えなければならないであろうが、私はそれについて混乱した経験しかもっていない」（「アルノー宛」一六八六年六／七月、G, II, 52f.）。だが、「私」という言葉を仮定的・記号的に使うことはできるのである。確かに、「思考とは、人間の知性の可感的質であるか、あるいは、思考していることにわれわれが気づいていても私はそれが何か知らない、そうしたわれわれの内なるものの可感的質であるが、思考すること自体が何であるかを、白が何であるかとか、延長が何であるかより以上に、われわれは説明できない」（A, 6–1, 286）。だが、「思考」という言葉を仮定的・記号的に使うことはできるのである。

4　懐疑への批判

「私は思考する（Cogito）」だけが唯一の根源的な真理なのではなく、「様々なものが私によって思考されている（varia a me cogitantur）」も同じく根源的な真理である。すべてを懐疑する必要などないし、仮に懐疑を始めても途中でそれを止めて封印する必要もない。ライプニッツはデカルトをこう批判する。デカルトは懐疑によって他者の存在を排除しておいて、コギトによって「私」の存在を発見したあと、他者を再び見出す必要に迫られる。だが、デカルトが見出したのは本当に他者なのか。それは機械の中の幽霊にすぎないのではないのか。このことは、デカルトが動物を自動機械と呼んでいることに見て取れる。「獣が自動機械にすぎないと証明するデカルト派のやり方は、自分以外のすべての人間もまた単なる自動機械だと言うような人を、正当化さえしてしまうことである」(『ベール氏の歴史批評辞典第二版に含まれた省察への答弁』G. IV, p. 559)。他者は説明できないからこそ他者なのであって、他者の存在は私の存在と同じく前提である。疑う必要のないものを疑っておいて、否定する必要のないものを否定しておいて、再び見出すというのは、道化芝居以外の何ものでもないであろう。

「方法的懐疑」をライプニッツは一種の演劇として捉えた。しかも、観客は高みの見物を決め込むことはできず、観客自らが舞台へと上がって演者となるような演劇である。しかも、ストーリーはすでにできあがっていて、作者デカルトの指図通りに進んでいくように、観客は自ら一人芝居を演じる。そしてその結果としてデカルトの真理が伝授される。それまでの知識や常識を一切捨てさせ、「コギト・エルゴ・スム」というデカルトの新しい真理を伝授する、いわば秘儀を伝授する儀式のように、セクト主義を嫌うライプニッツには映ったのかもしれない。今風の言い方をすれば、狂信的考えを吹き込むカルト集団のイニシエーションさながらのものと映ったのかもしれない。だが、ライプニッツは演者にはならず、外からの観客に止まろうとする。デカルトの懐疑という手続きは、デカルト主義者を育成しもう一人のデカルトを獲得するプロセス、「私」を「われわれ」へと拡張する手続きと考えることもできるかもしれない。

デカルトの懐疑はその後、既成事実として既に確立され改めて問題にする必要がないかのように、静かにフェード・アウトしていった。デカルトはあくまで「私」から出発し、私の内的経験から出発したが、一人称単数の「私(ego, je)」という表現は、早くもロックになるとほとんど姿を消し、三人称の「自己

（self）」へと姿を変えた。それはさらに、超越論的自我、超越論的主観性へと呼び方を変えていった。もし懐疑を文字通り実行していたら、現象に対しての物自体（カント）などと言えなかったであろうし、自我に対しての非我（フィヒテ）とも言えはしなかったであろう。また、意識にとって他者の存在が不可欠なことにヘーゲルは気づいていた。[*14] 懐疑が現象学的還元という形でもう一度取り上げられるのはフッサールによってであるが、それも結果的に意識の受動性を発見することに帰着した。

むしろ、デカルトが作り上げた独我論的な神話からどのように脱するかが今日的な問題であろう。現代にいたる反デカルト的潮流のなかで、デカルトの懐疑をもっとも明確に否定するのはパースであろう。「われわれは全面的な懐疑から始めることなどできない。われわれは、哲学の研究に足を踏み入れるとき、現実に持っているさまざまな先入観から開始しなければならない。このような先入観を一つの格率で消し去ることなどできない。というのもそれらの先入観が疑われうるものであるという考えに思い至る者など誰一人いないからである。それゆえにこのような最初の段階から疑ってかかる懐疑主義は単なる自己欺瞞に過ぎないであろうし、本当の懐疑ではない。だから、デカルトの方法に従う人であっても、形どおりに放棄したそうした信念が形の上でちゃんと回復されて始めて満足することだろう。それゆえに、それは、ちょうど子午線上を正確に辿ってコンスタンティノープルに到達するために北極まで行くようなもので、無用な準備に他ならないのである。確かにわれわれは、研究の過程において信じることから始めることに疑いを持って然るべき十分な理由を見出すこともあるだろう。しかしそのような場合、われわれは疑うに相応しい積極的な理由も持つからこそ、疑うのであって、デカルトの格率によって疑うのではない。われわれは、哲学において、心から疑ってもいないものを疑う振りをしてはならないのである」。[*15]

ここには、デカルトの懐疑に対してライプニッツが感じていたのと同種の違和感を見て取ることができるだろう。完璧な方法などないし、人間はつねに誤りに陥りかねない。「人間精神の弱さは注意や記憶力の不足から生じるのであり、完全にそれに打ち勝つことはできない。デカルトは救済策を知っているかのように言っているが、無駄なことである。強力な欺く霊や夢と覚醒との区別についてどんな判断に至ろうとも、あらゆる推理は――デカルトの推理も例外なく――それがどれほど堅固で正確なものであっても、つねにそうした懐疑に晒されるであろう」(G, IV, p. 356)。「そうした懐疑」とはデカルトの懐疑ではなく、パースが言う「本当の懐疑」、理由のある懐疑のことに他ならない。ライプニッツから見れば、デカルトのように、人間精神の弱さを隠す必要はないのである。そんなことをしなくても、記号をうまく用いることによって、着実に少しずつ漸進的に知識を拡張することができるからである。

注

*1 E. Bodemann, *Die Leibniz-Handschriften*, 1889 (Nachdr. 1966), p. 52.

*2 Y. Charles Zarka, *La Décision métaphysique de Hobbes*, Paris, 1987, pp. 36ff.

*3 Th. Hobbes, *De Corpore*, ed. par K. Schuhmann, Paris, 1999, p. 75. ホッブズ『物体論』本田裕志訳、京都大学学術出版会、二〇一五年、一一五頁。

*4 Th. Hobbes, *Human Nature*, chap. 1, 7, in *The English Works of Thomas Hobbes*, Vol. 4, pp. 2–3.

*5 『物体論』第一部第二章一―二、*op.cit.* pp. 19–20. 邦訳二七―二八頁。

*6 G. Lewis, *Le Problème de l'inconscient et le cartésianisme*, Paris 1950, 2e éd. 1985, p. 39.

*7 Michel Henry, *Généalogie de la psychanalyse*, Paris, 1985, pp. 24ff. ミシェル・アンリ『精神分析の系譜』山形・上野・宮崎・中・松島・野村・森・池田訳、法政大学出版局、一九九三年、二一四頁以下。高橋哲哉『逆行のロ

ゴス』未來社、一九九二年、一七七頁以下、参照。

＊8 Francis Jacques, *Différence et subjectivité*, Paris, 1982, p. 220.

＊9 G. W. Leibniz, *De Summa rerum, Metaphysical Papers, 1675–1676*, ed. by G. H. R. Parkinson, New Haven, 1992, pp. 72f.

＊10 Leibniz, *Summa Rerum*, pp. 58–61.

＊11 スピノザ『デカルトの哲学原理』畠中尚志訳、岩波文庫、二六頁、山田弘明『デカルト『省察』の研究』創文社、一九九四年、一〇一—一〇二頁、上田閑照『経験と場所』岩波現代文庫、二〇〇七年、六〇—六一頁、参照。

＊12 Jaakko Hintika, "Cogito, Ergo Sum: Inference or Performance ?" in Willis Doney (ed.), *Descartes. A Collection of Critical Essays*, London, 1967, pp. 108ff. ヒンティッカ「コギト・エルゴ・スムは推論か行為遂行か」小沢明也訳、『現代デカルト論集Ⅱ　英米篇』所収、勁草書房、一九九六年、一二頁以下。

＊13 Jean-Luc Nancy, *Ego Sum*, Paris, 1979, p. 121. ジャン＝リュック・ナンシー『エゴ・スム』庄田常勝・三浦要訳、朝日出版社、一九八六年、二一四—二一五頁。

＊14 Francis Jacques, *op. cit.* p. 233, 389.

＊15 J. Buchler (ed.), *Philosophical Writings of Peirce*, New York, 1955, pp. 228–229.（訳文は、ジョン・マーフィー『プラグマティズム入門』高頭直樹訳、勁草書房、二〇一四年、一八—一九頁、を使用させていただいた。）

訳者あとがき

私が本書の翻訳に参加し完成することができたのは、多くの方のご援助とご厚情のおかげである。本書の翻訳に参加する機会を与えていただいたのは谷川多佳子先生によってであり、まず谷川先生に感謝申し上げなければならない。谷川先生には、直接の翻訳から退かれた後も、絶えず進捗状況などについてご心配いただき、M・フィシャン氏の推薦文を依頼・翻訳くださるなど、ご配慮いただいた。厚く御礼申し上げる。ベラヴァルの原著は、一つ一つの文章は比較的短いものの、きわめて凝縮された表現が続く、日本語に訳しにくいものでもあったが、私の拙い訳文を、共訳者の伊豆藏氏によって正確で読みやすいものに直していただいたことにお礼を申し上げたい。古典語については、早稲田大学の兼利琢也氏にご教示いただいたが、ここに記して謝意を表したい。また、法政大学出版局の編集長であった故稲義人氏、編集担当の藤田信行氏、現在の担当の郷間雅俊氏には、訳稿の遅延などでご迷惑をおかけしたことをお詫びするとともに、本訳書実現にご尽力いただいたことに感謝申し上げたい。

岡部英男

＊　＊　＊

この翻訳の分担を最初にお引き受けしてから、すでに三十年近くが経過してしまった。共訳者の岡部氏には、私の遅い仕事に辛抱強くお付き合いくださったばかりか、訳文を丁寧にチェックしてくださり、多くの誤りや見落としを指摘していただいた。心より感謝申し上げる。

ライプニッツやデカルトの引用・参照箇所の翻訳にあたっては、工作舎の『ライプニッツ著作集』、白水社の『デカルト著作集』、最後の段階では知泉書館より刊行中の『デカルト全書簡集』をはじめとして、多くの方々による既存の訳業に大いに助けられた。煩雑になることを懼れて一々お断りすることができなかった点をお詫びするとともに、ここに感謝申し上げたい。

なお、もともと私がこの翻訳の仕事に参加させていただくことになったのは、当時『ライプニッツ著作集』の刊行を準備中であった工作舎の十川治江氏から、著作集の監修者のおひとりであり、私の指導教官でもあった故山本信先生に、ライプニッツについてのよい研究書があればぜひ翻訳を刊行したいとのご相談があり、山本先生からお話をいただいた私がベラヴァルの本書を提案したところ、すでに法政大学出版局での出版計画があることが判明し、十川さんが、せっかくならご一緒にされたら、ということで私を谷川先生、岡部さん、そして稲さんに紹介してくださったことによる。山本先生と稲さんにご覧頂くことは叶わなかったが、お会いするたびに「あの翻訳はどうなっていますか」と気にかけてくださっていた十川さんには、やっと長いあいだの借りがお返しできたような想いである。

最後に、本書がようやく刊行できることになったのは、何といっても三代目の編集担当者となられた郷間氏のおかげである。氏の実に懇切かつ的確なご配慮とお世話がなければ、本書が完成することはなかったに違いない。数々のご心配とご迷惑をおかけしたことをお詫びするとともに、心よりの感謝を申し上げたい。

伊豆藏好美

［解説3］

デカルトからライプニッツへ——直観、真理、自然

谷川多佳子

ミシェル・フィシャンは本書のベラヴァルの仕事について、ジャン・ポーランの言語の概念（言葉と観念という二つの面の一体）とアレクサンドル・コイレの諸観念の歴史のとらえかた（哲学と科学的諸体系が不可分に結びついていた古典主義時代）の影響をあげている。哲学者たちがそこにあった一つの世界の現実そのものを語り、当時生きていた言語で対話させ、哲学者のオリジナリティを見いだすこと。十七世紀のこの時代における二人の哲学者の知的交流と格闘が、綿密で繊細なしかたで私たちに伝わる。こうしたベラヴァルの研究上の視野を振り返り、そして導きの糸としながら、デカルトとライプニッツをつなぐいくつかのテーマをもう一度検討してみたい。ベラヴァルの視点を随所で挿入することにより、本稿が最終的にはライプニッツに力点をおいていくことは否めない。

1　デカルトの直観主義

本書の第一章では、デカルトの直観主義とライプニッツの形式主義という比較の構図が提示される。直観主義と形式主義という名称はまず、二〇世紀の数学基礎論の歴史を思わせるだろう。[*1] 数学の基礎を数学者の直観におく立場は、カントールの集合論に対するかたちでポアンカレなどによっても主張された。[*2] そうした立場の代表的な数学者は、オランダの位相幾何学者ブラウアーである。ブラウアーは、数学的概念とは数学者の精神の産物であり、その存在はその構成によって示されるべきだという立場をとる。そこでは無限集合において、背理法によって非存在の矛盾から存在を示す証明を認めない。無限集合において「排中律」の推論法則は捨てるべきだと主張して、ヒルベルトとのあいだに有名な論争を引き起こした。[*3]

ブラウアーは、数学を言語から切り離す。言語は記憶の補助にすぎない。古代に成立した有限のものを扱う言語において、同一律・矛盾律・排中律・三段論法は、真なる命題から別の真なる命題を導く形式であったが、無限体系を相手にすると問題が生じる。排中律の使用を認めることは、数学の全命題の可解性を認めることになり、無限体系においてその保証はないため、排中律の使用は制限される。直観主義の立場では「構成」された命題のみが意味を持つ。[*4] 言語への不信はデカルトにもみられたが、[*5] ブラウアーの著作集の第一巻『哲学、そして数学の基礎』をみると、そこでは理性を検討したり、超越的存在を想定したりすることはないだろう。[*6] デカルトが数学的直観にもとづく明証を用いるとしても、哲学者として十七世紀的意味での自然学、形而上学を形成することになるだろう。

デカルト哲学の直観主義とは一般的に、デカルトが批判した古典的三段論法のような形式的規則に従い導かれる推論よりも、真理の直観的洞察を優先するといわれるが、デカルトはまず、自らが受けた教育によって次のことを確信するのをベラヴァルは指摘する。「これまで、何らかの確実で明証的な論拠を見いだすことができたのは、ただ数学者のみであった」——自らの精神に「真理を糧とし、誤った論拠には満足しないこと」を習慣づけるべく、「数学者が吟味してきたのと同一の事柄から」始めることになる。学校を出てからのおよそ九年間、「ただそれらのみが誤謬と不確実性を免れている」（『規則論』Ⅱ、A. T. X, 365）算術と幾何学の習熟に努めたのは、そこに発見の技法を見いだすとともに、まだその例を知らなかった理性的確実性を見いだしたからだ（『規則論』X、Ibid., 405）。そして、その確実性は直観のうちに存する。デカルトにとって直観の内容を構成するのは、幾何学や算術の公理に他ならない、とカッシーラーは述べて、ジグヴァルトの次の引用を付け加えている——デカルトの直観は数学的直観である。他方、スピノザの直観は、少なくとも『短論文』の段階では、神秘的直観である。[*7]

直観の連続性は諸理由の順序を要請する。諸理由の順序は数学化されることによって直観的原理となり、諸理由は、もはや、外部の認識可能なもののわれわれのうちにおける諸形相、としてではなく、[*8] われわれの思考相互間の諸関係として、把握される。われわれが考察できるのは、「認識されるべき事物の諸系列であって、その系列中の各々の事物の本性ではない」（『規則論』Ⅵ、A. T. X, 383）。算術と初等幾何学から引き出された教訓をデカルトは、数学全体、自然学、形而上学へ拡張しようとするであろう。[*9]

『幾何学』においてデカルトは、有限量間の比例関係によって代数的には捉えられない、螺旋や円積線のような「超越曲線」にふれている。直線と曲線との間の比は、「知られていないばかりでなく、私の信じるところでは、人間には知りえないものであって、そこから正確で確実なものは何一つ帰結しえないだろう」（『幾何学』、A. T. VI, 412）。ドゥ・ボーヌが提示した対数曲線のような、接点によってその曲線を決定する問題についても、「そうした二つの運動はまったく通約不可能であるので、……機械的なものにすぎないとして、私の『幾何学』で斥けた線の中に入っている……」（ドゥ・ボーヌ宛、一六三九年二月二〇日A. T. II, 517）。こうした直観主義の制約的な視点が、これからみるような、最後の数の問題を肯定も否定もできないような、無限遡求の一つにかかわることになろう。[*10]

比較不能なものはライプニッツにとっては、無限小の〈小さな線 lineola〉、与えられるどんな値よりも小さな値である。幾何学的であれ算術的であれ、一つの間隔、消失する間隔であり、それによって正確さという概念の分析が完成していく。無理的な値や通約不能な比をどのようにして正確に表現するのか。まずは記号の使用によってであり、たとえば$\sqrt{2}$は近似値しかもたらさない値を正確に表現するし（『代数学の新機軸』GM. VII, 156）、πなども同様である。次に、可能なら、その値を表現する級数の展開法則によってである。そして極限への移行である。[*11]

極限への移行という観念は、級数の研究に由来し、収束にその起源をもっている。そして「収束する」と「極限に近づく」は、置換可能な表現である。$\frac{1}{2}+\frac{1}{4}+\frac{1}{8}+\cdots\cdots$のような収束する無限級数の最初のn個の和が近づく限界＝1とつねに新たな項を挿入するための場所があり、ライプニッツが極限概念の拠りどころとするのが、普遍的秩序の原理、すなわち連続性の原理である（GP. III, 52）。[*12]

こうして、デカルトの明証的直観の対象となりえない「無限小」について、ライプニッツは「心の虚構」とか「有益な虚構」であるといいながらも、そういう「無限小」を積極的に認めていく。デカルトよりも半世紀あとに現われ、ある意味でデカルトの著作を熟知していたライプニッツは、まずは数学に関してデカルトよりも広い見地をもち、デカルトのものよりもずっと拡大した領域をその「普遍数学」のなかにとりこみ展開し、さらに「普遍的記号法」によって、数学の多くの次元を新たに開発していく。[*13] 記号法として無限小に至る差分（微分）には差異（differentia）の頭文字dを用いて、無限小をあらわす記号dxを作り出した。[14]

デカルトは数学、自然学において極限移行を避けている。デカルトは「無限」は把握できない、と繰り返し、「有限である私の知性は無限を把握できない」と強調する（『第一答弁』A. T. VII, 106–107など）。たとえば「有限」な線分を、その長さの $\frac{1}{10}$, $\frac{1}{10^2}$, $\frac{1}{10^3}$, …… $\frac{1}{10^n}$ を連続して分割する場合、これら諸部分の総和は線分の $\frac{1}{9}$ に等しくなるだろう。クレルスリエ宛書簡（一六四六年六月～七月、A. T. IV, 445–447）やメルセンヌ宛書簡（一六四六年九月七日、Ibid., 499–500）に同様の細かい証明があるが、これらはいずれも、極限移行の概念を避けている。[15] ベラヴァルは次のように指摘する。デカルトは、最大数の存在を肯定する直観的理由をもっていない。排中律の停止は、数の本性に起因するのでなく、私の有限な知性に起因する。ライプニッツは、最大数の可能性を否定する形式的理由をもっている。つまり、神にとってさえ最終項は存在しないのだから、極限への移行のための排中律の停止は、私の知性の有限性に起因するのでなく、連続体の本性そのものに起因する、と。[16]

デカルトは、数の無限の問題について、「われわれが把握できるのであれば、それは無限ではなくなる」という（メルセンヌ宛、一六三〇年四月一日、A. T. I, 147）。「必然的に結論できるのは、無限の数が存在することでもなく、……無限な数の存在が矛盾を含意することでもない。そうではなくて、……〔いかなる数〕よりもいっそう大きな数が思惟可能と概念する力は、私自身からではなくて、私よりももっと完全な他の存在から私がうけている」ことだ（『第二答弁』A. T. VII, 139: IX–1, 109–110.『哲学原理』A. T. VII, 245など）。[17]

デカルトの数学的直観主義が今日のブラウアーやワイル、ルベークに近いことをベラヴァルは指摘する。彼らと同様に、数えられていないある集合が有限か無限かの決定を拒否するわけで、排中律は、無限が問題になると、適用可能でなくなる。[18] 無限についてデカルトの直観主義は、これからみるように、神の概念と存在につながっていき、現代の数学史における直観主義、たとえばブラウアーとは決定的に異なっていく。ブラウアーは超越的存在を想定せず、直観的明証の限界内に留まり、厳密な構成主義的立場を堅持するであろう。[*19]

2　機械論・自然学と形而上学

デカルト哲学をとらえる際にベラヴァルは次のことを強調している。十七世紀においてデカルト哲学とは、まずは方法であり、自然学であった。時代はデカルトをなによりもまず、『方法序説』およびそれに付された三つの科学論文集と、『哲学原理』の著者として重視した。デカルト哲学とは、神学から解放された哲学のことであったし、機械論的自然学のことであった。

デカルトは神学と学知との絆、神学と形而上学の絆を切断した。数学や自然学と、信仰の真理との間にもはや共通の尺度を見いだせない、という点で、デカルト派が数えあげられる。『幾何学』に感嘆したアルノー、とりわけ『方法序説』を好んだボシュエ、そしてマルブランシュ等々。ただしデカルト主義が秘蹟や恩寵や摂理の問題に関わらない限りであった。他方、こうした切断を拒否する反デカルト派として、イエズス会士たち、ユエ、新教の神学者たち、そしてライプニッツが挙げられる。ライプニッツは、数学を、信仰心を促すために役立てようとして研究したという。そして神学することなしに哲学しようとするデカルトの意図を告発する。デカルトは「巧妙な仕方で信仰の神秘を避けた。すなわち神学せずに哲学することを企てた。まるで哲学が宗教と相容れないと認めねばならないかのように。あるいはまるで、別の場所で証明された真理は嫌悪するような、そのような真の宗教がありえるかのように」、と（GP. VII, 326）。[*20]

十七世紀において際立つデカルト哲学のもうひとつの特徴は、機械論である。デカルト哲学を揶揄し茶化して、危険性をしめす『デカルト世界の旅行記』を著したイエズス会のガブリエル・ダニエル神父はこの書で、「この体系は矛盾に満ちていて……一つの仮想がまた別の仮想を壊していきます」という。たとえば、心優しいある男がデカルト主義を信奉したばかりにその二元論と動物機械論にもとづいて町中の犬を殺してしまう、などさまざまな物語を挿入する。そこでは、『哲学原理』と『世界論』が問題になっているのである。[*21]

ダニエル神父は次のことも言っている。「あなた（デカルト）以降、自然学に関してあえて新しいことを口にする人々は、みな区別なくデカルト派と呼ばれています。私は何人かの軽率な人々が議論の最中にガッサンディ氏をあなたの弟子に数え入れたのを知っています。あなたは間違いなく彼より年下であるのに……」。[*22]こうした混同がしばしばなされていた。同様の混同をしたトマジウスに宛ててライプニッツは次のように書いている（ヤコプ・トマジウス宛、一六六九年、四月二〇／三〇日、GP. I, 15–16）。本来の意味でのデカルト派と、ベーコン、ガッサンディ、ホッブズ……といった、それ以外の哲学の改革者たちとを区別するように。両者が混同されてしまうのは、いずれも、物体に関しては、大きさ、形態、運動のみによって説明する、という共通点を持っているからである、と。そしてベラヴァルは次の指摘をする。ライプニッツは自然においては一切が機械論的に生じることを確信し、充溢空間の機械論を支持するであろうけれども、哲学と神学との離別を受け入れないライプニッツは、機械論が宗教をどのような危機にさらすことになるかを十分に見て取っていたので、機械論を合目的性に従わせることになる。[*23]

こうした時代のなかで、デカルトの『省察』はどうなのだろうか。デカルトは晩年一六四三年エリザベト王女に宛て、「想像力を要する思考には一日のごくわずかの時間……知性だけを要する仕事には一年のごくわずかの時間」しか用いなかった、と書いている。想像力を要する思考とは数学、自然学のことであり、知性だけを要する思考とは形而上学のことである（A. T. III, 692–693）[*24]。たしかに形而上学を扱ったページ数と科学にかかわる論文のページ数を比べるとそのようになるかもしれないが、しかしデカルトにおける形而上学はそのような尺度で測りきれるものではないだろう。一六三〇年メルセンヌにあてて、形而上学について「それは私のすべてのうちで最も研究を積んだ分野です」という。オランダに到着してすぐの頃には他のことには手もつけず、そしてその後も中断はありながらも彼はそれに努力を傾ける。だが『哲学原理』の「仏訳者への手紙」で、哲学全体は一本の木のようなものでその根が形而上学である、というときの、微妙な点をベラヴァルは指摘する。デカルトの自然学が、現象にとどまるのでなく、形而上学的なものであり、そして世界の認識を基礎づける形而上学は、自然学の核心をなすものであること。両者は一方が他方と結びつく形でのみ存在するのであり、デカルトの独創性は、この結びつきをある特定の神学的な伝統の外部で考察した点にある、と[*25]。

これについては、デカルト哲学を、自然科学の形而上学の基礎づけとして把握し、とくに神による永遠真理創造説の観点を重視した小林道夫氏の研究がある。それによれば、伝統的に永遠真理とよばれてそれ自身は創造の対象とは考えられてこなかった数学的真理をも、神はほかの被造物と同様に創造したのであり、それを一方で人間知性のうちに生得的に刻印し、他方それによって、物理的自然の自然法則を構成した。デカルトによれば、神の創造とは、神の無差別な自由意志による創造である。数学的真理に対してさえ、そうなのである。ここにデカルトによる科学の形而上学的基礎づけの核心がある[*26]。

さらにその結果、神の知性のイデアの世界が消え失せる。永遠の真理（イデア、本質）だと考えられてきた数学的真理をも神の意志による創造の所産とすることで、それは神の知性をも拘束する絶対的な真理ではなくなる。数学的真理の必然性の根拠は、もはや神の知性にではなく、人間による直観的構成に求められるしかなくなる。[*27]

ライプニッツはどうか？　一六八六年の『形而上学叙説』をみよう。冒頭で、「最高かつ無限の智慧をもつ神」は、形而上学的な意味においてだけでなく、「倫理的に言っても最も完全に行っている」（一節）とする。そこから、「神の業には善が無いとか、善および美の法則は勝手なものであるとか主張する人たちに反対する」（二節）。まず、「事物の自然本性の中に、あるいはそれについて神が有する観念の中に」「完全の法則、善の法則」をみとめないで、目的論を排除するスピノザを批判する。[*28]さらにつづけて、「形而上学や幾何学の永遠真理、したがってまた、善や正義や完全性の規則が神の意志にすぎないと説く他の哲学者たち」を斥ける。「他の哲学者たち」は初めの自筆原稿では「デカルト氏」となっており、ここではデカルトの永遠真理の説を指して批判しているのは明らかである。[*29]後の『モナドロジー』（一七一四年）や『弁神論』（一七一〇年）で、批判は詳細になっていく。

『モナドロジー』では神の知性について、それが「永遠真理もしくは永遠真理のもとになる観念が存する領域」であるという（四三節）。続けて、「ある人々のように、永遠真理は神に依存しているから恣意的であり神の意志による、などと思ってはならない」、とデカルトの説を批判する。これは偶然的真理にしか当てはまらず、必然的真理は神の知性に依存し、その内的対象となっているからだとする（同、四六節）。ここで基本となるのは、必然的真理と偶然的真理の区別である。

『弁神論』ではこうした永遠真理が詳述される。二〇節で、「この永遠真理は、神の知性の内にはあるが、神の意志からは独立している」と明言し、プラトンが『ティマイオス』で、世界の起源が必然性と結びついた〈ヌース〉にあると言っていたことを引いている。永遠真理の創造が神の知性に基づくことは、初期の頃から述べられている。無からの（ex nihiro）創造は可能的なものからの創造であり、神の知性が示すものに基づいて神の意志が働く、といったテクストがいくつかみられる[*30]。

そして一八四節で、「永遠真理に実在性を与えるのは知性」であり、「神の意志はここに関わらない」と確認する。「実在性は存在しているものの内に基礎づけられているはず」であり、「無神論者でも幾何学者になることはできる。しかしもし神が存在しないなら、幾何学者の対象はなくなってしまう。神がいないならば、現に存在しているもののみならず、可能的なものまで一切存在しなくなってしまう」。

一八九節ではこう付け加える。「永遠真理の領域にはあらゆる可能的なものがあり、それゆえ規則的なものも不規則的なものもある。秩序や規則性をよしとした理由があったはずで、この理由は知性のうちにしか見いだせない。さらに、これらの永遠真理はそれを認識する知性がなかったら、存在しないだろう。というのも、その真理がいわば実在化する場所としての神の知性が無いとしたら、永遠真理は存続しないだろうからである」。永遠真理を神の意志によるとするデカルトとの違いが根本にある[*31]。

デカルトのコギトに対してはこう批判する。「私は考える、ゆえに私は存在する」はたしかに第一真理であるが、それは永遠真理ではなくて、事実真理にすぎない。コギトとともに、「さまざまなものが私によって考えられる」も、事実的第一真理に数えられねばならない（『デカルト原理の一般的部分への批評』GP. IV, 357）。すでに一六八六年七月、アルノー宛にこう記している。エゴの経験から出発して「個体的実体の観念を考えるために、自分自身で持つ観念を考察する」。ライプニッツによれば、この経験は、原初的な事実真理とみなされ、「私はさまざまな考えを持つ」とならぶ、媒介のない直接的な内的経験にもとづいているのである[*32]。

3　記号・視点・表象

このようなデカルト批判の立場から、ライプニッツにとって真理と観念は、神にとっても人間にとっても、ある意味で同一的な関係をもつことになる。「神のもつ観念と人間のもつ観念のあいだには、完全性と拡がりに関して無限の差異があるとはいえ、その同一の関係において一致する」（A, VI-6, 397）。『形而上学叙説』二八節ではこう述べる。「われわれが精神の中にあらゆる事物の観念を持っているのは、神がわれわれに対して連続的に作用を働かせているからに他ならず、すなわち、あらゆる結果は原因を表出するからであり、そのようにしてわれわれの魂の本質が、神の本質、思考、意志およびそこに含まれているあらゆる観念の、ある表出、模倣、あるいは似姿であるからだ」。人間が持つ観念と神の有する観念とは、前者は後者を原因とし、前者が後者を映し出し、表出するのである。

ライプニッツは、概念を構成するもろもろの単純概念を同時に直観する能力における、人間知性の本質的限界を考えるが、十全かつ直観的な認識をあくまで究極の理想としながらも、それは神のみに固有であり、人間知性は記号的認識が実際の認識様式になるとする。記号を「まったく恣意的なもの」とみなす立場には否定的であり、[*33] 神の知性と人間の知性のあいだには大きな隔たりがあるけれど、両者の間には共通の関係性が保たれる。これを架橋するのが「表出」である。[*34]

「何らかの事象を表出する」とは、「表出されるべき事象の諸関係に対応する諸関係があるということ」（GP. VII, 293）であり、「表出」expression と「表現」représentation はほぼ同義に用いられる。表出という働きは、「あらゆる形相に共通であり、かつ、自然的表象、動物的知覚、理知的認識を種として内に含む類」（GP. II, 112）である。

人間は神のように宇宙全体、歴史全体を構成する要素をすべて一挙に直観的に把握することはできないが、自らのうちに有する観念をもとにして、記号的認識によって神と宇宙を表出することができる。人間は記号的認識を推し進めることによって、自らの観念と、観念の表出する対象との間の類型的・構造的関係を認めることができる。*35

記号認識は消極的に捉えられるのではなく、神の知性の内容を一定のしかたで「表出」するものとして、神の知性と人間の知性を連続させていく。この独特な「記号」観はライプニッツ哲学の根本をなし、さまざまな局面で展開されていく。私たちの思考には記号が不可欠であり、外界の事物とは、相似ではなく対応関係あるいは比例性をもって、記号は成立する。この関係は、同種のものの間に限らず、異種のものの間にも成立しうる。こうした記号の表現において、異質なものや多様なことがらを統一し、調和的に結合していくことのできる基盤があるといえる。

ライプニッツにおいて被造物のあらゆる個体は視点に制約されている。神の視点と被造物の個的視点が対比され、前者は後者のすべての視点を包含している。オランダ生まれのイエズス会士デ・ボス神父にあてた書簡につぎの一節がある。

「もし諸物体が現象であり、われわれへの現れから判定されるものだとすれば、人によって異なる現われをする以上、それらは実在的なものではないことになる。こうしてまた、空間や運動、時間といった、諸物体のもつ諸々の事象性に関しても、これらがあたかも神にとっての現象、もしくは、視覚の学の対象であるかのように、それら現象のうちに成り立っているのが認められるだろう。実際、物がわれわれに対して現れるのと、物が神に対して現れるのとの間に認められる差異は、ある意味で透視図と見取り図の間のそれに相当する。というのも、透視図は事物を見る者の視点に応じて多様であるが、見取り図もしくは幾何学的再現図は、ただ一つだから」(GP. II, 438)。

神の視点と人間の視点を比較するのに、「透視図」と「見取り図(平面図法)」という遠近法の術語が用いられ、前者が後者を包含することを示す比喩がなされている。視点に制約された被造物の個体に対して、神は、特定の視点にとらわれることがなく、すべての面を同時に見わたすことができる。「神は、その栄光をあらわにするために当然産みだすべきであると考えた現象の一般的な体系を、いわばあらゆる面から、またあらゆる仕方で廻転させ、しかも神の全知をまぬがれる観念などはないのだから、世界のあらゆる面を、できるかぎり多くの仕方で眺めているのである」(『形而上学叙説』一四節)。

人間及びあらゆる個体は、視点に制約されている。都市の眺望を例に次のように述べられる。「同じ都市でも、異なる方面から眺めるとまったく別のものに見え、眺望としては幾重にもされたようになる。これと同じように、単純実体が無限に多くあるために、その数だけの異なる宇宙があることになる。けれどもそれらは、各々のモナドの異なる視点から見る唯一の宇宙のさまざまな眺望に他ならない」(『モナドロジー』五七節)。

これは数学的には射影幾何学が考えられる。古くは古代ギリシアで論じられたアポロニウスの円錐曲線があり、同じ円錐形を平面で切った断面図でも角度が異なれば、円にも楕円にも、あるいは双曲線や放物線、直線や点にさえなる。抽象的図形でもこうだから、現実の都市では無数の眺望を呈することになろう。*36

ミシェル・セールも円錐曲線をとりあげている。セールは多領域にわたるライプニッツの思想世界がシステム的な対応構造をもつことを指摘しつつ、数学的モデルを範例としている。円錐曲線の例では、円錐の先端を視点とすれば、円、楕円、放物線を、また曲線と点を、切断面の勾配に対応する同数の変形部分としてこれに結びつけることができる。セールはこのような円錐曲線の理論的帰結とともに、その前提を指摘している——あらゆる中心を失った無限の世界、変化する曲線と彎曲の世界のうちに消えていく中心の代わりに、視点をおくこと。[*37] 表象の、あるいはそこにおける幾何学の新しい光学的モデルがある。それは視覚の建築を基準にして、触覚的概念つまり触覚と形態を歪めていく。対象の規定はその外形の変化においてのみ存在し、相対性の真理としての遠近法主義が見られる。視点はそれぞれの変化の領域に即して、事例を整序する力能となる。[*38]

遠近法の透視図（スケノグラフィア）と見取り図（イクノグラフィア）という用語は、人間の視点と神の視点の違いを示していたが、ライプニッツは、「見る者の位置に応じて多数のスケノグラフィアが存するが、イクノグラフィア、あるいは幾何学的表象はただ一つ」（GP. II, 438）と述べていた。神が歪みなく見るところ、人間は個々人の遠近法に応じて数かぎりないアナモルフォーズ（歪像）として事物を見ることになるだろう。[*39]

円錐の断面は、円にも楕円にも、あるいは双曲線や放物線、直線や点にさえなるのだが、これらの断面は、『弁神論』で説明されるように、適切な見方をすれば「あらゆる点があらゆる関係に対して一定の関係」をとる。「個々別々の魂はそれぞれの視点のもとに、そして自分に固有の状態にしたがって宇宙を想像する……にもかかわらず完璧な調和はつねに存する」（三五七節）。[*40]

そして、神によって創造された被造物の有限性において、有限で位置をもつ実体は、その視点から宇宙を表し、際限なく明晰さの変化する多様性を織りなす。無数の表象の「結果」は、際限なく微小なものまでが追究される。それは、「海岸に近づく人が聞く錯然としたざわめきが、無数の波の反響の集まりから生じている」のに喩えられる。

4 自然学（力学の場合）——法則と力

最後に、ライプニッツのデカルト批判において一貫した方向性を示し、具体的な仕事をなしている力学の場合をみておこう。ライプニッツがデカルト自然学の批判を基礎づけた中心テーマ、すなわち、運動量保存の原理として表される mv の運動の単純量に対して、力の観点から mv^2 を置き換えたことは本書では扱われていないが、ライプニッツのデカルト批判の中心点のひとつである。

一六七二年から七五年のパリ滞在時、ライプニッツは数学・自然学の領域でホイヘンスに多くを学び、微積分法に着手している。デカルトの運動量保存の法則は『哲学原理』において、絶対量としての質量 m と速度 v の積として表されている。ライプニッツは当時、そしてその後も取り上げることになるデカルト『哲学原理』の一般的部分の「批評」に取りかかっている（Animadversiones in partem generalem Principiorum Cartesianorum）——物体の本質は延長《ひろがり》にあるのではない、運動は位置の変化のみによっては規定できないのではないか、凝集は運動によって説明されるのであり静止によってではない、神の不変性は mv の保存を証明しない、デカルトの『哲学原理』第二部の三七、三九、四〇、四三、四四の各節と、四六から五二節の衝突の七つの法則は、誤っているか論証が不十分である、等々。こうしたデカルト批判の主な主題は、パリ修行時代の終わり頃には練り上げられていた。ライプニッツはこれらをどこから引き出したのだろう、とベラヴァルは問う。[*41] デカルト自身の著作を読んだこととというよりも——一六六九年以前に読んでいたという証拠もない——、むしろ、一方ではアリストテレス的、神学的な抵抗勢力から、もう一方はデカルトに関する文献からである。こうした分析や文献に言及しつつもベラヴァルが強調するのは、ライプニッツの思想的進展の一貫性である。この領域でのライプニッツの思想的進展とその結実とはどのようなものか。

デカルトの運動量保存の法則は『哲学原理』において、絶対量としての質量 m と速度 v の積として表されているが[*42]、一六八六年、ライプニッツは力の保存について「自然の法則におけるデカルトおよび他の学者たちの顕著な誤謬についての簡潔な証明――この自然法則に基づいて彼らは同一の運動量が常に神によって保存されると主張するとともに、この法則を機械学的な事柄において乱用している」という論文を『ライプツィヒ学報』に掲載する[*43]。デカルトが解明した、物体を持ち上げる仕事と持ち上げられた物体が落下によって得る速度との関係が考察され、具体的に、物体を持ち上げるのに要する力と、それが落下によって得る mv^2 が等価であるとする[*44]。デカルトのいう運動量は、力の一般的な測度ではない、デカルトやデカルト派の学者たちは、通常の五つの機械において「速度と質料が互いに補い合う」と思って、一般に運動力を運動の量、つまり物体〔の量〕を速度に掛けた積によって測った、そこから飛躍して、宇宙のなかで保存されるのは、この量だと結論した、と。デカルト『哲学原理』四五―四七の第一規則と第二規則についてその不整合の事例などをあげて、保たれる量は mv^2 であることを主張する[*45]。

この論文と同じ年の『形而上学叙説』（一七節）でも同様の力学の議論を示している。mv の v は等速直線運動をしか表わせず、加速や減速は計量できない。ガリレオの物体落下の法則に劣る。デカルトが力と運動量を混同している、と。

こうした着想はすでに一六七八年にみられるものであり、ライプニッツが「新しい自然学」による改革を語る未刊のテクスト群からも読み取られる。一六七八年の、衝突問題に取り組んだ論文『物体の衝突について』で、力の尺度としてすでに、mv^2 を引き出している[*46]。

『形而上学叙説』では今みたように mv^2 を主張したあと、デカルトの延長（拡がり）概念を批判する。

「物体のさまざまな現象を説明するには、延長というものから離れた形而上学的考察によらなければならない」。運動が属している物体とその力にふれて、「力、すなわちこれらの変化の直接的な原因は何かもっと実在的なものであって、それを別の物体にでなく、むしろこの物体に帰するにはそれだけの十分な根拠がある」。この力は、「図形の大きさや運動とは何か異なるもの」である。『力学提要』でも、「物体的事物のなかには延長のほかに何かが、否むしろ延長に先立つ何かが存在する」（GM. V, 235）と述べ、アルノー宛書簡でも、「各本体はその性質のなかに自分で働く連続の法則を含んでいる」という（GP. II, 136）[*47]。

一六九八年の「自然そのものについて……」という論文[*48]では、自然は事物に内在する法（lex insita）を要することが主張される。これは、事物が自分自身のなかに力（vis insita）をもつことを意味し、この力がなければ、神の命令は空疎で存在論的価値のないものになる。様態的性格にとどまらない「何か実在的なもの」すなわち「力」は、神が被造物に与えたものであり、この力を通じて、神は被造物が自然の法則に従うようにしている[*49]。

オランダのデ・フォルダーとの一連の文通も、ライプニッツの力の保存則が端緒であったが、それが次第に形而上学的な議論に重点が移っていき、実体の理解にかかわっていく。「われわれの思惟が完成し終結するのは、延長《ひろがり》についての知見においてではなく、動的な力の知見においてだ、と私は考えます。かかる力能（potentia）ないし力（vis）について求められるべき知見は、変化がそこから導出されてくるような属性にほかならず、そしてその属性の基体（subjectum）そのものが実体なのです」（一六九九年三月二四日）。

一七〇二年のものとされる文書でも、こう述べている。「デカルト主義者たちは力の本性を十分には解っていなかった。かれらは運動力と運動を混同したので、運動法則を構成することに……失敗した」（GP. IV, 398）。デカルトとデカルト主義者への批判であり、ライプニッツにおいて「力」は理論的な全体性をめざしている。それは運動状態にあるものに内在し、能動性をもつのである。

『弁神論』序文で、力の本性や法則を明らかにしたことにより、スピノザの「盲目的で……幾何学的な必然性」(三二節)を批判し、さらにデカルト主義を批判するのである。「これらの力や法則は、スピノザが考えているような絶対的で幾何学的な必然性を有していないこと、またそれらは……近頃の哲学者たちが考えたように恣意的だ、というわけでもないこと、むしろそうした力や法則は、これまで既に示したように適合、あるいは私が最善律(le principe du meilleur)とよぶものに依存していること、さらにこの点において、他のすべての点においてと同じく第一実体の諸々の特性が認められること(そのような特性を産出するということが至高の知恵を示し最も完全な調和をもたらす)、こうした点を明らかにしたのである」(三三節)。力学での考察から得られた力の概念は、実体の現実活動の原理、モナドの内的作用の源、そして宇宙表出の自発性というライプニッツ形而上学の基本概念となっていくのである。*50

注

*1　松田毅「ライプニッツとデカルト——科学の形而上学的基礎づけと無限小をめぐって」でも指摘され、ブラウアーの直観主義とヒルベルトの形式主義が対置される。『デカルトをめぐる論戦』京都大学学術出版会、二〇一三年、七三頁。

*2　ポアンカレやボレル、ルベークについて次の論文に言及がある。中村大介「数学基礎論論争の中のカヴァイエス——ブラウアーの直観主義とフレーゲの論理主義に対して」『人文研究』59(1)、二〇〇九年、一五六—一五九頁。

*3　前原昭二「側面より見た直観主義の立場」『科学基礎論研究』vol. 2, No. 1, 一九五五年、二〇一—二〇九頁。

＊4　中村、前掲論文、一六〇―一六二頁。

＊5　拙論「言語とデカルト」『思想』一九八二年十一月号。

＊6　Brouwer, L. E. J. *Collected Works*, t. I, *Philosophy and Foundations of Mathematics* , A. Heyting ed. North-Holland Publishing Company, Amsterdam, Oxford; American Elsevier , New York, 1975. 拙著『デカルト研究――理性の境界と周縁』岩波書店、一九九五年、岩波オンデマンドブックス、二〇一五年、八四―八八頁。ただしブラウアーは、序数概念を考え、「数学の基礎的直観」である two-oneness の直観が、一と二の数を創造するだけでなくすべての有限序数を創り、さらに最小の無限序数 ω を形成するとする（下村寅太郎『無限論の形成と構造』みすず書房、一九七九年、一〇八頁）。そして数学のこの基礎的直観においては結合と分裂、連続と分離が統一されていて、この直観は直接に線型連続体の直観、つまり“between”の直観を成立させ、連続を基礎づける（Brower, *Ibid*., p. 128）。

＊7　Ernst Cassirer, *Das Erkenntnisproblem in der Philosophie und Wissenschaft der neueren* Zeit, Berlin, 1922, t. II, p. 77.『認識問題』須田・村岡・宮武訳、第2巻、みすず書房、七〇頁。以上は本訳書（上）、三三六頁を参照。

＊8　Etienne Gilson, *Index scolatico-cartésien*, Vrin, 1912, 1979, Essence の項。

＊9　本訳書（上）、四〇―四一頁。

＊10　ベラヴァル、本訳書（上）、三三八頁。なお小林道夫氏も、直観を基軸とした数学において、超越曲線は明証的な直観によっては捉えられないものとなり、『幾何学』においてデカルトは、その対象を、関係が代数的に表現できる代数曲線に限ったと指摘（小林道夫「ライプニッツにおける数理と自然の概念と形而上学」（上）、『哲学研究』五八一、二〇〇六年、三頁）。

＊11　本訳書（上）、三四四頁。無限への飛躍についてライプニッツはベールの『歴史批評辞典』の「ゼノン」の項目を指示している（GP. IV, 569）。

＊12　同三四五―三四六頁。なおベラヴァルは他にも、「有理数によって表された、外接正方形に対する円の真の比」（GM, V, 121）などの例を考察している（注一〇九頁（221）を参照）。

＊13　小林道夫「松田毅氏への答弁」、前掲『デカルトをめぐる論戦』、一八三頁。

＊14　E・J・エイトン『ライプニッツの普遍計画』渡辺正男・原純夫・佐柳文男訳、工作舎、一九九〇年、九〇―九一頁および、林知宏「ライプニッツの数学――方程式論と代数的思考様式」『ライプニッツを学ぶ人のために』、五一頁参照。一六七二年からのパリ滞在期間にライプニッツは、ホイヘンスの示唆もあって、スホーテンによってラテン語訳されたデカルトの『幾何学』に取り組んだようである。数学におけるライプニッツのデカルト批判に関して、林氏は、一六七五年一〇月頃に執筆された手稿をとりあげてライプニッツの発想を分析し、さらに一七一〇年の論文「冪と微分の比較における代数計算と無限小計算の注目すべき対応、および超越的同時の法則」(GM. V, 377–382,『著作集』3、二二九―二三六頁）を検討している（林、同論文、四五―五四頁）。

＊15　前掲拙著、八四―八六頁。

＊16　ベラヴァル、本訳書（上）、三五〇頁。

＊17　この問題と、数が「無限」でなく「無際限」であることについては、前掲拙著、八二―八八頁、九〇頁。

＊18　本訳書（上）、二三七頁。小林道夫氏も、無限大の数に対する「排中律」の適用を認めないこうした主張を、明証的構成を規範とする「直観主義」として理解する（「ライプニッツにおける数理と自然の概念と形而上学」（上）『哲学研究』五八一、二〇〇六年、一―二八頁）。なおライプニッツの無限小計算のアプローチについて、本質的に離散的点の集合を土台とする解析的なものではなく、むしろ「ブラウアー・ワイル的」連続体による、という指摘がある（松田毅『ライプニッツの認識論』創文社、二〇〇三年、四五頁）。

＊19　拙著八四頁、および注三八頁（26）。

＊20　本訳書（上）、七―九頁、一〇頁。

＊21　前掲拙著、一二五、一三〇頁。

＊22　G. Daniel, *Voyage du monde de Descartes*, Paris, 1691, p. 185.

＊23　本訳書（上）、九頁。

＊24　拙著二一三頁、FA. t. III, p. 45, n. 1–2.

＊25　本訳書（上）、一〇頁。ベラヴァルによれば、だからこそデカルトは実際的には、イエズス会士たちの警戒心を欺き、デカルト的真理がアリストテレスの教えを打ち壊すものであることに最初は気付かせないようにして、人々の精神を知らず知らずのうちにそれに慣れさせる。

＊26　小林、前掲論文、二〇〇六年、四—五頁。なお永遠真理創造説に関するデカルトのテクストについては前掲拙著八九—九二頁参照。

＊27　小林、同論文、五—八頁。関連するもう一つの問題として、数学的真理が神の無差別な自由意志による創造であることを理由に、その次元の真理から絶対的必然性が剝奪されることになる。

＊28　この節のスピノザ批判について、以下に『エチカ』との対応が示されている。Laurence Bouquiaux, Leibniz, *Discours de métaphysique suivi de Monadologie*, tel. Gallimard, 1995, p. 119, n. 3。ライプニッツにおいてスピノザ批判はデカルトにもつながり、『弁神論』でも「スピノザ主義は……過度のデカルト主義だ」という（三九三節）。Michel Fichant, Leibniz, *Discours de métaphysique suivi de Monadologie et autres textes*, Gallimard, 2004, p. 432, n. 3.

＊29　Bouquiaux, *Ibid.*, p. 434, n.10.

＊30　Paul Rateau, *La question du mal chez Leibniz*, Honoré Champion, 2008, p. 266.

＊31　Michel Fichant, *Ibid.*, p. 483–484。フィシャンは、永遠真理による神の存在証明の原理がアウグスティヌスに由来することを示唆している。なおデカルトの永遠真理創造説のテクストを整理し、ライプニッツによる批判のテクストを渉猟して、〈精神の共同体〉société des esprits の観点を述べた次の書がある。Laurence Devillars, *Descartes, Leibniz.Verités éternelles*, PUF, 1998.

＊32　『人間知性新論』第四部第二章第一節では以下のように述べられる。「事実の原初的真理は……意識の直接性のために直接的な、内的経験です。……〈私は思考する〉が私にとって直接明晰であるだけでなく、〈私は異なったいくつもの思考をもつ〉、つまり、あるときには私はAを思考し、またあるときには私はBを思考する等々

も、私にとってまったく同じく明晰……なのです」。ライプニッツのコギトは、デカルトのコギトと異なり、このように思考の外部の事物の存在を含んでいる。Fichant, *Ibid.*, p. 474.

＊33　たとえばホッブズに対してこう記している。「記号は恣意的であっても、その記号の使用や記号間の結合は……恣意的でないものを持つ……」（GP. VII, 192）。

＊34　岡部英男「ライプニッツにおける記号的認識と普遍記号法」『思想』九三〇号、二〇〇二年、一六九―一七〇頁。

＊33　表出については拙論「ライプニッツと意識・記憶・表象」『思想』九三〇号、および本訳書（上）、一五一頁以下。

＊35　人間の魂は、「何か本性とか形相とかいうものを考える機会がくると、それを思い起こすという性質をつねに自分のうちにもっている。……本質を表出するという、われわれの魂のもつこの性質が、本当の意味での事物の観念であり、それはわれわれのうちにある。……われわれの魂は、神と宇宙、さらにはすべての本質とすべての現実存在を表出するからだ」（『形而上学叙説』二六）。

＊36　佐々木能章『ライプニッツ術』工作舎、二〇〇〇年、一二四―一二五頁。『形而上学叙説』九にも同様の記述。

＊37　Michel Serres, *Le système de Leibniz et ses modèles mathématiques*, PUF, 1968, t. I, p. 156–162, t. II, p. 665–667, p. 690–693.

＊38　G. Deleuze, *Le pli: Leibniz et le baroque*, Minuit, 1988. 宇野邦一訳『襞』河出書房新社、一九九八年、三八―三九頁。対象の変化ないし連続体のなかにおける位置変化は主体も同様で、変化や屈曲を表象するから、視点とも呼ばれる（*Ibid.* 邦訳三五―三六頁）。変化と視点は関係をもち、視点はアナモルフォーズのそれとなる（*Ibid.*）。ライプニッツ的アナモルフォーズとバロック芸術の関連については、Christine Buci-Glucksman, *La folie de voir: De l'esthetique baroque*, éd. Galilée, 1986.

＊39　Horst Bredekamp, *Die Fenster der Monade.*『モナドの窓』原研二訳、産業図書、二〇一〇年、八八頁。アナモルフォーズについてはJurgis Baltrušaitis, *Anamorphoses ou Thaumaturgus opticus*, Flammarion, 1984.『アナモルフォーズ　光学魔術』高山宏訳、国書刊行会、一九九二年。

＊40　Bredekamp, *Ibid.* 邦訳、九一頁。
＊41　本訳書（上）、五頁。
＊42　デカルトの運動量保存の法則は、衝突の法則として『世界論』で提示され、『哲学原理』で定式化される。それによれば、神が運動の第一原因であって、神によって宇宙全体の運動量が保存されている（II–36）。そこから衝突の法則が導き出される。
＊43　Brevis demonstratio erroris memorabilis Cartesii et aliorum circa legem natularem, secundum quam volunt a Deo eandem semper quantitatem motus conservari, qua et in re mechanic abutuntur, 1686,『著作集』3、三八六―三九五頁。
＊44　GM.VII, 117–118（横山雅彦訳、『著作集』3、三八七―三八八頁）。力の保存則についてライプニッツのデカルト批判、ガリレオとの関連については、次を参照。マックス・ヤンマー『力の概念』高橋・大槻訳、講談社、一九七九年、一六二―一六四頁。
＊45　『著作集』3、三八九―三八六頁。なおホイヘンスは、ライプニッツのこの論文を注意深く読み、その議論の構造を批判している。「……ライプニッツ氏は、デカルトが運動量と原動力を等価なものとみなしていると仮定する。次いで彼は両者が等価なものでないことを示す」としたあとホイヘンスは、「デカルトがこの等価性を仮定したということを、かれ［ライプニッツ］に対して否定することができる」という（『著作集』3、五四八―五四九）。横山雅彦「ライプニッツとホイヘンス――力学に関する両者の交流について」『著作集』3、同）。たしかにデカルトは、運動量の概念を原動力の概念と等価なものとみなしてはいない。また原動力の概念を媒介として運動量保存の法則を証明しているわけでもない。しかしデカルトにおいて、運動量保存の法則は、神の普遍性とその意志の普遍にもとづいている。『哲学原理』では力を、相対的に物体間の関係に依存するかたちで導入しているし（II–40）、運動の起源については、「神が運動の第一原因であり、宇宙において常に同じ量を保存している」。神は「物質を運動および静止とともに創造した。そして今もなお、そのときに物質全体に設けた運動と静止を保存している」として、この量は「宇宙全体においては常に同一」であるとする（II–36）。前掲拙

著、一二三―一二四頁参照。

*46　Michel Fichant, "Mécanisme et Métaphysique", in: *Science et métaphysique dans Descartes et Leibniz*, P.U.F., 1998, p. 165–168. 一六七八年の『物体の衝突について』"De corporum concursu" や他の未刊のテクスト群については、フィシャンの編訳による次のものを参照。G. W. Leibniz, *La Réforme de la dynamique*, Vrin, 1994.『物体の衝突について』は以下の論文に言及されている。小林、前掲論文（下）、二〇〇七年、七―八頁。

*47　岡部英男「西田とライプニッツ、そしてデカルト」『西田幾多郎全集』月報一七、岩波書店、二〇〇六年、三頁。

*48　「自然そのものについて、すなわち被造物の作用に内在せる力について。動力学を確認、説明するために……」De ipsa natura sive de vi insita actionibusque Creaturarum..., GP. IV, 506–559、邦訳は河野与一訳『単子論』に所収（岩波文庫）。

*49　Michel Fichant, "Le système de l'harmonie préétablie et la critique de l'Occasionalisme"、「予定調和の体系と機会原因論の批判」馬場郁訳、『思想』九三〇号、二〇〇一年、一一二―一三三頁を参照。

*50　これについては以下の拙論を参照。「ライプニッツ――力・表象・生命」『人文』一二号、学習院大学人文科学研究所、二〇一三年。

使用テクストと略号

―― *Die philosophische Schriften*, hrsg. von C. I. Gerhardt, 7 t. Berlin, 1875–1890.（GP）

―― *Leibnizens Mathematische Schriften*, hrsg. von C. I. Gerhardt, Halle, 1849–1863; Hildesheim, New York, 1971.（GM）

―― *Leibniz Sämtliche Schriften und Briefe*, Deutsche Akademie der Wissenschaften, Darmschtadt, Leipzig, 1923– .（A）

――『ライプニッツ著作集』一〇巻、工作舎、一九八八―一九九九年（『著作集』）

―― *Œuvres de Descartes*, éd. Adam et Tannery, 13 vols. Vrin, 1964–74.（A.T.）

―― *Œuvres philosophiques de Descartes*, éd. F. Alquié, 3 vols, Garnier, 1973.（FA）

謝辞

本書の企画は、野沢協先生からお電話をいただいて始まった。その少し前、今は故人となった花田圭介先生を介して札幌で野沢先生と知り合う機会があり、フランスでの留学から帰国して札幌で教職についていた私は、パリ大学に提出した博士論文のこと、さらに指導教授であったベラヴァル先生のことに話が及んだ。ベラヴァル先生が早くに父親を失い、生活の苦労のなか、船員や税関職員などをへて二十九歳から哲学を始めたこと、詩人や文学者との交流——マックス・ジャコブとの出会いを語る小さな本、ジャン・コクトーのデッサンによる若いベラヴァル先生の肖像、シュルレアリスムの文学者たち……。そして大学人としては五十歳で学位論文を仕上げ、それによって異例の昇進ともいえるソルボンヌのポストについた。この学位論文は、当時ル・モンド紙で一ページを占める記事が出るほどフランスの学界・読書界で絶賛されたという。その学位論文が本書『ライプニッツのデカルト批判』である。

野沢先生が法政大学出版局へ紹介の労をとってくださり、当時の編集長だった稲義人さんとのお付き合いも始まった。翻訳を進めていこうと思っていたが、ちょうど出産と育児、大学の勤務、というかなりたいへんな時期で、しかもその直後に筑波大学の哲学への着任が決まった。筑波大に着任早々、当時の長老教授から、ライプニッツ著作集（工作舎）の『人間知性新論』を翻訳するように、という厳命が下った。これは下村寅太郎先生のお仕事であり、筑波大へ来た以上、私はこれを優先しなければならない、と。当時の筑波大の哲学は、下村先生のお弟子さんたちが中心となって大学を作っていた頃であった。

途方にくれていたとき、『知性新論』の共訳をお願いした岡部英男氏が、ベラヴァルのこの本に熱意と関心をお持ちで、翻訳をしたい、と強くおっしゃってくださった。同じ頃、山本信先生から、伊豆蔵好美さんが本書の翻訳を考えているとうかがい、一緒にやることをお勧めいただいた。こうしてお二人に翻訳をお願いすることになった。ベラヴァル先生には、二人の優れたライプニッツ研究者がこの本の翻訳を担当してくれることになった、安心していただきたい、とお手紙をだした。ベラヴァル先生の死の数ヶ月前であったが、この手紙が届いて先生がお読みになったことは、あとでベラヴァル夫人にお会いした折に確かめることができた。

ベラヴァル先生の略歴と本書の位置づけについてはミシェル・フィシャンの寄稿があるので、それを読んでいただきたい。ベラヴァルの企図の独自性とその源泉、デカルトとライプニッツを交流させ、哲学の現実的な姿と問題を明らかにすることのできた本書について、見事に表現してくれている。

本書の翻訳は相当に困難な仕事であった。デカルトとライプニッツ、さらには十七世紀の他の思想家たちの未邦訳のたくさんの原典と資料が本文や注にあり、それだけでもどれほどたいへんであったか。おまけにベラヴァル先生のフランス語は、シンプルではなく、相当に複雑で屈折している。内容的にも、デカルトとライプニッツと十七世紀哲学についての深い知識が要求される。こうした仕事を、多大の時間と労力をかけて遂行してくださったお二人の訳者には、お礼の言葉も見つからないほど有難いと思う。また、本書のための解説論考としてそれぞれ、哲学史のなかでのしっかりとした、しかもダイナミックな論点を示しうる位置づけと、コギト批判の核心に迫る論考とを作成いただいた。本書の理解のために有益で興味深いものとなろう。最後になったが、心のこもった「日本語版の読者へ」を寄せてくれたミシェル・フィシャンへの謝意を記したい。

谷川多佳子
（筑波大学名誉教授）

追記

この謝辞を書き、校正を終えたあと、野沢協先生の急逝を知った。痛恨であり、悲しみは深い。しかし次のことを思い描くのは許されよう。ライプニッツは、精神の共同体、精神の共和国といった知的理念を示したし、ピエール・ベールは『文芸共和国便り』で、他の哲学者たちと相互に深い交流と影響を及ぼしあう場をもった。野沢先生はベールの膨大な著作、さらには地下文書や寛容論まで、十七―十八世紀の広大な領域のテクストを縦横無尽に、読み、日本語にし、詳細で具体的な訳注、解説を加え、著作の深い精神を私たちに伝えてくださった。そうした、野沢先生の遺した、いわば精神の共和国は、非力な私たちにもそれに連なる喜びと知的力を、これからも与え続けてくださるだろう。野沢先生もまた、私たちにとって「読むことの師匠」であった。

著　者

イヴォン・ベラヴァル（Yvon Belaval）

1908-88 年．フランス南西部の地中海に面した都市セートに生まれる．船員，関税検査官などの職を経た後，1941 年に哲学の教授資格（アグレガシオン）を取得．ストラスブール大学講師，助教授，リール大学助教授などを経て，60 年に同大学教授．65 年からはソルボンヌ（パリ第一大学）で教鞭を執る．国際哲学会（IIP）事務局長，ライプニッツ協会（Leibniz-Gesellschaft）副会長，18 世紀学会会長などを歴任．ライプニッツ哲学の専門家としてはもちろん，広く 17 世紀から 18 世紀にかけてのヨーロッパ哲学，とりわけライプニッツのヴォルテールやディドロといった啓蒙の哲学者たちやヘーゲルへの影響について，数多くの重要な業績を残した．また，哲学史家としてだけでなく，文学者，詩人としても活躍した．著書は代表作である本書以外に，『ライプニッツ入門』（1961），『ライプニッツ研究』（1976），『詩の探究』（1947），『ディドロの逆説なき美学』（1950），『啓蒙の世紀――文学の歴史第 3 巻』（1958）など多数．死後にも『ライプニッツ――古典主義時代から啓蒙へ』（1995），『ディドロ研究』（2003）などの遺作集が後進の手により刊行されている．

訳　者

岡部英男（おかべ・ひでお）

1955 年生まれ．早稲田大学大学院文学研究科博士後期課程単位取得退学．東京音楽大学専任講師．哲学・倫理学専攻．著書に『ライプニッツ読本』（共著，法政大学出版局）など．訳書にコプルストン『理性論の哲学』上・下（共訳，以文社），ライプニッツ『人間知性新論』上・下（共訳，工作舎），ブーヴレス『合理性とシニシズム』（共訳，法政大学出版局）など．

伊豆藏好美（いずくら・よしみ）

1957 年生まれ．東京大学大学院人文科学研究科哲学専攻博士課程単位取得退学．聖心女子大学文学部教授．哲学・倫理学専攻．著書に『哲学の歴史　第 5 巻：デカルト革命』（共著，中央公論新社），『ライプニッツ読本』（共著，法政大学出版局），『社会と感情』（共著，萌書房）など．訳書に『ライプニッツ著作集　第Ⅱ期　1 哲学書簡』（共訳，工作舎）など．

《叢書・ウニベルシタス　1035》
ライプニッツのデカルト批判・下

2015年12月30日　初版第1刷発行

イヴォン・ベラヴァル
岡部英男・伊豆藏好美 訳
発行所　一般財団法人　法政大学出版局
〒102-0071 東京都千代田区富士見 2-17-1
電話03(5214)5540 振替00160-6-95814
印刷：三和印刷　製本：積信堂

Printed in Japan

ISBN978-4-588-01035-4

人名索引

ア 行

アーバスノット　John Arbuthnot　532
アイネシデモス　Ainesidemos　152
アウグスティヌス　Aurelius Augustinus　109, 155, (43), (130)
アウグストゥス　Gaius Julius Caesar Octavianus Augustus　265
アダム　Adam　120, 125, 195, 197–98, 200, 399, 406, 433–35, (55), (71)
アダン　Charles Adam　10, (47), (147), (149), (152)
アナクサゴラス　Anaxagoras　351, 453, (2), (134)
アヌカン　Arthur Hannequin　183, (48), (51)
アポロニオス　Apollonios　123, 202, 295, 309, 365, 376–77, 379, 453, (91), (118), (121)
アムラン　Octave Hamelin　564, (8)
アリスタルコス　Aristarchos　458
アリストテレス　Aristoteles　1, 4–5, 9–10, 19, 23, 28, 35–36, 48–49, 62, 65, 74, 95, 103, 106, 110, 113, 121, 125, 138, 140, 151, 156–57, 162, 166, 172, 174, 176, 214, 217, 246, 247–48, 256, 263, 267, 270, 350–51, 401, 415–17, 422, 438, 460–61, 469, 470–72, 512, 519–21, 525, 529, 531, 535, 547, 549–50, 552, 554–55, 558, 561, 564, (1), (6), (19), (27), (49), (57), (67), (70), (73), (76), (78), (112), (129)–(130), (143)
アルキメデス　Archimedes　123, 134, 202, 206, 295, 309, 334–35, 338, 365, 375–81, 407, 412, 453, 474, 555, (91), (99), (102)–(105), (107), (118), (120)–(121), (123), (138)
アルノー　Antoine Arnauld　4, 8, 10–11, 32, 158, 160, 170, 330, 334, (3)–(4), (40)–(41), (43), (46), (64), (76), (100), (121), (126), (128), (135)–(137), (147), (156), (160)
アルブヴァックス　Maurice Halbwachs　(34)
アレクサンドロス（大王）　Alexandros　116
アンセルムス　Anselmus　129, 560, (34)
アンペール　André-Marie Ampère　242
イエス・キリスト　Jesus Christ　105, 117, 265
ヴァーグナー　Gabriel Wagner　(28), (39), (58), (72)
ヴァール　Jean Wahl　229, (9), (40), (144), (153)
ヴァイゲル　Erhard Weigel　3, 214, 247, (1), (43), (71), (123)
ヴァティエ神父　Antoine Vatier　(5), (9), (27)
ヴァリニョン　Pierre Varignon　362, 367, 370, (83), (97), (111), (117), (119)–(120)
ヴィエト　François Viète　3, 129, 202, 307, 311–12, 338, 365, 376–78, 381, 560, (94)

ヴィライトナー　Heinrich Wieleitner (62), (65), (85), (95), (100)–(101), (109), (114)–(117)
ヴィルブレッシュー　Étienne de Villebressieu　(154)
ウィンケンティウス（レランの） Vincentius Lerinensis　105, 118
ヴィンデルバント　Wilhelm Windelband 92, (12)
ウォリス　John Wallis　318, 332, 334–35, 352–55, 357–59, 362, 374, 376, 378, 561, (3), (94), (101), (103)–(104), (113)–(116), (120), (166)
ヴォルテール　Voltaire　140, 504, 554, (36), (144)–(145), (155)
ヴォルフ　Christian Wolf　141, (34), (42), (50), (52)–(53), (76), (128)–(129), (170)
エウドクソス　Eudoxos　330, 373, (123)
エックハルト　Arnold Eckhard　(95), (104)–(105), (122)–(123)
エックハルト　Meister Johannes Eckhart (43)
エットリンガー　Max Ettlinger　140, (24)–(25), (34)
エピクロス　Epikuros　95, 552, 561
エリザベト（ボヘミア王女）　Elisabeth von der Pfalz　330, (3)–(4), (27)–(28), (35), (37), (52), (96), (99), (152)–(153), (157), (170)
エルンスト＝アウグスト（ハノーファー公）　Ernst August von Hannover　(15)
エレオノール（ツェレ公妃）　Éléonore d'Olbreuse　(31)
オクタヴィアヌス　→アウグストゥス
オルジアッティ　Francesco Olgiati　92, 140–41, 565, (24)–(25)
オルデンバーグ　Henry Oldenburg　12, (3), (57), (82), (102), (163)

カ 行

カヴァリエリ　Bonaventura Cavalieri 319, 326, 330–36, 347, 352, 355, 358–61, 364, 374, 376, (94), (98), (100)–(104), (110), (113)–(117)
カエサル　Gaius Julius Caesar　90 116, 499
ガッサンディ　Pierre Gassendi　8–9, 34, 562
カッシーラー　Ernst Cassirer　13, 36, 92, 150, 159, 175, 182, (12), (42), (44), (48), (56), (59), (61), (89), (140), (171)
カトゥラン神父　François Catelan (131)
カドワース　Ralph Cudworth　(172)
ガリレオ　Galileo Galilei　20, 108, 125, 146, 150, 285, 376, 379, 381, 385, 487, 494, 501, 508, 530–31, 534, 546, 552, (3), (6), (85), (98), (103), (112), (161), (172)
カルダーノ〔カルダノ〕　Gerolamo Cardano　301, 310, 533, (33), (62), (164), (166)
カルノ　Lazare Carnot　362, 373, 380, (100)–(101), (108), (116)–(117), (119)
ガロア神父　Jean Galloys　172, (47), (57), (59), (74), (84), (155)
カント　Immanuel Kant　11, 13, 19, 31, 65, 75, 138, 141, 150, 158–59, 253, 267, 290, 387, 419, 468, 563, 564–65, (6), (11), (22), (41)–(43), (78), (89), (171), (173)
カントール　Moritz Cantor　532–33, (1), (58), (61)–(62), (69), (71), (91)–(93), (100), (164)–(165)
カンパネラ　Tommaso Campanella　95
キケロ　Marcus Tullius Cicero　(14)

キャヴェンディッシュ（ニューカスル） William Cavendish (54), (94), (150)
キュヴィエ Georges Cuvier (6)
ギュルダン Paul Guldin 376, (94), (104), (115)
ギルバート William Gilbert 129, 556, 560, (148)
キルヒャー Athanasius Kircher (3)
グイエ Henri Gouhier (4)
クーザン Victor Cousin 14, (4)
クーチュラ Louis Couturat 14, 21, 48–49, 92, 150, 249, 276, 399, 406, 408, 415–18, 428, 534, 549, (11)–(12), (16), (31), (38), (45), (48), (54), (57)–(58), (61)–(62), (71)–(73), (75), (77)–(79), (82), (95)–(96), (123), (140), (151), (166)
グーラウアー Gottschalk Eduard Guhrauer (33), (148)
クールノー Antoine Cournot 307, 452, (93), (109), (111), (118), (120)
クザーヌス Nicolaus Cusanus 247, (33), (116)
クラーク Samuel Clarke 458, 526, (78), (90), (127), (130), (135), (140), (146)–(147), (150), (159)
クラーネン Theodor Craanen 519, (162)
クラヴィウス Christopher Clavius 100
クラウベルク Johannes Clauberg 4, 9, (1)
グランディ Guido Grandi (97)
グリム Friedrich Melchior Grimm 139, (6)–(7)
グリュア Gaston Grua (3), (16)
クレイグ John Craig 532
グレゴリ James Gregory 318, (103), (105), (109), (113)
グレゴワール（サン＝ヴァンサンの） Grégoire de Saint-Vincent 246, 288, 331, 350, (58), (94), (101)–(102), (104), (111)–(114)
クレルスリエ Claude Clerselier 9, 206, (3), (6), (16), (20), (57), (68)–(70)
クローチェ Benedetto Croce 93
ゲーテ Johann Wolfgang von Goethe 141, (37)
ケプラー Johannes Kepler 129, 247, 488, 556, 560, (100), (110), (114), (116), (148)
ゲルー Martial Gueroult 14, 183, 190, 440, 443–44, 511, 519, (3), (22), (24), (41), (48), (50)–(53), (62), (65), (73), (84), (89), (92), (120), (128), (130), (136)–(137), (152), (156), (158)–(159), (162), (164), (167)
コイレ Alexandre Koyré 334, 385, 500, 530, (5), (8), (43), (53), (69), (87), (100)–(103), (110), (114), (116), (130), (135), (152), (159), (163)–(164)
コーシー Augustin Louis Cauchy 318
コーツ Roger Cotes 533, (165)
コペルニクス Nicolaus Copernicus 125, 129, 541, 556, 560, (116), (148)
コルサノ Antonio Corsano 435, (134)
コルドモア Géraud de Cordemoy 4, (131)
コンスタンティヌス（大帝） Constantinus 116
ゴンゼ Ferdinand Gonseth 31
コンツェ Werner Conze (24)–(25), (29)–(32), (36)
コンディヤック Étienne Bonnot de Condillac 139, (64), (95)
コント Auguste Comte 138, 165, 307, 316–17, 375, 452, (92)–(93), (117), (120)–(121)
コンリング Hermann Conring 4, (58)–(59), (158), (160), (163), (167)–(168)

サ 行

シェリング　Friedrich von Schelling　141, 455
シエルマン　Jean Ciermans　303
ジグヴァルト　Christoph von Sigwart　36
ジビュー神父　Guillaume Gibieuf　(156)
シャイナー　Christopher Scheiner　(152)
シャニュ　Pierre Chanut　(152)–(153)
シュタイン　Ludwig Stein　(5)
シュトゥルム　Johann Christoph Sturm　422
シュマーレンバッハ〔シュマレンバッハ〕　Herman Schmalenbach　214, (24), (61), (78)
シュラーダー　Friedrich Schrader　(155)–(156)
シュレッカー　Paul Schrecker　348–50, 365, (16), (49), (106), (111)–(112), (119)
ジョクール　Louis de Jaucourt　92
シラー　Friedrich von Schiller　141
ジルソン　Étienne Gilson　14, 153, 462, 465, 474, (8)–(10), (14), (25), (27), (38), (62), (66), (69), (72), (128), (143), (154), (164), (169)
スーリオ　Étienne Souriau　(71)
スカリゲル　Julius Caesar Scaliger　(42)
スコット　Joseph Fredrick Scott　(153)
ステノ　Nicolas Stenon　503
スネル　Willebrord Snell　129, 429, 452, 556, 560, (105), (132)
スピッツェル　Gottlieb Spitzel　(2)
スピノザ　Baruch de Spinoza　1, 4, 6, 9, 11, 36, 68, 92–93, 156, 175–76, 178, 291, 294, 389, 392, 414, 419, 421, 449, 453, 457, 461, 473–75, 479, 498, 562, (4), (33), (41), (46)–(47), (141), (145)
スピノラ（司教）　Rojas y Spinola　171, (46)
スホーテン　Frans van Schooten　326, 329, (113), (162)
ゼノン　Zenon　244, 346–47, 350–51, 448, (70), (112)
ゼンネルト　Daniel Sennert　(136)
ソクラテス　Sokrates　(2), (62), (134), (138)
ゾフィー（ハノーファー選帝侯妃）　Kurfüstin Sophie von Hannover　(33), (166)

タ 行

ダヴィエ　Louis Davillé　139–40, (25), (29), (31), (34), (36), (171)
タウラー　Johannes Tauler　(43)
ダニエル神父　Gabriel Daniel　8, 11, (4)–(5), (136), (155), (167)
ダランベール　Jean-le-Rond d'Alembert　90–91, 368–70, 373, 380, (47), (108), (119)–(120), (135), (144)
タルタリア　Niccolò Fontana Tartaglia　(62), (164)
タンヌリ　Paul Tannery　324, (3)
ダンブスカ　Izydora Dambska　(7)
チルンハウス　Ehrenfried Walther von Tschirnhaus　21, 146, 176, 208, 282, 314, 335, 375, (41), (48), (57), (84), (94), (96), (99), (104)
デ・ウィット　Jan de Witt　532, (165)
デ・フォルダー　Burchard de Volder　(17), (42), (51), (80), (143), (152), (155)
デ・ボス神父　Bartholomäus des Bosses　117, 466, (30), (43), (78), (80), (89), (103), (134), (140), (143)
ディールズ　Hermann Diels　92
ディオゲネス・ラエルティオス　Diogenes Laertios　95, (37)
ディオファントス　Diophantos　213,

215, (61), (161)
デイクスターハウス　Eduard Jan Dijksterhuis　(7)
ディグビー　Kenelm Digby　9
ティコ・ブラーエ　Tycho Brahe　541
ディルタイ　Wilhelm Dilthey　94, (24), (33), (37)
テオプラストス　Theophrastos　95
デザルグ　Gérard Desargues　(113)
デモクリトス　Demokritos　125, (131), (172)
デュアメル　Jean Baptiste Du Hamel (136)
デュエム　Pierre Duhem　551, (154)
デルボ　Victor Delbos　140–41, (37)
テレシオ　Bernardino Telesio　95
テンネマン　Wilhelm Gottlieb Tennemann (24)
ドゥ・メレ　Chevalier de Mérét　533
ドゥ・ラ・シェーズ神父　François de la Chaise　(105)–(106), (156), (159), (161)
ドゥ・ボーヌ　Florimond De Beaune　318, 327–30, 333, 375, 377, (9), (91), (98)–(99), (111), (121)–(122)
ドゥ・ラ・シャンブル　Cureau de la Chambre　(132)
トビアス・アンドレアエ　Tobias Andreae　9
トマジウス　Jakob Thomasius　3, 8, 91, 110, 120, 140, (1)–(2), (4), (24), (76), (113)
トマス・アクィナス　Thomas Aquinas (100), (141)
トマス・アングルス（トマス・ホワイト） Thomas Anglus（Thomas White）(66)
トリチェッリ　Evangelista Torricelli 347, 501, (94), (101), (103), (110)
トルレ　Jean Torlais　(155)

ナ 行

ニーウェンタイト　Bernard Nieuwentyt 342–44, 360, (102), (107)–(108), (121)
ニーチェ　Friedrich Nietzsche　(128)
ニケーズ　Claude Nicaise　(31), (34), (154), (156)
ニュートン　Isaac Newton　11, 147, 224, 267, 317, 332, 343, 373, 375, 439, 458, 470, 480, 487, 496, 506, 517, 526, 529, 530, 551–54, 562, (6), (101), (113), (115)–(117), (130), (139), (144), (147), (149), (157)
ネイル　William Neil　(94)
ノエル神父　Étienne Noël　(50)

ハ 行

ハーヴィ　William Harvey　129, 501, 560
バークリ　George Berkeley　193, 200, 332, 362–65, 523, (40), (101), (161)
バーネット　Thomas Burnet　(15), (28), (31), (164)
ハーバート（チャーベリーの） Herbert of Cherbury　(20), (46)
バイエ　Adrien Baillet　(29), (94), (154)
ハイムゼート　Heinz Heimsoeth　21, (7), (12), (40), (58)
バシュラール　Suzanne Bachelard　13, (132)
バシュラール　Gaston Bachelard　385
パスカル　Blaise Pascal　31, 77, 93, 118, 122–23, 166, 175, 261, 316, 332, 334, 356, 361, 385, 407, 462, 501, 532, 561, (27), (44), (48), (50), (62), (65), (94), (101), (109), (113)–(115), (117), (123), (125), (164)
パチョーリ　Luca Paciulo　(164)
バッソ　Sébastien Basson（Sebastianus Basso）95

バナージュ・ド・ボーヴァル　Henri Basnage de Beauval　(37)
パパン　Denis Papin　111
ハリオット　Thomas Harriot　308, 310, (94)
バリュジ　Jean Baruzi　92
バルザック　Guy de Balzac　(10), (32)
バルズ　Albert G. A. Balz　(136)
パルディ　Ignace Gaston Pardies　(136)
バロウ　Isaac Barrow　343, (94)
ビスターフェルド　Heinrich Bisterfeld　247
ヒポクラテス　Hippokrates　402, 497
ヒューウェル　William Whewell　501
ヒューム　David Hume　140, 475, 497, 523, 540, (36), (126), (139), (162)
ピュタゴラス　Pythagoras　44, 125, 163, 166, 226, 247, 560
ビュフォン　Georges-Louis Leclerc, Comte de Buffon　140, (155)
ヒュラエ　Hendrik van Heuraet (Heuratius)　378, (104)
ビュルマン　Frans Burman　67, 226, 233, 241, 294, (7), (15), (25), (27)–(28), (39), (44), (54), (57), (62), (66)–(69), (90), (153), (156), (163)
ピュロン　Pyrrhon　151, 153
ヒルデブラント　Kurt Hildebrandt　(37)
ヒルベルト　David Hilbert　(59), (107)
ファイト・ルートヴィヒ・フォン・ゼッケンドルフ　Veit Ludwig von Seckendorff　(25), (34)
ファブリ　Honoré Fabri　(102)–(103), (113), (122)
ファン・フェルトホイセン　Lambert van Velthyusen　(2)
ファン・ヘルモント　Van Helmont　(33)
フィッシャー　Kuno Fischer　92, 140
フィヒテ　Johann Gottlieb Fichte　141
フィリップ　Christian Philipp　329, (21), (122), (126), (137)
フーシェ　Simon Foucher　85, 154, (1), (3), (18), (22), (38)–(39), (41), (45), (47), (50)–(51), (55), (59), (80), (84), (87)–(88), (96), (104), (112), (155)
フーシェ・ド・カレイユ　Foucher de Careil　200, 457, 459, 468, 474, (23)–(24), (30), (34), (37), (57), (116), (137)–(141), (157)
フーバー　Kurt Huber　(71), (117)
ブール　George Boole　(77)
フェヌロン　François de Salignac de la Mothe Fénelon　(8), (10),
フェラン　Louis Ferrand　4
フェルマ　Pierre de Fermat　19–20, 106, 319–24, 329, 333, 335, 343–44, 362, 374–75, 392, 407, 429–30, 526, 561, (13), (94), (98), (103), (116), (120), (132), (164)
フォイエルバッハ　Ludwig Feuerbach　173
フォス　Isaac Vossius　(132)
フォントネル　Bernard le Bovier de Fontenelle　11, 92, 138–39, 368, 373, 438, (6), (31), (94), (100), (116), (119)–(120), (122), (135)
ブクレ　Jean-Henri Bœcler　(3)
フッサール　Edmund Husserl　75, 79, 158, 364, (37), (41)
プティ　Pierre Petit　502
ブトゥルー　Émile Boutroux　480
プトレマイオス　Ptolemaios　338, 541
フューター　Eduard Fueter　139, (25)
ブラウアー　Luitzen Egbertus Jan Brouwer　237, (59)
ブラウン　Harcourt Brown　(173)
ブラウンカー　William Brouncker　(82), (94)
ブラドヴァルディヌス　Thomas

Bradvardinus (100)
プラトン Platon 3–4, 28, 35, 43–44, 89, 93, 95, 97, 125, 150, 153, 155, 161, 168, 175, 207, 217, 222, 253, 263, 270, 289, 419, 453, 459–60, 519–20, 527, 560, 564, (2), (10), (19), (22), (42), (76), (130), (134), (152)
ブランシュヴィック Léon Brunschwicg 138, 150, 248–49, 267, 324, 329, 368, 457, 469–70, 471–74, 480, 498, 552, 554, (138), (143), (153), (156)
フランソワ神父 Jean François (15)
フリードマン Georges Friedmann 434–35, (134)
フリードリッヒ二世 Friedrich II 119
ブルーノ Giordano Bruno 95, (33), (148)
ブルゲ Louis Bourguet (73), (79), (81), (139), (165)
ブルッカー Jakob Brucker (24), (39)
フレニクル Bernard Frénicle de Bessy (28), (61), (93)
ブレイエ Émile Bréhier (10)
フレケンシュタイン Joachim Otto Fleckenstein (38)
プレステ神父 Jean Prestet (94)
プレンピウス Vopiscus Fortunatus Plempius (14), (27)–(28)
ブロー＝デランド Boureau-Deslandes 139
ブロシャール Victor Brochard (147)
プロスドキモ・デ・ベルドマンディ Prosdocimo de' Beldomandi (81)
ブロック Léon Bloch (149), (153), (162)–(164)
ベークマン Isaac Beeckman (13), (25), (27), (67), (71), (93)
ヘーゲル G. W. F. Hegel 7, 26, 68, 90–92, 138, 141–42, 453, 523, 563, (9)
ベーコン Francis Bacon 9, 95, 108–09, 125, 214, 487, 501, 504, 530, 553, (147), (158)
ベーメ Jakob Böhme (55), (71), (173)
ベール Pierre Bayle 90, 92–93, 103, 112, 116, 346–47, 351, 373, 422, (24)–(26), (70), (110), (113), (128), (136)–(137), (161)–(162)
ヘーレボルト Adriaan Heereboord 9
ベック Leslie J. Beck (84)
ヘッセン＝ラインフェルス方伯 Landgraf Ernst von Hessen-Rheinfels (26), (31), (51), (135)
ペテロ Petros 265, 499, (50)
ペリッソン Paul Pellisson (30)
ヘルダー Johann Gottfried von Herder 141, (37), (56)
ベルテ神父 Jean Berthet 4
ベルニエ François Bernier (36)
ベルヌーイ〔ベルヌイ〕 Johann Bernoulli (44), (53), (71)–(72), (74), (81), (85)–(86), (88)–(89), (107)
ベルヌーイ Nicolas Bernoulli 532
ベルヌーイ Jakob Bernoulli 532, (164)–(165), (170)
ペレイラ Gomez Pereira (136)
ペロー Claude Perrault (155)–(156)
ポアンカレ Henri Poincaré (107), (110), (117)–(118), (120)
ボイテンダイク Buitendijck (41)
ホイヘンス Christiaan Huygens 5, 11, 19, 106, 332, 335, 343, 349, 378, 508, 529, 532, 552, 561, (3), (9), (28), (44), (46), (57), (59), (71), (83), (94), (101), (104)–(105), (108)–(109), (113)–(114), (116), (118), (120), (130), (132), (149), (154)–(155), (161)–(162), (164)
ボイル Robert Boyle 19, 505, (155)
ボーグラン Jean de Beaugrand 25

ボーゼ　Johannes Andreas Bose　91, 110, 120, (29)
ボーデマン　Eduard Bodemann　(2), (4), (32), (53)–(54), (60), (87), (89), (147), (170), (172)–(173)
ボーデンハウゼン男爵　Rudolph Christian von Bodenhausen　(54)
ホーヘランデ　Cornelius van Hogelande　(26)–(27)
ボシュエ　Jacques-Bénigne Bossuet　8, 10, (3), (31)
ホッブズ　Thomas Hobbes　9, 175, 196–97, 202, 214, 334, 429, 449, 558, (2), (33)
ホフマン　Joseph Ehrenfried Hofmann　14, 355, (11), (58), (61), (85), (102), (106), (109), (112)–(114)
ボレリ　Giovanni Borelli　4
ボレル　Émile Borel　237
ポンペイウス　Gnaeus Pompeius Magnus　90

マ 行

マーンケ　Dietrich Mahnke　7, (24)–(25), (33), (37)–(38), (41)–(42), (59), (61), (85), (101)–(103), (109), (113)–(117), (120), (122)
マイネッケ　Friedrich Meinecke　(24)–(25)
マイノング　Alexis Meinong　(126)
マクローリン　Colin Maclaurin　(117)
マサム夫人　Damaris Cudworth Masham　(172)
マツァート　Heinz L. Matzat　(71)
マッハ　Ernst Mach　501
マリー　Maximilien Marie de Ficquelmont　(92), (99), (101)
マリオット　Edme Mariotte　194, 505, (52), (57)
マルブランシュ　Nicolas de Malebranche　6, 8, 61, 155, 164, 169–70, 211, 258, 314, 330, 351, 375, 380, 394, 428, 455, 462–63, 498, 562, (3), (18), (20), (28), (30), (33), (37), (40), (44), (46), (50)–(52), (54), (58), (64), (66), (95), (104), (113), (122)–(123), (127), (131)–(132), (137), (139), (141), (158), (168)
ミヨー〔ミロー〕　Gaston Milhaud　14, 63, 213, 323, 324, (7), (19), (68), (76), (92), (97)–(99), (132), (152)
ミヨー〔ミロー〕　Gérard Milhaud　304, (93)
メーヌ・ド・ビラン　Maine de Biran　457, (71)
メティウス　Pierre Metius　338, (105)
メナール　Pierre Mesnard　(29)
メランヒトン　Philipp Melanchton　(29)
メラン神父　Denis Mesland　(3), (27), (40), (46)
メルカトル　Nicolaus Mercator　378, (104), (113)
メルセンヌ　Marin Mersenne　37, 106, 167, 199, 237, (2)–(4), (9)–(10), (12)–(15), (20), (25)–(28), (32), (39), (44), (46)–(48), (54)–(55), (57), (60)–(61), (64)–(65), (67)–(68), (70), (72), (84), (93), (96)–(99), (125)–(127), (140), (150)–(151), (153)–(154), (158)–(159), (161)–(163)
モア　Henry More　544, (54), (149), (169)
モアブル　Abraham de Moivre　532
モーペルテュイ　Pierre-Louis Moreau de Maupertuis　(132)
モラン　Jean-Baptiste Morin　106, (28), (37), (47), (138), (149), (159)
モリエール　Molière　488, (148)
モンジュ　Gaspard Monge　(113)

モンチュクラ　Jean-Étienne Montucla　301, 343, 360, 532, (58), (82), (91)–(92), (99)–(100), (108)–(109), (111), (113), (116)–(117), (123), (165)–(166)
モンテーニュ　Michel de Montaigne　95, 103, 110
モンモール　Pierre Rémond de Montmort　532

ヤ 行

ヤゴディンスキー　Ivan Jagodinsky　(22), (39), (74)–(75), (157)
ユークリッド（エウクレイデス）　Eukleides　2, 22, 123, 134, 136, 165, 170, 191–93, 203–05, 207, 217, 224, 277, 280, 313, 341, 380, 397, 454, 460, 471, 475, (59), (75), (82), (102), (107), (123)
ユーバーヴェーク　Friedrich Ueberweg　(48)
ユエ　Pierre Daniel Huet　8, 11, 34, 92–93, 103, 108–09, 560, (24)–(25), (28)–(31), (34)
ユスタッシュ・ド・サン・ポール（エウスタキウス）　Eustache de Saint-Paul (Eustachius)　(8)
ユンギウス　Joachim Jungius　175
ヨハン・フリードリヒ（ハノーファー公）　Johann Friedrich von Hannover　(2), (13), (103), (123)

ラ 行

ラヴェッソン　Félix Ravaisson　(8)
ラエイ　Johannes de Raey　4, 9, (1)
ラグランジュ　Joseph-Louis Lagrange　13, 360
ラッセル　Bertrand Russel　49, 92, 150, 249, 346, (12), (109)
ラプラス　Pierre Simon de Laplace　437, 479, (135)
ラポルト　Jean Laporte　1, 34, 58, 64, 160, 170, 204, 408, 414, 471, 549, (6)–(8), (10)–(12), (14), (40), (43), (46)–(47), (63), (65), (73), (86), (164), (169)
ラミ神父　François Lamy　351, (113)
ラランド　Jérôme de Lalande　(165)–(166)
リアール　Louis Liard　10, 499, 564, (152)–(153)
リヴォー　Albert Rivaud　154, (5), (7), (16), (37), (39), (48), (87), (94), (99), (103), (115), (121), (133), (155), (172)
リヒター　Liselotte Richter　(32)
リプシウス　Justus Lipsius　120
ルイ十四世　Louis XIV　477
ルター　Martin Luther　8, 91, 109–10, 118, 140
ルドルフ　Ludolph van Ceulen　338, (105)
ルノーブル　Robert Lenoble　(25), (35)
ルベーグ　Henri Lebesgue　237
ルルス　Raimundus Lullus　37, 106, 151, 247–48, (13), (39)
ルロワ　André Leroy　(117)–(118), (162)
ル・ロワ　Georges Le Roy　(66)
ルロワ　Maxime Leroy　565
レヴィス　Geneviève Lewis　(43)
レウキッポス　Leukippos　(148)
レーウェンフック　Antonie van Leeuwenhoek　502
レーマー　Ole Roemer　496, 561
レオミュール　René-Antoine Ferchault de Réaumur,　504, (155)
レッシング　Gotthold Ephraim Lessing　141
レッヒウス（アンリ・ル・ロワ）

Henricus Regius (Henri Le Roy)　9, (20), (26), (48), (55), (64), (125)
レモン　Nicolas Rémond　(1), (34), (86)
レン　Christopher Wren　561, (3), (94)
ロオー　Jacques Rohault　4, 11
ロック　John Locke　138, 160, 179, 200, 398, 490, 493, 562, (157)–(158)
ロディエ　Georges Rodier　(49)
ロバン　Léon Robin　(49)
ロピタル　Marquis de l'Hospital　343, 368, (38), (40), (59), (62), (94)–(96), (98), (100), (105)–(106), (108), (119), (122), (155)
ロビネ　Jean-Baptiste-René Robinet　386, (125)
ロビネ　André Robinet　(3), (5), (18)–(19), (58), (127),
ロビン　Benjamin Robin　(117)
ロベルヴァル　Gilles de Roberval　205, 308, 326, 334, 429, 458, 560, (3), (27), (34), (94), (101)
ロラリウス　Jérôme Rorarius　(110), (136), (161)
ロル　Michel Rolle　360, 362

ワ 行

ワイエルシュトラス　Karl Weierstrass　(117)
ワイル　Hermann Weyl　237, (59)

文献一覧

I. デカルトの作品

Œuvres, édition Charles Adam et Paul Tannery, 11 volumes + t. XII Biographie + Supplément. Paris, 1897–1913. —Abrév.: *A. T.*

René Descartes. Dicours de la Méthode, texte et commentaire par Étienne Gilson, Paris, 1925. —Abrév.: *Comm. Descartes.*

Correspondance publiée avec une introduction et des notes par Charles Adam et Gérard Milhaud.(En cours de publication), t. I-VI, Paris, 1936–1956. [〔書簡については〕この版を利用した．ただし，未完結のため〔訳者註：1963年に完結〕，統一性を考慮し，参照箇所はすべてA. T. 版で示しておいた.]

Correspondance of Descartes and Constantijn Huygens, 1635–1647, by Léon Roth, Clarendon-Press, 1926.

Entretien avec Burman, manuscrit de Goetingen, présenté, traduit et annoté par Ch. Adam, Paris, 1937.

Œuvres et Lettres. Textes présentés par André Bridoux, Paris, 1937.[Reprend la trad. des *Regulae* par Georges Le Roy, Paris, 1932.]

II. ライプニッツの作品

Erdmann（Joannes Eduardus）: *God. Guil. Leibnitii Opera Philosophica quae exstant latina gallica germanica omnia*, Berolini, MDCCCXL. —Abrév. : *E.*

Guillielmi Gottifredi Leibnitii Opusculum adscititio titulo Systema Theologicum inscriptum, éd. Pierre Paul Lacroix, Paris, 1845.

Leibniz und Landgraf Ernst von Hessen-Rheinfels. Ein ungedruckter Briefwechsel über religiöse und politische Gegenstände. ... herausgegeben von Chr. von Rommel, 2 vol., Frankfurt-s-M., 1847.

Leibnizens mathematische Schriften, herausgegeben von C. I. Gerhardt, t. I-II, London-Berlin, 1850; t. III-VII, Halle, 1855–1863. —Abrév.: *M.*

Foucher de Careil（A）.: *Nouvelles Lettres et Opuscules inédits de Leibniz*, Paris, 1857. Abrév. : *Nl.*

— *Œuvres de Leibniz*, 6 t., Ire éd. Paris, 1859–1865; t. VII, 2 e éd., Paris, 1875. —Abrév. : *F. d. C.*

Briefwechsel zwischen Leibniz und Christian Wolf. ... herausgegeben von C. I. Gerhardt, Halle, 1860.

Klopp (Onno): *Die Werke von Leibniz*. —*Erste Reihe: historisch-politische und staatswissenschaftliche Schriften*, 11 t. —Hannover, 1864–1884. —Abrév. : *K*.

Die philosophischen Schriften von Gottfried Wilhelm Leibniz, herausgegeben von C. I. Gerhardt, 7 t., Berlin, 1875–1890. —Abrév. : *P*.

Couturat (Louis): *Opuscules et fragments inédits de Leibniz*, Paris, 1903. —Abrév. : *Op*.

Jagodinsky (Ivan): *Leibnitiana Elementa Philosophiae arcanae de summa rerum*. Kazan, 1913. —Abrév. : Jag. *El*.

— *Leibniz, Confessio Philosophi*. Kazan, 1915.

Αποκατάστασιςπάντων. —Cf. Ettlinger (Max).

Gottfried Wilhelm Leibniz Samtliche Schriften und Briefe, herausgegeben von der preussischen Akademie der Wissenschaften. Darmstadt. Erste Reihe, erster Band: Allgemeiner politischer und historischer Briefwechsel (1668–1676). —1923. Zweiter Band (1676–1679). —1927. Zweite Reihe, erster Band, Philosophischer Briefwechsel (1663–1685). —1926. Vierte Reihe, erster Band, Politische Schriften (1663–1672). —1931. Sechste Reihe, erste Band: Philosophische Schriften (1663–1672) —1931. —Abrév. : *R*.

Leibniz: *Discours de Métaphysique*, éd. Henri Lestienne. Paris, 1929. —Abrév. : *Disc. Met*.

La Monadologie, publiée d'après les manuscrits et accompagnée d'éclaircissements par Émile Boutroux, suivie d'une note sur les principes de la mécanique dans Descartes et dans Leibniz par Henri Poincaré, Paris, 1930.

Leibniz. Textes inédits, 2 t., publiés par Gaston Grua, Paris, 1948. —Abrév. : *T*.

Protogaea übersetzt von W. Engelhardt (Leibniz Werke herausgegeben von W. E. Peuckert, erster Band), Stuttgart, 1949.

P. Costabel: *Deux inédits de la correspondance indirecte Leibniz-Reynau*. —Revue d'Hist. des Sciences, t. II, n° 4, 1949, pp. 311–332.

III. 一般的な書誌

［パスカル，スピノザ，マルブランシュ等の主要な古典，及び，たとえばデカルトやライプニッツの道徳論といった本書の主題とはかけ離れた主題についての諸研究，そして最後に，付随的に利用した著作や論文，については改めて記載していない.］

Adam (C. E.): *De Methodo apud Cartesium, Spinozam et Leibnitium*, Lutetiae, MDCCCLXXXV.

Alembert (Jean-le-Rond d'): *Œuvres*, Paris, 1821, 5 vol.

Alquié (Ferdinand): *La découverte métaphysique de l'homme chez Descartes*, Paris, 1950.

— *Descartes. L'homme et l'Œuvre*, Paris, 1956.

***La Philosophie de M. Descartes contraire à la foy catholique avec la réfutation d'un imprimé fait depuis peu pour sa défense*. A Paris, en la boutique de Guy Caillou, marchand-libraire, ruë Saint-Jacques à la Constance. —MDCLXXXII, avec approbation et privilège du Roy.

****Institutions leibnitiennes ou Précis de la Monadologie* (Avant titre: *Les Monades ou Introduction à la Philosophie de Leibniz*). Lyon, 1768 (?) [La *Correspondance* de Grimm, nov. 1767 attribue cet ouvrage à l'abbé Sigorgne qui aurait été inspiré par Canz, professeur à Tübingen. —Selon Barbier, l'ouvrage serait de Dutens.]

Arnauld (Antoine): *Des vrayes et des fausses idées contre ce qu'enseigne l'auteur de la Recherche de la vérité*. A Cologne, chez Nicolas Schouten, MDCL XXXIII.

— *Œuvres philosophiques contenant les Objections contre les Méditations de Descartes, la Logique de Port-Royal, le Traité des vraies et des fausses idées.* C. Jourdain, Paris, 1843.

Baillet: *Jugemens des Sçavans sur les principaux ouvrages des auteurs.* A Paris, chez Antoine Dezallier, ruë Saint-Jacques, à la Couronne d'Or. MDCLXXXV-MDCLXXXVI.

Balz (Albert G. A.): *Cartesian Studies*. New-York, 1951.

Baruzi (Jean): *Trois dialogues mystiques inédits de Leibniz*, Revue Métaphys. et Morale, janvier 1905.

— *Leibniz et l'organisation religieuse de la terre d'après des documents inédits.* Paris, 1907.

— *Leibniz*, Paris, 1909.

Bayle (Pierre): *Dictionnaire historique et critique*, 4e éd., revue, corrigée et augmentée. Avec la vie de l'auteur par M. des Maizeaux, Amsterdam et Leide, MDCCXXX.

Beck (L. J.): *The Method of Descartes. A Study of the Regulae*, Oxford, 1952.

Belaval (Yvon): *Leibniz et la langue allemande*, Rev. Germanique, avril-juin 1947.

— *Pour connaître la pensée de Leibniz*, Paris, 1952.

— *Une «Drôle de pensée» de Leibniz*, Nouvelle Revue Française, octobre 1958.

Bloch (Léon): *La philosophie de Newton*, Paris, 1908.

Blondel (Maurice): *De Vinculo substantiali et de substantia composita apud Leibnitium.* Alcan MDCCCXCIII.

— *Une énigme historique: Le «Vinculum substantiale» d'après Leibniz, et l'ébauche d'un réalisme supérieur.* Paris, MCMXXX.

Bodemann (E.): *Die Handschriften der königlichen offentlichen Bibliothek zu Hannover* beschrieben und herausgegeben von Eduard Bodemann, Hannover, 1867.

— *Der Briefwechsel des Gottfried Wilhelm Leibniz in der königlichen öffentlichen Bibliothek zu Hannover*, Hannover, 1889.

— *Die Leibniz-Handschriften der Königlichen öffentlichen Bibliothek zu Hannover*, beschrieben von Dr. Eduard Bodemann. Königl. rath und ober-Bibliothekar, Hannover und Leipzig, 1895.

Bouillier (Francisque): *Histoire de la Philosophie cartésienne*, 2 t., 3e éd., Paris, 1868.

Boutroux (Émile): *Des vérités éternelles chez Descartes*, thèse latine traduite par M. Canguilhem, Préface de M. Léon Brunschvicg, Paris, 1927.

— Cf. *Monadologie.*

Brown (Harcourt): *Scientific Organizations in Seventeenth Century France* (1620–1680), Baltimore, 1934.

Brucker (Jakob): *Historia philosophica doctrinae de IDEIS qua tum veterum imprimis Graecorum tum recentiorum philosophorum* placita enarrantur. —Augustae Vindelicorum, 1723.

Brugmans (Henri L.): *Le séjour de Christian Huygens à Paris et ses relations avec les milieux scientifiques francais, suivi de son Journal de Voyage à Paris et à Londres*, Paris, 1935.

Brunschvicg (Léon): *L'expérience humaine et la causalité physique*, Paris, 1922.

— *Descartes*, Paris, 1937.

— *Descartes et Pascal, lecteurs de Montaigne*, Neuchâtel, 1942.

— *Spinoza et ses contemporains*, 4e éd., Paris, 1951.

— *Écrits philosophiques*, t. I, Paris, 1951.

— *Le progrès de la conscience dans la philosophie occidentale*, 2 t., 2e éd., Paris, 1953.

Cantor (Moritz): *Vorlesungen über Geschichte der Mathematik*, 3 t., Leipzig, 1880, 1892, 1898.

Carnot (L.): *Réflexions sur la métaphysique du Calcul infinitésimal*, 2 t., Paris, 1921.

Cassirer (Ernst): *Leibniz' System in seinen wissenschaftlichen Grundlagen,* Marburg, 1902.

— *Das Erkenntnisproblem in der Philosophie und Wissenschaft der neueren Zeit*, 3 t., Berlin, 1922.

— *Philosophie der symbolischen Formen*, 2 Auflage, 3 Bd, Oxford, 1954.

— *Die Philosophie der Aufklärung*, Tübingen, 1932.

— *Descartes. Lehre. Persönlichkeit. Wirkung*, Stockholm, 1939.

Clauberg: *Ioh. Claubergii, in Publico Teutoburgensi ad Rhenum Athenaeo Professoris*, DEFENSIO CARTESIANA *adversus Jacobum Revium Theologum Leidensem et Cyriacum Lentulum Professorem Herbornensem. Pars prior exoterica in qua Renati Cartesii Dissertatio de Methodo vindicatur, simul illustria Cartesianae Logicae et Philosophiae Specimina exhibentur.* —Amstelodami, 1652.

Condillac: *La Langue des Calculs*, 2 t., Paris, an IX (1801).

Corsano (Antonio): *C. W. Leibniz*, Napoli, 1952.

Cournot (A. A.): *De l'origine et des limites de la correspondance entre l'algèbre et la géométrie,* Paris-Alger, 1847.

— *Traité de l'enchaînement des idées fondamentales dans les sciences et dans l'histoire*. Nouvelle édition publiée avec un avertissement par L. Levy-Bruhl, Paris, 1911.

— *Essai sur les fondements de nos connaissances et sur les caractères de la critique philosophique,* 3e éd., Paris, 1922.

Cousin (V.): *Fragments d'histoire de la philosophie moderne*, Paris, 1866.

Couturat, Delbos, ... : *Sur les rapports de la Logique et de la Métaphysique de Leibniz.* —Bulletin de la Société française de Philos., 27 février 1902.

Couturat (Louis): *La Logique de Leibniz d'après des documents inédits*, Paris, 1901.

— Cf. *Œuvres* de Leibniz.

Cohen (G.): *Les Écrivains français en Hollande dans la première moitié du XVIIe siècle*, Paris, 1920.

Conze (Werner): *Leibniz als Historiker*, Berlin, 1951.

Daniel (Gabriel): *Voiage du monde de Descartes*, à Paris, MDCXCI.

—*Voiage du Monde de Descartes*, à Paris, MDCCXX (suite formant la Ve partie du précédent).

Davillé (Louis): *Leibniz historien. Essai sur l'activité et les méthodes historiques de Leibniz*, Paris, 1909.

— *Le séjour de Leibniz à Paris* (1672–1676). Archiv für Geschichte der Philosophie, t. XXXIII-XXXIV, neue Folge XXVI, XXVII, 1921, 1922.

Dechalles (le P. Claude François Millet): *Les Elemens d'Euclide expliquez d'une manière nouvelle et très facile avec l'usage de chaque proposition pour toutes les parties des Mathématiques*, nouvelle édition revue et corrigée, Paris, MDCXC.

Delbos (Victor): *La philosophie pratique de Kant*, 2e éd., Paris, 1926.

Dürr (Karl): *Leibniz'Forschungen im Gebiet der Syllogistik*, Berlin, 1949.

ERDMANN (J. E.): cf. *Œuvres* de Leibniz.

ETTLINGER (Max): *Leibniz als Geschichtsphilosoph.*, München, 1921.

FEUERBACH (Ludwig): *Darstellung, Entwicklung und Kritik der Leibnitz'schen Philosophie*, 2e éd., Leipzig, 1844.

FLECKENSTEIN (Joachim Otto): *Gottfried Wilhelm Leibniz. Barock und Universalismus*, München, 1958.

FOUCHER DE CAREIL (A.): *Leibniz, la philosophie juive et la cabale*, Paris, 1861.

— *Leibniz, Descartes et Spinoza*, avec un rapport par M. V. Cousin, Paris, 1863.

— *Leibniz et les deux Sophies*, Paris, 1876.

— *Mémoire sur la philosophie de Leibniz*, précédé d'une préface de M. Alfred Fouillée, 2 t., Paris, 1905.

— Cf. *Œuvres* de Leibniz.

FRIEDMANN (G.): *Leibniz et Spinoza*, Paris, 1946.

GILSON (Étienne): *Index Scolastico-Cartésien*, Paris, 1912.

— *Études sur le rôle de la pensée médiévale dans la formation du système cartésien*, Paris, 1930.

— Voir *Œuvres* de Descartes.

GOUHIER (Henri): *La pensée reigieuse de Descartes*, Paris, 1924.

— *Essais sur Descartes*, Paris, 1937.

— *Les premières pensées de Descartes. Contribution à l'histoire de l'anti-Renaissance*, Paris, 1958.

GRUA (Gaston): *Jurisprudence universelle et théodicée selon Leibniz*, Paris, 1953.

— *La Justice humaine selon Leibniz*, Paris, 1956.

— Voir *Œuvres* de Leibniz.

GUÉROULT (Martial): *Dynamique et métaphysique leibniziennes, suivi d'une note sur le principe de moindre action chez Maupertuis*, Paris, 1934.

— *Substance and the primitive simple notion in the Philosophy of Leibniz*. Philosophy and phenomenological Research, t. VII, année 1946, pp. 293–315.

— *Descartes selon l'ordre des raisons*, 2 t., Paris, 1953.

— *La constitution de la substance chez Leibniz*, Revue Métaphys. et Morale, t. LII, no 1, janvier 1947, pp. 55–78.

— *Métaphysique et physique de la force chez Descartes et Malebranche*, Revue Métaphys. et Morale, année 1954, no 1, janvier-mars, pp. 1–37, avril-juin, pp. 113–134.

GUHRAUER (G. G.): *Gottfried Wilhelm Freiherr. v. Leibniz. —Eine Biographie* von G. G. Guhrauer. —Zwei Theile. —Zu Leibnitzens Säkular-Feier mit neuen Beilagen und einem Register, Breslau, 1846.

GUITTON (Jean): *Pascal et Leibniz. Étude sur deux types de penseurs*, Paris, 1951.

HALBWACHS (Maurice): *Leibniz*, Paris, s. d.

HAMELIN (O.): *Le système de Descartes*, Paris, 1911.

HANNEQUIN (A.): *La preuve ontologique cartésienne défendue contre la critique de Leibniz*, Revue Métaphys. et Morale, 1896, pp. 433–458.

— *Études d'histoire des sciences et d'histoire de la philosophie*, 2 t., Paris, 1908. [Reprend l'article précédent.]

HARTMANN (Nicolai): *Leibniz als Metaphysiker*, Berlin, 1946.

HAZARD (P.): *La crise de la conscience européenne* (1680–1715), Paris, 1935.

HEIMSOETH (Heinz): *Die Methode der Erkenntnis bei Descartes und Leibniz*. Philosophische Arbeiten, herausgegeben von H. Cohen und P. Natorp, Sechster Bd, Giessen, 1912–1914.

HILDEBRANDT (Kurt): *Leibniz und das Reich der Gnade*, Haag, 1953.

HOCHSTETTER (Erich): *Zu Leibniz'Gedächnis, eine Einleitung*, Berlin, 1948.

HOFMANN (Jos. E.): *Das Opus Geometricum des Gregorius a S. Vincentio und seine Einwirkung auf Leibniz*. —Abhandlungen der Preussischen Akademie der Wissenschaften, 1941, nº 13, Berlin, 1942.

— *Studien zur Vorgeschichte des Prioritätstreites zwischen Leibniz und Newton um die Entdeckung der höheren Analysis*. —I. *Abhandlung: Materialen zur ersten mathematischen Schaffensperiode Newtons* (1665–1675). —Abhand. d. Pr. Akad. der Wiss., 1943. Math.-naturw. klasse, nº 2, Berlin, 1943.

— *Leibniz' mathematische Studien in Paris*, Berlin, 1948.

— *Die Entwicklungsgeschichte der leibnizschen Mathematik während des Aufenthaltes in Paris* (1672–1676). Unter Mitbenutzung bischer unveröffentlichen Materials—mit 27 Abbild in Text. Leibniz Verlag, Munchen bicher R. Oldenburg Verlag, 1949.

HOFMANN (Jos. E.), WIELEITNER (H.), MAHNKE (D.): *Die Differenzenrechrung bei Leibniz*. —Aus den Stizungsberichten der preussischen Akad. der Wissenschaften Phys.-Math. klasse. 1931, XXVI, 1931.

HUBER (Kurt): *Leibniz*, München, 1951.

HUET: *Petri Danielis Huetii Episcopi suessionensis designati* CENSURA PHILOSOPHIAE CARTESIANAE—Lutetiae Parisiorum apud Danielem Horthemels, via Jacobae, sub signo Mecaenatis, MDCLXXXIX.

— *Nouveaux mémoires pour servir à l'histoire du Cartésianisme* par M. G. de l'A., MDCXCII.

HUSSERL (Edmond): *Méditations cartésiennes. Introduction à la phénoménologie*, Paris, 1947.

HUYGHENS (Christian): *Œuvres complètes* publiées par la Société hollandaise des sciences, 22 vol., La Haye, 1888 sq.

IWANICKI (Joseph): *Leibniz et les démonstrations mathématiques de l'existence de Dieu*, Strasbourg, 1933.

KABITZ (Willy): *Die Philosophie des jungen Leibniz. Untersuchungen zur Entwicklungsgeschichte seines systems*, Heidelberg, 1909.

— Cf. Kritischer Katalog.

KIEFL (Franz X.): *Der europäische Freiheitskampf gegen die Hegemonie Frankreichs auf geistigem und politischem Gebiet*, Mainz, 1913.

KLOPP (Onno): Cf. *Œuvres* de Leibniz.

KOYRÉ (Alexandre): *Bemerkungen zu den Zenonischen Paradoxen.* —Jahrbuch für Philos. und phänomenologische Forschung, Halle a. d. s. 1922, pp. 602–628.

— *Études Galiléennes*, 3 vol. Paris, 1939.

— *Trois leçons sur Descartes*, Le Caire, 1937.

— *Les Philosophes et la Machine.* — Critique, t. IV, 1948, n° 23 et n° 24.

— *Du monde le l'à peu près à l'univers de la précision*, Critique, 1948, n° 28.

— *An Experiment in Measurement.* Proceedings of the Am. Philos. Society, vol. 97, n° 2, april 1953, Philadelphie.

— *Bonaventura Cavalieri et la Géométrie des continus.* Hommage à Lucien Febvre. Éventail de l'Histoire, t. I, pp. 319–340, Paris, 1953.

— *A documentary History of the Problem of Fall from Kepler to Newton.* Transactions of the American Philosophical Society, new series, volume 45, Part. 4, Philadelphia, 1955.

— *Les origines de la science moderne*, Diogène, n° 16, 1956.

— *Pascal savant*, Cahiers de Royaumon, Philosophie, n° 1, Paris, 1956.

— *From the closed world to the infinite Universe*, Baltimore, 1957.

Kritischer Katalog der Leibniz-Handschriften, zur Vorbereitung der Interakademischen Leibniz-Ausgabe unternommen von der Académie des Sciences zu Paris, der Academie des Sciences morales et politiques zu Paris und der Königlichen Akademie der Wissenschaften zu Berlin. Als Manuscript vervielfältigt, Erstes. Heft (1646–1672), Berlin, 1908.

LA FORGE (Louis de): *Traité de l'esprit de l'Homme, de ses Facultés et fonctions et de son Union avec le corps, suivant les principes de René Descartes*, Paris, MDCLXVI.

LAPORTE (Jean): *Le problème de l'abstraction*, Paris, 1940.

— *Le Rationalisme de Descartes*, Paris, 1945.

L'HOSPITAL (Marquis de): *Analyse des infiniment petits pour l'intelligence des lignes courbes*, revue et augmentée par M. Le Fevre, Paris, MDCCLXXXI.

LIARD (Louis): *Descartes*, Paris, 1882.

MAHNKE (Dietrich): *Leibnizens Synthese von Universalmathematik und Individual-*

metaphysik. Jahrbuch für Philosophie und phänomenologische Forschung, Bd. VII, pp. 305–611. Halle a. d. s., Verlag von Max Niemeyer, 1925.

— *Neue Einblicke in die Entdeckungsgeschichte der höheren Analysis*. —Aus den Abhandl. d. preuss. Akad. d. Wissenschaften, 1925. Phys. Math. Klasse, nº 1, Berlin, 1926.

— Cf. Hofmann (Jos. E.).

Maine de Biran: *Œuvres*, t. XI, Paris, 1939. *Règles de Descartes pour la direction de l'esprit*, pp. 33–76. Annotations de Maine de Biran sur son exemplaire des *Opuscula posthuma et mathematica* de Descartes, pp. 77–80. —Commentaire sur les *Méditations métaphysiques* de Descartes, pp. 81–146. —*Exposition de la doctrine philosophique de Leibniz*, pp. 435–489.

Maizeaux (des): *Recueil de diverses pièces sur la Philosophie, la Religion naturelle, l'Histoire, les Mathématiques*, etc... *par Mrs Leibniz, Clarke, Newton et autres auteurs célèbres*, 2 vol., Amsterdam, MDCCXX.

Marie (Maximilien): *Histoire des Sciences mathématiques*, t. IV, Paris, 1884.

Matzat (Heinz L.): *Die Gedankenwelt des jungen Leibniz*. —Beiträge zur Leibniz-Forschung, hrggb. von Georgi Schischkoff, Reutlingen, 1947.

Meinecke (Fr.): *Shaftesbury und die Wurzeln des Historismus*. — Aus den Sitzungsberichten der preuss. Akad. d. Wiss. Phil. Hist. Klasse 1934, VII, Berlin.

Meinong (Alexis): *Hume-Studien* (*Zur Relationstheorie. Erste Abtheilung*), Wien, 1882.

Mersenne (P. Marin): *Correspondance*, publiée par Mme Paul Tannery, éditée et annotée par Cornelis de Waard, avec la collaboration de René Pintard, t. I-IV, 1716–1634 (la suite en cours de publication), Paris, 1933–1955.

Mesnard (P.): *Comment Leibniz se trouva placé dans le sillage de Suarez*. Archives de Philos. t. XVIII, nº 1, 1949.

Meyer (R. W.): *Leibniz and the seventeenth Century Revolution*, Cambridge, 1952.

Milhaud (Gaston): *Descartes savant*, Paris, 1921.

Milhaud (Gérard): Cf. *Œuvres* de Descartes.

Montucla, *Histoire des Mathématiques*..., Paris, MDCCLVIII.

Moreau (Joseph): *L'Univers leibnizien*, Paris-Lyon, 1956.

Mouy (Paul): *Les lois du choc des corps d'après Malebranche*, Paris, 1927.

— *Le développement de la Physique cartésienne*, 1646–1712, Paris, 1934.

Nolen (D.): *Quid Leibnizius Aristoteli debuerit*, Paris, 1875.

Olgiati (Francesco): *Il significato storico di Leibniz*. Publicazioni della Universita Cattolica del Sacro Cuore, serie prima: scienze filosofiche, vol. XIV, Milano, 1929.

PARDIES (le P. Ignace Gaston): *Elemens de Geometrie...*, Paris, MDCLXXI.

PIAT (Clodius): *Leibniz*, Paris, 1915.

RAVIER (Émile): *Bibliographie des Œuvres de Leibniz*, Paris, 1937.

REGIS: *Réponse au livre qui a pour titre P. Danielis Huetii Episcopi suessionensis designati* CENSURA PHILOSOPHIAE CARTESIANAE, *servant d'éclaircissement à toutes les parties de la Philosophie, surtout à la Métaphysique*, par Pierre Silvain Regis, à Paris chez Jean Cusson, ruë Saint-Jacques, à l'Image de saint Jean -Baptiste, MDCXCI, avec approbation et privilège du Roy.

RENOUVIER (Ch.): *Esquisse d'une classification systématique des doctrines phiosophiques*, 2 t., Paris, 1885.

Revue de Métaphysique et de Morale, 44e année, no 1, janvier 1937. Numéro spécial consacré à Descartes: articles de L. Brunschvicg, E. Brehier, A. Rivaud, S. V. Keeling, J. Laporte, H. Gouhier, G. Loria, F. Enriques, H. Dreyfus Le Foyer, E. Signoret, C. von Brockdorff, G. Beaulavon.

RICHTER (Liselotte): *Leibniz und sein Russlandbild*, Berlin, 1946.

RITTER (P.): Cf. *Kritischer Katalog*.

— *Leibniz ägyptischer Plan*, Leibniz-Archiv., Darmstadt, 1930.

RIVAUD (Albert): Cf. *Kritischer Katalog*.

— *La préparation du Catalogue critique et chronologiques des Œuvres de Leibniz*, Extrait du Journal des savants (juillet-aout 1906), Paris, MDCCCCVI.

— *Les notions d'essence et d'existence dans la philosophie de Spinoza*, Paris, 1906.

— *Catalogue critique des manuscrits de Leibniz*, fascicule II (mars 1672-novembre 1676). —Publié sous les auspicesde l'Ac des Sc. Mor. et Polit. en exécution des décisions prises en 1914 par le Comité Leibniz de l'Association Internationale des Académies, Poitiers, Sté Fr. d'imprimerie et de librairie, 6 et 8, rue Henri-Oudin, 1914–1924.

— *Textes inédits publiés par M. Ivan Jagodinsky*. —Revue Métaphys. et Mor., t. XXII, janvier 1914, pp. 94–120.

— *Quelques réflexions sur la Méthode cartésienne*, Revue Métaphys. et Mor., 44e année, no 1, janvier, 1937.

— *Histoire de la Philosophie*, t. III. L'époque classique, Paris, 1950.

ROBINET (André): *Malebranche et Leibniz. Relations personnelles*, Paris, 1955.

RUSSEL (Bertrand): *La Philosophie de Leibniz. Exposé critique*, trad. Jean Ray, Renée J. Ray, Paris, 1908.

— *Introduction à la Philosophie mathématique*, trad. G. Moreau, Paris, 1928.

SCHMALENBACH (Herman): *Leibniz*, München, 1921.

SCHRECKER (P.): *Leibniz et le principe du tiers exclu*. Actes du Congrès intern. de Phil. scient., fasc. VI, Paris, 1936.

— *Leibniz: ses idées sur l'organisation des relations internationales*. From the Proceedings of the British Academy, vol. XXIII, London, 1937.

— *Une bibliographie de Leibniz*, Revue Philos., nov-déc. 1938, pp. 324–346.

— *Leibniz's Principles of international justice*, Jounal of the History of Ideas, Oct. 1946, vol. VII, n° 4, New-York.

— *Leibniz and the art of inventing algorisms*, Journal of the History Ideas, janv. 1947, vol. III, n° 1.

— *Leibniz and the Timaeus*, The Review of Metaphysics, vol. IV, n° 4, June 1951, pp. 495–505.

SCOTT (J. F.): *The scientific Work of René Descartes* (1596–1650), London, 1952.

SIRE (Jules): Cf. *Kritischer Katalog*.

SORTAIS (Gaston) S. J.: *La Philosophie moderne depuis Bacon Jusqu'à Leibniz*, 2 t., Paris, 1920, 1922.

— *Le Cartésianisme chez les Jésuites aux XVIIe et XVIIIe s.* —Archives de Philosophie, vol. VI, cahier III, Paris, Beauchesne, 1929.

SOURIAU (Étienne): *L'instauration philosophique*, Paris, 1939.

STAMMLER (Gehrard): *Leibniz*. Gesch. d. Philos. in Einzeldarstellungen Abt IV. Die Philos. d. neueren Zeit I. Bd 19, München, 1930.

VOLTAIRE: *Elemens de la Philosophie de Newton*, Œuvres, éd. L. Thiesse, t. XLIII, Paris, 1829.

WAHL (Jean): *Du rôle de l'idée de l'instant dans la philosophie de Descartes*, Paris, 1920.

— *Tableau de la Philosophie française*, Paris, 1946.

WALLIS: *Opera Mathematica*, Oxoniae, MDCXCV.

WIELEITNER (H.): *Geschichte der Mathematik, II. Teil, Von Cartesuis bis zur Wende des 18. Jahrhunderts*. —Sammlung Schubert LXIII, Leipzig, 1911.

— Cf. Hofmann (Jos. E.).

WITTICHII (Christoph.): *Anti-Spinoza Sive examen ethices Benedicti de Spinoza et Commentarius de DEO et ejus attributis*, Amstelaedami, MDCLXXXX.

ZELLER (E.): *Ueber die erste Ausgabe von Geulincx' Ethik und Leibniz' Verhältniss zu Geulincx' Occasionalismus*—Sitzung der philosophisch-historischen Klasse von 19 Juni, 1884, Berlin. 1884.

ZEUTHEN (H. G.): *Histoire des Mathématiques dans l'Antiquité et dans le Moyen-Age*, trad. Mascart, Paris, 1902.

ZOCHER (Rudolph): *Leibniz' Erkenntnislehre*, [Berlin, 1952] (Cf. notre recension in Rev. Phil., n°s 4–6, 1953).

(原注(１)～(123)頁は上巻)

原　注

第三部　世界観

第六章　自然学の基礎

1. A. Koyré,『科学者パスカル』(*Pascal savant*), dans les *Cahiers de Royaumont, Philosophie*, n° 1 (Paris, 1956), p. 276.

2. J.-B. Robinet,『存在の形式の自然的段階についての哲学的考察……』(*Considérations philosophiques de la gradation naturelle des formes de l'être…*), Paris, M. DCCL. XVIII, Dixième partie, pp. 106–142.

3. 1671年8月2日，月曜日の『学術雑誌』(*Journal des Sçavans*).

4. 『第2答弁』，A. T. VII, p. 152.「〈……可能的，すなわち矛盾を含まない〔含意しない〕〉」，など．レッヒウス宛，1642年6月，A. T. III, p. 567.「〈……神によってなされ得ないと言われていることは，矛盾を含んでいること以外にはない……〉」.

5. 『第2答弁』，*ibid*., p. 150.

6. メルセンヌ宛，1630年5月27日，A. T. I, p. 153.〔1637年，A. T. I, p. 151とあったのを訂正〕

7. デカルトにとっては，本質（〈われわれの思考の内にあるもの〉）が現実存在（〈われわれの思考の外に現実存在するもの〉）に先立つことはあり得ないであろう．宛先不明，1645または1646（?）年，A. T. IV, p. 350. 可能的なもののように本質が考察されるのは，われわれの知性との関係においてのみなのである．

8. 『第2答弁』，A. T. IX（A), p. 119.

9. なぜ直観かと言えば，「われわれが自分の思考のなかに見出す不可能性はもっぱら，そうした思考が不明瞭で混乱していることに起因するのであって，明晰かつ判明な思考のうちには，いかなる不可能性もありえないからである……」. *Ibid.*

10. 『哲学原理』第4部206節.

11. Cf. E. Boutroux,『デカルトにおける永遠真理』(*Des vérités éternelles chez Descartes*), trad. Canguilhem (Paris, 1927), Première partie, § 5.

12. 『哲学原理』第3部第46節.〔A. T. IX（B), p. 124.〕

13. 『哲学原理』第4部第204節.〔A. T. IX（B), p. 322.〕

14. 『哲学原理』第3部第4節.〔A. T. IX（B), pp. 104–105.〕

15. フィリップ宛，1680 年 1 月，P. IV, p. 283.

16.『哲学原理』第 3 部第 47 節.〔A. T. IX（B）, p. 126.〕

17.『省察』III, A. T. IX（A）, pp. 34–35.

18.『方法序説』〔第 6 部〕，A. T. VI, p. 64.

19. *Ibid*.

20.『哲学原理』第 4 部第 206 節.〔A. T. IX（B）, p. 324.〕

21.「〈私はこう答えたい．そういう本質もそれら本質に関するいわゆる永遠真理も仮構のものではなく，言うならある観念の領域のなかに，つまり，あらゆる本質と他のものの現実存在との源泉たる，神そのもののなかに現実存在している，と〉」．『事物の根本的起源について』（*De rerum originatione radicali*），P. VII, p. 305.

22.『形而上学叙説』第 6 節〔P. IV, p. 431.〕.

23. 存在命題の分析は際限がない．つまり，π が最後の小数をもたないのと同様に，存在命題は最終項をもたない．しかし，われわれが π を級数にすることができるのと同様に，われわれは現象の法則を見出さねばならず，そうした法則はわれわれにとって現象の十分な理由となる．

24.『デカルトの原理の一般的部分に対する批評』（*Animad*.）, I, § 1.（以下，『批評』と略記）

25. そこから百科全書の企図が生まれる．

26. とりわけ，結合法の可能性によって．

27. デカルト『哲学原理』第 1 部第 41 節，ライプニッツによる注，『批評』（*Animad*.）, I, § 41.

28.（メルセンヌ？）宛，1630 年 5 月 27 日，A. T. I, p. 152.――アルノー宛，1648 年 7 月 29 日，A. T. V, p. 224.

29.『神秘哲学原論，至高の存在について』（*Elementa Philosophiae Arcanae de summa rerum*, publiés par Ivan Jagodinsky），pp. 114–120.

30. Cf. アレクシス・マイノング『ヒューム研究誌』Alexis Meinong: *Hume-Studien*II（Zur Relationstheorie, Erste Abstheilung）, Vienne, 1882.

31. アルノーに対して，1686 年 5 月 21/31 日，P. II, p. 42.

32. 下記，413 頁以下，参照.

33.『知性新論』序文，P. IV, p. 48.

34. メルセンヌ宛，1638 年 12 月，A. T. II, p. 467.

35. アルノー宛書簡（1687 年 9 月–10 月 9 日）を参照．P. II, pp. 112–113.

36.『批評』（*Animad*.），第 1 部第 21 節について〔P. IV, p. 360〕.「〈われわれが今存在していることから，変化の理由が現実存在しなければ，われわれは将来もなお存在するだろうということになる．……言うまでもないが，この〔われわれの〕持続の一部分が他の部分から完全に独立しているかのようなことは，認めるべきでない〉」．

37. 『批評』(*Animad.*) 第II部第45–53節. 〔P. IV, p. 375–384〕

38. 『批評』(*Animad.*) 第II部第45節〔P. IV, p. 376〕. 「〈……そうでなければ, 自然においてどんな秩序だった進展も維持されないであろう〉」.

39. Couturat, *Op.*, p. 10.

40. 『批評』(*Animad.*) 第I部第28節, 第II部第64節——『形而上学叙説』第21, 22節. 『知性新論』第4部第7章.

41. 「〈……多くの実体はすでに大きな完全性に到達しているけれども, 連続体は無限に分割できるのだから, つねに事物の深淵のなかにはまだ眠っている諸部分, 呼び起こされ, より大なる, そして善なる, 一言で言えばより善き教養に進むべき諸部分が残っているのである〉」. 『事物の根本的起源について』(*De rerum originatione radicali*), P. VII, p. 308.

42. Couturat, *Log.*, p. 216.

43. 『デカルトの合理主義』(*Le rationalisme de Descartes*), pp. 283 sq., pp. 343 sq.

44. 『省察』IV, A. T. IX (A), p. 48 (t. VII, p. 60).

45. 『省察』IV, A. T. IX (A), pp. 45–46. ラテン語のテクスト (t. VII, p. 57) は, 「〈ただ意志だけは, すなわち意志の自由だけは……〉」, と明言している. メルセンヌ宛, 1639年12月25日付の書簡 (t. II, p. 628) を参照. すなわち, 「神は自分の形に似せてわれわれを創造したと言えるのは, 主として, われわれの内にあるこの無限の意志のためである」.

46. *Ibid.*, t. IX (A), p. 46.

47. 動機のない意志は「神の完全性に反する虚構であるだけでなく, 空想的で矛盾したものでもあり, 意志の定義と両立しないもの……」であろう. 『クラーク氏への〔ライプニッツの〕第四の手紙』2節. P. VII, pp. 371–372. 〔「第三の手紙」とあるのを訂正〕

48. 『哲学原理』第1部第34–35節.

49. 『批評』(*Animad. in partem generalem Princ. Cart.*). 第I部第31–35節についてはP. IV, p. 361, 第6節についてはpp. 356–357, 第39節については〔pp. 362–363〕. マルブランシュにおける判断的意志に関するデカルト的学説への〔ライプニッツの〕批判については以下を参照. ロビネの前掲書, とくに155頁 (〈私には, すべての感覚や表象はなにがしかの肯定を含んでおり, しかもその肯定は意志から独立しているように思われる〉) と156頁.

50. 『概念と真理の解析についての一般的研究』(*Generales inquisitiones de Analysi notionum et veritatum*) (Cout., *Op.*, p. 356 sqq.) のなかで, ライプニッツは, 例えば“大きな (*magnus*)”=“大きな存在 (*Ens magnum*)”のように, 述語を存在から切り離さないときは述語も「完全項」になると説明して, 述語と主語を一体化しようと試みている.

51. そうした乖離的なもの (*disparate*) について, 異なった観点からは, 次

を参照．ゲルー『ライプニッツ哲学における実体と原初的単純概念』GUEROULT, *Substance and the primitive simple notion in the Philosophy of Leibniz*（Philosophy and phenomenological Research, t. VII, 1946, pp. 293–315）．

52．そうした霊感《インスピレーション》をニーチェの『この人を見よ』（*Ecce homo*），III, § 3 よりもよく描いているものはない．そうしたインスピレーションによって「突然，名状しがたい確かさで，［或るものが］われわれの視覚に，あるいは聴覚に現れてくる．……人は探すのではなく，ただ聞くのである．誰が与えてくれるのかを問わず，ただ受けるのである．稲妻のように，ひとつの思想が突然ひらめく，必然の力をもって，ためらいも探求もない形式で．そのとき私は，一度として選択したことがない……」．

53．P. IV, pp. 281, 283, 285, 299, 340, 341.

54．*Op. cit*., pp. 286–287 と注 5.

55．ジルソン『スコラ－デカルト索引』（E. GILSON, *Index scolastico-cartésien*）は，「完全性（*Perfection*）」という語について（224–225 頁），聖トマス，スアレス，コインブラ派と比較している．デカルトの引かれているテクストは以下のもの．A. T. VII, p. 55, および『省察』IVa の諸所．t. I, pp. 153–154, t. VII, pp. 55–56, p. 374; t. VII, p. 61; t. VII, p. 56, p. 61, p. 376.

56．『事物の根本的起源について』（*De rerum originatione radicali*），P. VII, p. 303.「〈……完全性とは本質の量に他ならないからである〉」．

57．『形而上学』H. 3〔第八巻第三章〕. 1043 b 32–1044 a 11. πως άριθμοι αί ουσιαί〔もし実体がなんらかの意味で数であるなら〕という表現は，ライプニッツ初期の著作『個体化の原理について』（*de Principio Individui*）の系 3,「〈事物の本質は言わば数である〉（*Essentiae rerum sunt sicut numeri.*）」，として現れる．P. IV, p. 26.

58．*Log*., pp. 231 sq.

59．1669 年，超越的な合目的性がライプニッツにとって内在的なものとなる．1676 年，完全性が調和に取って代わる（GRUA, T., p. 11）．1679 年 4 月の，論理計算についての初期の著作は，アルノーに対して述べられる完全概念の理論を練り上げている．

60．ヴォルフ宛，1715 年 4 月 2 日付（*Briefwechsel zwischen L und Chr. Wolf*, ed C. I. Gerhardt, p. 163）．「〈不完全性とは，諸規則，すなわち真に普遍的な準則を混乱させる例外である．……それゆえにまた，より規則的なもの，すなわちより多くの真に一般的な準則を認めるものが，より完全であると言いうる〉」．またもっと正確に言うと，ベール宛に，こう言われている．「……一様に作用することが，ある種の列〔階数，桁〕や数列におけるように，秩序あるまたは連続する同一の法則に恒久的に従うことであるならば，すべての単純な存在は，さらにはすべての複合的な存在も，自ずから一様な仕方で作用している……と私は認める」．P. IV, p. 522.

61. 例えば，ヴォルフ宛，1715年5月18日付，*op. cit.*, p. 172.「〈完全性とは，事物の調和……多様性における同一性である〉」．〔p. 170 とあるのを訂正〕

62. 「〈さらには，事物それ自身における完全性は，それがわれわれによって観察されてもされなくても，より大きな多様性における一致がより大きいだけ，いっそう大きい〉」．*op. cit.*, p. 171.〔*Ibid.* とあるのを訂正〕

63. ヴォルフ宛，1705年2月21日付，「〈もしもあなたが全体的な完全性を絶対的なものともお考えなら，どの部分も完全でなければ全体も完全ではあり得ない，と私も認めます．しかし，もしもあなたがその完全性を個別的〔相互的〕なものと受け取るなら，話は違ってくるでしょう．というのも，その場合には，諸々の部分が全体に協力する点において完全である場合にのみ全体も完全である，ということになるでしょうから……．そして，もしもあなたが完全性を，完全性を促進する活動と受け取るなら，ある部分の完全性が増大する一方で別の部分の完全性は減少し，その結果として全体の完全性は総体において増大する，ということがあり得るのは明白です〉」．P. 19, p. 20.

64. 「というのも，もっとも賢い人はたいていの場合，手段がある点では目的でもあるようにするからである．すなわち，手段が何をなすかによってだけでなく何であるかによってもまた，手段が望ましいものであるようにするからである」．Robinet,〔*op., cit.*,〕p. 409.

65. 『形而上学』B. 2〔第三巻第二章〕．996 a 28. アリストテレスが与えているその理由とは，数学的諸観念は「不変不動の存在」であるということである．しかるに，目的，すなわち「目指される当のもの」は行為の原理でしかありえず，しかも行為は運動を含意している．ライプニッツが可能的なものの現実存在への要求とか，可能的なものの闘争という語を口にするとき，彼が移し替えているのはそうした理由である．

66. だからこそ，精神は単なるモナドよりも優れており，世界の完全性にとって必要なのである．Cf.『事物の根本的起源について』(*De*〔*rerum*〕*Originatione*)，P. VII, p. 306.

67. Couturat, *Log.*, p. 230.『帰納法の試み』(*Tentamen*)，P. VII, p. 272.『弁神論』(*Theod.*)，第二部第212–213節 (P. VI, pp. 245–246)．「もし善さや美しさがつねに何らかの絶対的で斉一的なもの，例えば延長や物質や金や水やその他の同質的で相似ているとされる物体の内にあるとしたならば，善きものの部分や美しきものの部分も，その全体と同様に美しく善きものだと言わねばならないだろう．そうした部分はつねに全体と相似たものだからである．しかしこのことは，相対的な事物にはあてはまらない」．

68. 上記，上巻，第二章，原注198，(35–36頁) を参照．

69. 「〈確かに，[デカルトの運動規則は] 矛盾律に直ちに反するわけではないが，連続性の法則には，あるいはさらに完全性の法則には反している」．BOD., III, p. 59.

70. P. IV, p. 299.

71. 例えば，P. VII, p. 273 を参照.「しかしながら，自然的機械の細部に立ち入る人たちには，それの美しさの魅力に抵抗するために大きな備えが必要となる．動物の諸部分の機能についていくらか学んだガレノスでさえ，感嘆して非常に心を奪われたので，それを説明することは神を讃える頌歌を歌うことと同じだと思ったほどである」．また，『光学，反射光学，屈折光学の唯一の原理』（*Unicum Opticae Catoptricae et Dioptricae Principium*）（『学術紀要（*Acta*）』1682 年 6 月，186 頁）で，ライプニッツは「最も容易な経路」と最も美しい結果を同一視してこう言っている．「〈……事物の創造者が，光の本性からこのきわめて美しい結果が生まれるように，光を創造したからである〉」．

72. 喜びを，愛の諸々の結果の内にではなく愛の本質のなかに位置づけるライプニッツの学説はおそらく，直接的にせよアウグスティヌスを介してにせよ，そうしたプラトン主義の影響と結びついている．その学説はライプニッツにおいて非常に早くから，正義を定義するための彼の法学者についての研究に現れている．例えば，『自然法原論』（*Elementa Juris naturalis*）〔R.〕VI, 1, pp. 456–457 にはこう言われている．「〈幸福とは苦痛のない喜びの状態である……．喜びとは自分自身のために望まれるものである〉」．

73. アリストテレス『形而上学』Λ〔第 12 巻〕の神学を参照する必要があるだろうか．ライプニッツとは反対に，ホイヘンスは絶対空間の証拠たる絶対運動が円運動において見いだせると思っている（ゲルー『ライプニッツの力学と形而上学』M. Gueroult, *Dynamique et métaphysique leibniziennes*, pp. 103 sq.）．ホイヘンスは科学者として自問しているが，ニュートンは信仰者として自問することになるだろう．ニュートンもまた円運動の中に，無限で不可分で不変不動の絶対空間のための証拠を，遍在する神のいわゆる感覚中枢（*sensorium*）のための証拠を求めることになる．それによってニュートンは，クラークとライプニッツの間の手紙のやり取りを準備する（次を参照．コイレ『閉じた世界から無限宇宙へ』A. Koyré, *From the closed World to the Infinite Universe*, chap. VII, IX, XI）．

74. 『批評』（*Animad.*）第 I 部第 26（27），28 節．

75. *Ibid.*, II, 36.

76. 「海は無限ではないけれども，船にのって海のまんなかにいる人は眼を無限のかなたに向けることができるように見える．しかし，彼らが見ているものの向こうにもなお水がある」（『〔世界論または〕光についての論考』第 6 章，A. T. XI, p. 32）．

77. 「〈……そして，結び目を解くよりもむしろ断ち切ってしまう〉」．『批評』（*Animad.*）第 I 部第 40 節．〔41 節とあるのを訂正．〕

78. 表現も，また哲学的文脈も異なるが，これはすでにライプニッツの最初の著作である『個体化の原理について』（*de principio individui*）の主張であっ

たことが想起されよう．「〈……個体化の原理は存在〔性〕全体であると見なされる……〉」．P. IV, p. 18.

79. 『自然そのもの』(*De ipsa natura…*)，とくに第13節．P. IV, pp. 512–514.

80. 『批評』(*Animad.*) 第II部第54, 55節．(P. IV, p. 388.「〈……凝集の根源的な原因は……運動，しかも協働する運動であると私は考える〉」.)

81. それだから，コルドモアはデカルトを見限って，デモクリトスの原子の説を採らなければならなくなった（『新説』(*Syst. nouveau…*)，P. IV, p. 482)．『自然そのもの』(*De ipsa Natura*) 第13節の末尾 (P. IV, 514) で，ライプニッツが原子論に，それは物質から本来の多様性そのものを奪わないという，デカルトに対する優越性を認めるとき，おそらくライプニッツはコルドモアのことを考えている．

82. 『批評』(*Animad.*) 第II部第64節，*ibid.*, pp. 390–391.

83. 「可能的世界のいずれにおいても，すべてが結びついているのだということを知るべきだからである．宇宙は，それがいかなるものであっても，全体で一まとまりとなっていて，いわば大海のごときものである．……」『弁神論』第1部第9節．〔第2部とあるのを訂正.〕

84. もちろん，ここで問題になっているのはもっぱら，モナドの表象，しかもモナド論的な表象である．モナドが表象をもつのは，しかも宇宙全体の表象をもつのは，たんにモナドが魂であるという理由からではない．モナドのそうした表象が可能であるためにはさらに，空間が絶対的実在性をもつのではなく，観念的実在性だけをもつのでなければならない．次を参照．『ライプニッツの第二の手紙』§4, P. VII, p. 356,『ライプニッツの第三の手紙』第11節，*Ibid.*, p. 365.

85. 私が「通じる」と言うのは，ライプニッツはカトゥラン神父との論争の中でマルブランシュの衝突法則を問題にしたが，その論争の過程で，十全な原因と結果全体との完全な均衡の原理が，連続性の原理（1687年）よりも前（1686年）に引き合いに出されているからである．

86. 「普通の言い方に従えば，数学的原理は数とか〔図形とか〕算術とか幾何学といった純粋数学の内にある原理のことである．けれども，形而上学的原理は，例えば原因と結果といったもっと一般的な概念に関わっている」．(『ライプニッツの第三の手紙』，P. VII, p. 363.) 連続性の原理が啓蒙の哲学にとって疑わしいものにとどまるのは，その形而上学的性格のためである．経験だけにとどめる〔従う〕というのは，経験のために現象を越えずに，もっぱら観念－像について考えることである．

87. 『知性新論』第3部第6章第24節．

88. 『〔神の知恵の考察によって自然の法則を説明するために有用な〕普遍的原理についてのライプニッツ氏の書簡』(*Lettre de M. L. sur un principe général …*)，P. III, p. 52. これは，連続性の原理に関する主要なテクストである．同じ

く次〔ラテン語版〕を参照.『数学だけでなく自然学においても有用なある普遍的原理——神の知恵の考察からのその力〔助け〕によって自然の諸法則が検討され，それを機に生まれたR. P. マルブランシュ師との論争が説明され，デカルト派のある誤りが指摘される』(*Principium quoddam generale non in mathematicis tantum sed et physicis utile, cujus ope ex consideratione sapientiae divinae examinantur Naturae leges, qua occasione nata cum R. P. Mallebranchio controversia explicatur, et quidam Cartesianorum errores notantur*), M. VI, pp. 129–135.

89. P. III, p. 52.

90.『帰納法の試み』(*Tentamen Anagogicum*), P. VII, p. 275. ライプニッツは「一つになってしまう対 (jumeaux réunis)」という表現を，極限への移行によって区別できなくなる二つの対称的要素と解している.

91.「……〈最善の形〉，すなわち〈極大あるいは極小を与える形〉に関する方法を，われわれは古代の極大極小量の方法を越えるものとして幾何学のなかに導入した」. P. VII, p. 272.

92. *Ibid*., pp. 274–275.

93. Couturat, *Log*., p. 231. 私は，S. バシュラール女史の『モーペルテュイと最小作用の原理』(*Maupertuis et le principe de la moidre action*, Thalès, 1958, pp. 3–36)，というすばらしい著作をつい最近まで知らなかったために，利用できなかった（この学位論文はすでに印刷中であった）ことを残念に思う．そこには『光学の唯一の原理……』(*Unicum opticae…principium*) の全訳が含まれている.

94.「それは，（女神が説明したように）無数の可能的な世界の中で最善なる世界があるからである．さもなければ，神はおよそ世界を創造しようと決意することができなくなってしまう．……」『弁神論』第416節（傍点は筆者）.

95. フェルマは1662年1月1日にキュロー・ドゥ・ラ・シャンブルにこう書いている.「この種の問題を十分成功裏に片づける極大極小法」を用いて，彼〔フェルマ〕は，「デカルト氏が明らかにしたのと同じ屈折の比率を適切に正確に」再び見出した，と．では，デカルトはどうやって明らかにしたのだろうか.「……この偉大な自然の真理も，かの偉大な天才を前にしてはあえて抵抗もせず，論証によって強制されることもないままに降伏して身を開いたのだと思われる．どれほど優れていて奪取困難な要塞であっても，攻撃する者の名声のみで砲撃も待たずに降伏するものだが，その例に倣ったのである」. ホイヘンス『著作集』Huygens, *Œuvres*, t. III, pp. 78–79. スネルへの言及はまったくない．イサーク・フォス〔ウォシウス〕が，デカルトがスネルを剽窃したという非難を浴びせることになるのは，同じ1662年である.

96. P. VII, p. 274. デカルトの証明——『屈折光学』(*Dioptrique*) 第8講，ここでは速度，運動，力，作用といったすべてが混同されている——の弱点については，G.ミヨーの指摘を参照. G. Milhaud, *Descartes savant*, pp. 109–118.

97. リヴォーの『ライプニッツ著作目録』(*Bibliographie des œuvres de Leibniz*), p. 49 によると，この論文はパリで書かれたらしい．それは，『学術紀要』(*Acta Eruditorum*)〔1682 年〕6 月号のなか，185–190 頁で，刊行された．

98. 正弦の法則の発見に関するライプニッツによる歴史的説明については，次を参照．『光学，反射光学，屈折光学の唯一の原理』(*Unicum opticae…*)(『学術紀要』(*Acta.*) pp. 187–188.)，『形而上学叙説』第 22 節，『デカルト氏の生涯の概要についての備考』(*Remarques sur l'Abrégé de la Vie de Mons. des Cartes…*)，P. IV, 317–319. そして『帰納法の試み』(*Tentamen*)，P. VII, p. 274.

99. 「〈あらゆる経路の中で最も容易な経路〉(Via omnium facillima)」，*loc. cit.*, p. 185. この決定的な語は，ライプニッツが〈私の極大および極小についての方法から〉論証した〔と述べている〕(p. 186) にもかかわらず，専門的な性格づけもないまま，この論文〔『光学，反射光学，屈折光学の唯一の原理』〕全体を通してただ一度登場するだけである．それは原理についての以下の言明においてである．「〈光は発光点から照射されるべき点まで，あらゆる経路の中で最も容易な経路を通って到達する．この経路はまず初めに平面に関して決定されるべきであるが，接平面を考慮すれば，それは凹面や凸面にも応用される〉」．p. 185.

100. 『形而上学叙説』(1685 年の終わり) から現れる．「最も容易で最も決定された途」第 21 節．「最も容易な途，少なくとも最も決定された途」第 22 節 (強調は筆者)．教養ある一般読者向けの論文では，あまり精確さは目指されていない．「……最も容易な途……」，『デカルト氏の生涯の概要についての備考』(*Rem. sur l'Abrégé de la Vie de Mons. des Cartes…*) (1693 年以後)，P. IV, 318.『反論に対する答弁』(*Réponse aux objections…*) (1697 年 8 月)，P. IV, 340.

101. 『〔世界論　または〕光についての論考』(*Traité de la Lumière*)，A. T., t. XI.「それぞれの事物を連続的な働きによって保存する」神は，だから「その事物がしばらく前にありえたようなかたちで保存するのではなく，神が保存しているのと同じその瞬間にまさしくそうあるようなかたちで保存する．さて，あらゆる運動のうち，まったく単純でその全本性が瞬間の内に含まれているものは直線運動しかない」．これに反して，他のあらゆる運動のためには，「少なくとも二つの瞬間……を考えなければならない」(44–45 頁)．だから粒子は直線状に動く傾向がある――〈傾向がある〔向かおうとする〕(tendre)〉という動詞はすでにまったく機械論的な意味で定義されている (84 頁)――．そういうわけで，「同じ結果に達するいくつもの途がある場合，自然はいつもまちがいなく最短の途をとる」(89 頁)．

102. 前注参照．

103. 「しかし，自然学では事物がなぜ存在するかは問われず，どのように存在するかが問われる (ということだ)．私はそこではいずれもが問われると答える」．P. IV, p. 339.

104.「……最も単純なもの，すなわち最も決定されたもの……最も決定されたもの，すなわち最も単純なものに……」(270頁)．「……たとえ極大であっても，最も決定されており，最も単純であり得るものに……」(274頁)．「……最も決定された，すなわち唯一の，……一つになってしまう対の唯一性……大きさにおいてただ一つに決定され，すなわち唯一であり，対をもたない……解析の基礎は，対が一つになることで生じるこの唯一性である……大きさにおいて唯一，単一であり，決定されているもののことを，古代人たちはすでに〈唯一のもの〉(μοναχόν) と呼んでいた……」(275頁)〔μοναχών は誤植と思われるので μοναχόν と訂正した〕．「……なぜなら，そうではないものは分身，つまりは対をもつからである……」(275–276頁)．「……いわば対をもたない最も決定されたまたは唯一の途を通って……」(276頁)．「……個別的な途，または最も決定された途の規則」(277頁)．

105.「またこうした方途で反射光学と屈折光学に共通の一般定理も学ばれる……」(277頁)．ただし，ライプニッツは留保を示している (278頁)．すなわち，デカルトによって与えられた正弦法則は白色光と単屈折に関してのものにすぎず，それが有色光に対してや，反射と屈折の混合のなかでも有効かどうかは，なお検討が必要であろう，と．

106.「というのも，最も賢明なる者は，途中の手段も何らかの仕方で最大限に最終目的となるようにするからでる．つまり，その手段が作るもののみならずその手段の何たるか自体も望ましいものだということである」．『弁神論』第208節，P. VI, p. 241.

107.『形而上学叙説』第1節．〔P. IV, p. 427.〕

108.『知性新論』第3部第6章第12節．

109.『弁神論』第414節．

110. 同書，第416節．

111. G. フリードマン『ライプニッツとスピノザ』(G. Friedmann, *Leibniz et Spinoza*), p. 220, コルサノ『ライプニッツ』(A. Corsano, *G. W. Leibniz*), p. 167.

112. この問題については，とりわけデ・ボス神父との書簡を参照．また，筆者（ベラヴァル）の *Leibniz*，240–253頁を参照．

113.「確かに，神は一頭のライオンよりも一人の人間の方を重視する．しかしながら，神がいかなる観点からしてもライオンという種族全体より一人の人間の方を選び取るということを確信できるかどうか，私にはわからない」．『弁神論』第二部第118節〔P. VI, p. 169〕,『〔三段論法形式での論争〕要約』第二異論 (Abrégé, II.)〔P. VI, p. 377–379〕.

114.「それは，プラトンの『パイドン』のなかでソクラテスが，アナクサゴラスや他のあまりに物質主義的な哲学者たちに反対する議論を述べながら，すでにすばらしくうまく指摘したことである．そうした哲学者たちは……あの知

性が目的に従って……最善を期してすべてを決めるのを示すのではなく，むきだしの粒子の競合だけによってすべてを説明しようとしており，条件や道具を真の原因と取り違えている」．P. III, pp. 54–55. パリ滞在以来，アナクサゴラスはライプニッツにとってデカルトの別名となった．

115.『アルノー氏の書簡についての備考』（*Remarques sur la lettre de M. Arnauld…*），P. II, p. 41.

116.『事物の根本的起源について』（*De rerum originatione radicali*），P. VII, p. 306. しかも，「人間が選ばれ配置されるのは，その優秀さによってでもあるが，同じくまた，神の計画との合致によってもいる，と言えよう．これはちょうど，建築での配置に際してさほどに良くはない石を用いるのと同じである．その石はある一定の空間を埋めるということがわかったから用いられたのである」．『弁神論』第一部第 105 節〔P. VI, p. 161〕

117. ヘッセン方伯宛，1686 年 4 月 12 日，P. II, p. 19.「宇宙は一つの全体のようなものである」とか，「潜勢的」といった表現には，法則の観念との関連で後に立ち戻ることになるだろう．

118. ライプニッツとクラークの書簡からラプラスの表明への移行については，次を参照．コイレ『閉じた世界から無限宇宙へ』（Koyré, *From the Closed World…*,）第 11 章と結論．

119.『自然そのもの』（*De ipsa Natura…*），P. IV, p. 512.

120.『実体の本性と実体相互の交渉ならびに心身の結合についての新説』（*Système nouveau de la nature…*），§ 10, P. IV, pp. 481–482. ライプニッツは，〔フォントネルの〕『世界の複数性についての対話』（*Entretiens*, éd. Robert Shackleton, Oxford, 1955, pp. 63–64.）の「第一夜」のことをほのめかしているようだ．しかしデカルトは，『気象学』（*Météores*）の最初の頁（A. T. VI, p. 231）で同じことを述べていないだろうか．というのも，「私がここでそれら［雲］の本性を説明することによって，雲において見られるもの，雲から降り来たるもののうち，何ものにも，もはや驚き感嘆することがなくなるならば，地上にあるもっとも驚くべきすべてのことがらの原因も同様に見いだされるかもしれないことが，容易に信じられるであろう」．

121. *Ibid*., pp. 479–480.

122.『［クラークへの］ライプニッツの第五の手紙』第 124 節，P. VII, p. 419.

123.「私が魂と振り子時計を比較したのは，変化の規則的正確さに関してにすぎない……．魂はきわめて正確な非物質的な自動機械だと言うことができる」．『ベール氏の困難の解明……』（*Eclaircissement des difficultés que M. Bayle …*）P. IV, p. 522.

124.『ライプニッツの第一の手紙』，P. VII, p. 352.

125.『新説』（*Système nouveau…*）*loc. cit*., p. 482.

126. *Ibid.*

127.『ベール氏の歴史批評辞典第二版に含まれた省察への答弁』(*Réponse aux réflexions contenues dans la seconde édition du Dictionnaire Critique de M. Bayle...*) P. IV, p. 559.『歴史批評辞典』は，ロラリウス (*Rorarius*)，ペレイラ (*Pereira*)，ゼンネルト (*Sennert*) の項で動物－機械の問題を扱っている.「デカルト派に指摘するある人たち……」とは，非常に確実なことだが，ライプニッツにとって，J・B・デュアメル，パルディ，ダニエルのことである.(アルバート・G. A. バルズ『デカルト研究』(Albert G. A. BALZ: *Cartesian Studies*), pp. 121 sq. を参照)

128. M. ゲルー『理由の順序によるデカルト』(M. GUEROULT, *Descartes selon l'ordre des raisons*), t. II, ch. XV–XVIII.

129. *Ibid.*, t. II, pp. 177, 180–181, 186–194.

130. *Ibid.*, pp. 156, 176.

131. *Ibid.*, p. 180.

132. *Ibid.*, pp. 178, 191–194.

133.「真の実体は，それぞれ一定の方向から捉えられた宇宙全体の表出であり神の作品の反復であるから，実体が互いにほとんど妨げ合わない以上，この宇宙の中にできるだけ多くの実体，高級な理由が許す限り多くの実体を造ることは，神の事業の偉大さと美しさにふさわしいことである．むきだしの拡がりだけを仮定するのは，この驚嘆すべき多様体をまったく打ち壊すことになる．ただの物質の塊が……宇宙全体を表象し表現する実体より劣ることは，……死体が動物より劣り，いやむしろ機械が人間より劣っているのと同様である」．アルノー宛，1687 年 4 月 30 日，P. II, p. 98.

134.『自然と恩寵の原理』第 17 節.

135.「自然学的あるいはむしろ実在的類と，論理的あるいは観念的類とを」区別しなければならない．『知性新論』序文，P. V, p. 56.

136.『新説』(*Système nouveau...*) 第 14 節，P. IV, p. 484.

137.『自然と恩寵の原理』第 13 節.

138.『知性新論』序文，P. V, p. 46.

139. A. T. I, pp. 153–154〔メルセンヌ？宛，1630 年 5 月 27 日〕; VII, pp. 55–56〔『第 4 省察』〕, 374〔[『第 5 答弁』〕.

140. A. T. IV, p. 314–315〔エリザベト宛，1645 年 10 月 6 日〕.

141. *Ibid.*, pp. 315, 608〔シャニュ宛，1647 年 2 月 1 日〕.『情念論』(*Tr. des Passions*) 第 145–146 節，A. T. XI, p. 438–440 を参照.

142.「延長は，完全な概念を構成することができない属性であって，そこから何らの作用も変化も引き出すことができない．延長はただ現在の状態を表出するだけで，実体の概念が表出すべきように，未来も過去も表出してはいない」．アルノーに対して，P. II, p. 72.

143.『哲学原理』第二部第36節.

144. A. T. V, p. 193, 223; VIII, p. 13, 26.

145. M. ゲルー『デカルトとマルブランシュにおける形而上学と力の自然学』(M. GUEROULT, *Métaphysique et physique de la force chez Descartes et chez Malebranche*), R. M. M, 1954, nº 1, p. 6.

146. *Ibid.*

147. *Ibid.*, p. 3.

148.『哲学原理』第一部第21節.

149.『批評』(*Animad.*) 第I部第21節, P. IV, p. 360.

150.『ベール氏の歴史批評辞典第二版に含まれた省察への答弁』(*Réponse aux réflexions contenues dans la seconde édition du Dictionnaire Critique de M. Bayle…*), P. IV, p. 558.

151.『批評』(*Animad.*) 第II部第25節, P. IV, p. 369.

152. 矢の議論は暗黙のうちに反駁されている.『自然そのもの』(*De ipsa Natura*) 第13節, P. IV, p. 513 (最初の9行).

153.『形而上学叙説』第18節.

154. フィリップ宛, 1680年1月, P. IV, p. 283–284.

155.『形而上学叙説』第18節. アルノー宛書簡 (1686年11月28日–12月6日) を参照. P. II, p. 78.

156.『モナドロジー』第80節, 第79節.

157.『形而上学叙説』第19節.〔P. IV, 445.〕

158.『情念論』第145節, A. T. XI, p. 438. 摂理とは,「……運命ないしは不変の必然性のようなものであって, 偶運に対置されねばならない. そうすることで, 偶運はわれわれの知性の誤りから生じたにすぎない幻影として打破される」.

159. P. IV, p. 285.〔フィリップ宛〕

160. フーシェ・ド・カレイユ『ライプニッツの著作』(FOUCHER DE CAREIL, *Œuvres de Leibniz*), t. II, pp. 529–530.

161. 第七章を参照.

162.『形而上学叙説』第19節.〔P. IV, 445.〕

163. P. VII, p. 279.〔『帰納法の試み』(*Tentamen Anagogicum*)〕

164. *Ibid*. 273–274.『形而上学叙説』第19, 22節.

165. Cf. COUTURAT: *Op*. 直接的は, 三段論法的〔推論的〕(syllogistica) (p. 427), 隣接的 (contigu) (p. 617) と対立する点では直観的と同義であり, 類と種, 全体と部分, 含むものと含まれるもの (p. 547) の論理的同質性も含意している.

166.『形而上学叙説』第22節.

167. 同書, 第20節.

168. 同書，第 19 節.〔P. IV, 444.〕

169.『帰納法の試み』(*Tentamen Anagogicum*)，P. VII, p. 271.

170. ソクラテス，アルキメデスといった自らの代役や別名を用いようとするライプニッツの傾向には，おそらく，当時流行であった対話形式の影響を見るべきであろう.

171.『〔世界論または〕光についての論考』A. T. XI, p. 47, のなかで，数学的真理について次のように語るとき，デカルトはこれと反対のことを述べているように思われるかもしれない.「それらの数学的真理に従ってすべての事物を数，重さ，長さの測度〔量〕において配置したと，神自身が教えている．そしてまた，それらの真理の認識は私たちの魂にとってきわめて自然なものであるから，判明に理解すれば，私たちはそれを誤りないものと判断せざるを得ないし，また，神が多くの世界を創造したとしても，この世界と同じくそれらすべての世界でもそうした真理が真でありつづけることを疑い得ない」．しかし，以下の点が指摘できるだろう．第一に，デカルトがここで拠りどころにしているのは，神が聖書（マタイ）のなかでわれわれに教えたことである．第二に，数学が神によってひとたび保証されれば，数学の応用により定式化された力学がどのようなものになろうと，その応用それ自体が神の誠実によって保証される．しかし神は，円の諸々の半径が等しくなくなってしまうような，異なった数学をわれわれに教えることもできたのである.

172.『観念とは何か』(*Quid sit Idea*)，P. VII, pp. 263–264 を参照.

173.『〔世界論または〕光についての論考』A. T. XI, p. 46.「……現にあるかぎりでの，また直線運動であるかぎりでのこの世にあるすべての運動の造り主は神のみであるが，物質のさまざまな状態がこの運動を不規則にし曲線状にするのである，と言わねばならない」．そして直線運動は，その点では意志のまっすぐな志向〔意図〕に比較できる.

174.『哲学原理』第三部，第 56 節，A. T. IX (B), p. 131.――『〔世界論または〕光についての論考』*loc. cit.*, p. 84. モランからデカルト宛，1638 年 8 月 12 日，A. T. II, p. 290.「しかし，動く傾向が現実的運動であるということを……だれも認めないでしょう．つまり，それらは可能態と現実態と同じくらい，互いに異なっているのです」．――同〔モランからデカルト宛〕，1638 年 10 月，*ibid.*, p. 409.

175. フーシェ・ド・カレイユ『ライプニッツ，デカルト，スピノザ』FOUCHER DE CAREIL, *Leibniz, Descartes et Spinoza* (Paris, 1863), pp. 141–144.

176. レオン・ブランシュヴィック『人間的経験と物理的因果性』Léon BRUNSCHVICG, *L'expérience humaine et la causalité physique* (Paris, 1922), IIIe partie, おもに第二十章と第二十二章.

177. 人間から人間への場合，因果性は身振りから魂の状態を推理することに帰着する．神から人間の魂への場合，因果性は連続的創造の一般原理と一体

になり，おそらく観念的な作用となる．それをとおして神は，われわれの知性に生得的観念を伝える〔刻印する〕．

178．ここから，マルブランシュから機会原因論やヒュームへと至る道が始まる．

179．さらに次のように付け加えることもできよう．すなわち，因果作用は接触において起こるというまさにそのことによって，因果作用は瞬間において起こるものにもなり，作用因はもはや結果に先立つものではなくなる，と．「なぜなら，作用因が時間的にその結果に先立つことは必要ではないということは，作用因がその結果を産み出しつつあるかぎりでしか，作用因の名と本性をもたないことからして，明らかであるからである．……」〔『第四答弁』仏語版〕A. T. IX, p. 185. および次を参照．t. VII, pp. 108, 240.

180．『〔ライプニッツの第五の手紙〕第四返書』七について，第 35 節，P. VII, p. 398. フーシェ・ド・カレイユはこの箇所を，〔前半部の〕「自然的には動かされず」までしか引用していない（*op. cit.*, p. 79）．ライプニッツはニュートン派に対抗して，『実在的哲学に与しスコラ的諸性質やキマイラ的な霊的存在の復興に反対する反野蛮の自然学者』（*Antibarbarus Physicus pro Philosophia Reali contra renovationes qualitatum scholasticarum et intelligentiarum chimaericarum*）を書くが，そこではデカルトの考え方へのライプニッツ自身の愛着を明言している．「しかし物体の真の力は一種類だけである．すなわち，何らかの物体が投げ出された場合のように，インペトゥスの圧力によって行使される力であって，それが感覚できない運動においても働いているのである．ところが，あの人たち（ニュートン派）は特異な力をでっち上げ〔想像し〕，必要が生じるに従ってそれを変化させている．彼らが言い立てるのは，引力，抑止力，斥力〔反発力〕，方向力，膨張力，収縮力といったものである……」．P. VII, p. 338.――次も参照．『天体運動の原因についての試論』（*Tentamen de Motuum coelestium causis*），M. VI, p. 144–193, それに続く，『重力の原因について，ならびに，真の自然法則をめぐりデカルト派に反対する筆者の見解の擁護』（*De causa Gravitatis, et defensio sententiae au*（*c*）*toris de veris naturae legibus contra Cartesianos*），pp. 193–203

181．ライプニッツからブルゲ宛，1715 年 8 月 5 日，P. III, p. 581. デカルトからメルセンヌ宛，1646 年 4 月 20 日，A. T. IV, p. 401.

182．『一七〇四年三月「トレヴー紀要〔新聞〕」の某箇所に関する……考察』（*Remarques…sur un endroit des Mémoires de Trévoux du Mars, 1704*），P. VII, p. 595.「私は，デカルト派に次のように反論したのは大きな間違いであろうと認めなければならない．すなわち，デカルト派流にいって神が魂と身体の間に直接的に維持する一致は真の結合を生み出さないと．確かに，私の予定調和はそれ以上のことをなし得ないであろうからである．……私が説明しようと努めてきたのは現象，すなわち魂と身体の間に気づかれる関係である」．

183.『〔ライプニッツの第五の手紙〕クラークへの第四返書』五と六について，第 29 節，P. VII, p. 396.

184. デ・ボス宛［1712 年初め〔2 月 5 日〕］，P. II, p. 436. あるいは，さらに適切には，同宛〔デ・ボス宛〕，P. II, pp. 450–451.［1712 年 6 月 16 日］，「モナドには空間的な意味においても絶対的な意味においても接近や隔たりはない．モナドが一点に集まっているとか空間中に拡がっているなどという言い方は，われわれの心中での虚構によるもので，知性的にしか理解できないことを勝手に姿形を与えて思い描こうとするようなものである」．

185.『形而上学叙説』第 15 節（表題）．『モナドロジー』第 49 節．

186. 知ってのとおり，ライプニッツは『結合法論』(*De Arte Combinatoria*) の「序言 (*Proœmium*)」で以上のような定義を採用していた．P. IV, p. 35.「〈統合においてこの関係が成立する事物は諸部分と呼ばれ，統合を以て合わされて全体といわれる．多数のものを同時に一つのものと考えるときこれが起こる．しかし知性の一つの働きで即ち一挙に考えられたものは一つであると理解される．……〉」

187.『形而上学』の最後の二巻，とくに，M. 7〔第十三巻第七章〕，1081 a. 5–7.「〈そこで，もしもあらゆる単位が比較可能的であり無差別であるならば，そこに数学的の数が生じ，ただ一つこの種類の数のみが数であって，諸々のイデアは数ではありえないことになる……〉」．こうした教えのカバラによる繰り返しについては，次を参照．フーシェ・ド・カレイユ『ライプニッツ，ユダヤ哲学とカバラ』(FOUCHER DE CAREIL: *Leibniz, la philosophie juive et la Cabale*, Paris, 1861)，p. 22.——カッシーラー『啓蒙主義の哲学』(E. CASSIRER, *Die Philosophie der Aufklärung,* Tübingen, 1932)，p. 37. カッシーラーは，クーチュラがフランスの解析的精神に譲歩したと非難している．それによってクーチュラは，論理学を同一律だけに基づけ，したがって，知の全体的な意義が，多様性を統一性に，変化を不変に，差異を一様性に還元することにあると考えて，新しい実体概念を正当に評価してはいない．ところが，「ライプニッツのモナドは算術的な，ただ単に数的な単位〔一〕ではなく，力動的な分解できないものである」．

188. 延長と数との比較は，次のような指摘において明らかである．「〈モナドが取り去られて延長が存続することは，事物が取り去られて数が存続することと同様に真実ではない，と私は思う〉」．デ・ボス宛，1716 年 1 月 13 日，P. II, p. 510.〔1716 年 1 月 19 日とあるが，誤植と思われるので訂正した〕

189.「関係と秩序は，その基礎を事物の内にもっているとはいえ，何か理性によってつくられた存在のごときものをもっている．なぜなら，それらの実在性は永遠真理や可能性の実在性と同様，至高の理性に由来する，と言えるからである」．『知性新論』第 2 部第 25 章第 1 節，P. V, p. 210.

190. E. カッシーラー，前掲書，40–41 頁．「……本来，全体はその諸部分の

総和に存するのではなく，諸部分が全体をあらかじめ前提しているのであり，全体こそが諸部分の本性と存在の可能性の条件となっている」．まさにこの点でこそ，モナドは原子と根本的に区別される．原子は〈一－多〉という対立にしか至らないが，モナドは一における多の表出である．これを理解するためには，力という概念に頼らねばならない．力は現在を未来に結びつけ，世界を組織的全体にするのである．

191．とくに，『唯一の普遍的精神の説についての考察』（*Considérations sur la doctrine d'un esprit universel unique*），P. VI, pp. 529–538 を参照．アヴェロエス主義と同じく「スピノザは，一つの実体しか認めていないのだが，彼も唯一の普遍的精神の説からさほど離れてはいない．また新しいデカルト主義者たちも，神のみが作用すると考えることによって，それとは知らずにこの説を打ち立てている」（p. 530）．ライプニッツはここで，マルブランシュと機会原因論を対象としている．しかしながら，ライプニッツが闘っているのは一つの組織的全体という観念に対してではない．これに注意することが重要である．つまり，論点は唯一の（*unique*）という語に向けられている．なぜなら，唯一の普遍的精神は個別的実体の活動を取り除いてしまうからである．

192．『モナドロジー』第 69，67 節．

193．神だけが身体を持たない唯一の魂である．同，第 72 節．

194．「〈しかし，存在〔するもの〕（Ens）が判明な概念によって説明されるように，現実存在〔するもの〕（Existens）は判明な表象によって説明される……〉」．P. VII, p. 319.『実在的現象を想像的現象から区別する仕方について』（*De modo distinguendi phaenomena realia ab imaginariis*）の以上のテクストは，フーシェ・ド・カレイユが 1666 年のものとしている青年期の現実存在に関する以下の省察と関連している（『ライプニッツ哲学論文集』*Mémoire sur la Philosophie de Leibniz*, t. I, pp. 11–12）．「そこから私はこう結論する．事物の現実存在は無謬の精神によって，われわれがそれからの流出にすぎないような精神（〈われわれはその流出にすぎない〉），すなわち神によって，感じられることにある，と」．筆者（ベラヴァル）の *Leibniz*，43–44 頁を参照．

195．『形而上学叙説』第 8 節．「神の作用と被造物の作用とを区別することはかなり難しい．神はすべてを行うと信じている人もいるし，神は被造物に与えた力を保存することしかしないと考えている人もいるからである．この二つの説のいずれがどの程度にまで言われるかを，これから見ていくことにしよう」．

196．『「方法序説」注解』（Commentaire du *Discours de la Méthode*），pp. 340–342.

197．トマスの定式は，ライプニッツが 1675 年 12 月の覚書で用いた定式と比較されるだろう．「〈場所にあることは，場所を通って移行することである．いかなる瞬間もなく，すべての物体が動いているからである〉」．JAG., *El.*, p.

26.〔これは，『物質，運動，最小〔体〕，連続体について（*De Materia, de Motu, de Minimis, de Continuo*）』と題されたテクスト．A. VI–3, p. 470. G. W. Leibniz, *DE SUMMA RERUM*.（Yale Leibniz）pp. 20–21.〕

198.「［運動の］この規則は他の二つの規則と同じ基礎の上に立っており，神はそれぞれの事物を連続的な作用によって保存され，したがってその事物がしばらく前にありえたようなかたちで保存されるのではなく，その瞬間にまさしくそうあるようなかたちで保存される，という一事にもとづいている」．『〔世界論または〕光についての論考』，A. T. XI, p. 44.

199.『哲学原理』第二部第 36 節，A. T. VIII, p. 61.

200.『第 4 答弁』，A. T. VII, p. 236.「〈神が自らを，被造物が神によって保存されているのと同じように，ある積極的な作用力によって保存している，と私が言った箇所はどこにもない〉」．〔「第 2 答弁」を「第 4 答弁」と訂正〕

201.『哲学原理』第 1 部第 21 節〔A. T. VIII, p. 13〕，「〈……いわば不断に再生産する，つまり保存する……〉」．——『第 1 答弁』，*ibid*.〔A. T. VII〕, p. 118.「〈産出する，ないし保存する……〉」．

202.『〔世界論または〕光についての論考』，A. T. XI, p. 37.

203.『〔世界論または〕光についての論考』，A. T. XI, p. 44. 神は事物を同じ状態で保存するのではなく，「その瞬間にまさしくそうあるようなかたちで保存する」．

204. *Ibid*., pp. 37–38.

205. デカルト自然学〔物理学〕の神が創世記の神でないことは明らかである．

206.『〔世界論または〕光についての論考』，A. T. XI, p. 37. 自然の定義．

207.『方法序説』（*Disc. Met*.），A. T. VI, p. 45. 神は，世界を創造したのと同じ働きによって世界を保存しており，「それゆえ，たとえ神が最初はこの世界に混沌《カオス》の形しか与えなかったと仮定しても，同時に神が，自然法則を設定し，自然がいつもそのように働くよう協力を与えたとさえするならば，創造の奇跡を損なうことなく次のように信じうるのである．つまり，以上のことだけから，純粋に物質的なものはすべて時間とともに，現在われわれが見るようなものになりえたのだろう，と」．『光についての論考』は 34–35 頁で，混沌の諸部分はそのように「非常に完全なある世界」の形になるだろう，と付け加えている．

208. ライプニッツは種を，「内的本質」（『知性新論』第 3 部第 6 章第 15 節），事物に内在しており，その点でわれわれの知性には依存しない（同書，第 27, 29, 39 節）形相（同書，第 30 節），と見なしている．

209. デカルト『哲学原理』第 1 部第 21 節，ライプニッツ『批評』（*Animad.*）対応箇所．

210. Grua, *T*. p. 13.

211. P. II, p. 317.

212. GRUA, *T*. p. 12.

213. この問題については，筆者（ベラヴァル）の *Leibniz*，240–253 頁を参照.

214. *Monas dominatrix*〔〈支配するモナド〉〕, P. II, p. 486.

215. *Superadditum*〔〈さらに付け加えられた〉〕は，連続的創造についてそれを用いた聖トマスにおそらく由来する——例えば，『神学大全』I, 104, 1, ジルソンはこれを *Index*, 62–63 頁の，*Création* の下位語彙で引いている.

216. デ・ボス宛，1716 年 5 月 29 日，P. II, p. 517.「〈というのも，二つのモナドを結び付けている秩序ないし関係は，どちらかのモナドの内にあるのではなく，等しく両者の内に同時に，すなわち，実際にはどちらの内にでもなく，ただ精神の内にのみある．あなたはこのような関係を，実在的紐帯もしくは何らかの実体的なものを付け加える［強調は筆者］ことなしには，理解できない．それ〔実在的紐帯もしくは何らかの実体的なもの〕は，共通の述語や様態，もしくは〔モナドを〕結び付けている述語や様態の基体である〉」．そして 517–518 頁で，ライプニッツはまた次のようにはっきり述べている．「〈複合実体は，形相的には，諸モナドとそれら同士の下位秩序とに存しているのではない．もしそうだとしたら，それは単なる寄せ集め，つまり偶有的な存在になってしまうからである……〉」．

217. デ・ボス宛，1715 年 4 月 29 日，P. II, p. 495.「〈もし現象を実在化する，あるいはむしろ現象を実体化する実在的結合があるとすると……〉」．

218. 同〔デ・ボス〕宛，1716 年 5 月 29 日，*ibid*., p. 517.「〈寄せ集めは諸部分へと分解するが，複合実体はそのようなことはない……〉」．

219. デ・フォルダー宛，1703 年 6 月，P. II, p. 252.

220. デ・ボス宛，1715 年 8 月 19 日，*ibid*., p. 503.

221. 現象的原因という観念そのものが現象の実効性を含意している．なぜなら，ライプニッツが明言しているように，現象も一つの実在であるからである．

222. *Op. cit*.〔ブランシュヴィック『人間的経験と物理的因果性』〕, p. 221.

223. *Ibid*., p. 185.

224. *Ibid*., pp. 185, 187.

225. *Ibid*., p. 185.『〔数理哲学の〕諸段階』（*Etapes*）のなかで，ブランシュヴィックがアリストテレスの概念論的論理を数学の論理に対立させようとしたことが，思い出される．

226. *Ibid*., p. 189.

227. *Ibid*., pp. 188–189.

228. *Ibid*., p. 196.

229. *Ibid*., p. 211.

230. *Ibid*., p. 195.

231. *Ibid*., p. 221.

232. *Ibid*., pp. 224–226.

233. ダランベール『哲学原論』(D'ALEMBERT: *Essai sur les éléments de Philosophie…*) (*Œuvres*, Paris, 1805), t. II, p. 386;『力学概論』*Traité de Dynamique* (Paris, 1758), p. XVI.——ヴォルテール『ニュートン哲学原論』(VOLTAIRE: *Eléments de la Philosophie de Newton*), I, chap. X. [*Œuvres*, Ed. L. Thiesse, Paris, 1829, t. XLIII, p. 111].

234. *Op. cit*.〔ブランシュヴィック『人間的経験と物理的因果性』〕, p. 241.

235. *Op. cit*., p. 215, note 1.

236.『〔数理哲学の〕諸段階』(*Les Etapes…*), とくに239頁, 現実的実在論についての注1. もう一度言うが, 二つの論理の区別はアリストテレスによって示されている.『形而上学』Δ. 11〔第五巻第十一章〕. 1018 b. 33–34.〈説明方式においては〉(κατά τόν λόγον), 普遍的なものの方が個別的なものよりもより先であり,〈感覚にとっては〉(κατά τήν aïsθησιν), 逆である.

237.『〔人間的経験と〕物理的因果性』(*Causalité physique*), p. 242.

238.「数学の観念性は, 可感的表象の見かけの現実性を分解する手段を与えてきた. つまり, そうした観念性は形而上学的構成の現実性によって阻止される」, とブランシュヴィックは指摘している.『〔数理哲学の〕諸段階』(*les Etapes…*), p. 239.

239.『第4答弁』,「他の部分への答弁——神について」, A. T. t. VII, p. 236.

240.「〈それ自身によってという言葉のこうした解釈が受け入れられたならば, 神の現実存在を論証するためのいかなる論拠も, 結果から得られることができなくなってしまうであろう……〉」. *Ibid*., p. 239.〔affectibus は effectibus の誤植〕

241. 神学者たちに応じるための, それゆえに神の本質に適用された類比が, 以下の箇所で展開されている. A. T. t. VII, pp. 239, 245.

242.〔フーシェ・ド・カレイユ〕『ライプニッツ, デカルト, スピノザ』(*Leibniz, Descartes et Spinoza, op. cit*.), pp. 143–141. ジャン・ヴァール氏が,〈原因すなわち理由〉という定式もデカルトの定式として受け入れていることを付け加えておこう.『〔デカルト哲学における〕瞬間の観念の役割について』(*Du rôle de l'idée d'instant…*), p. 17;『形而上学概論』(*Traité de Métaphysique*), p. 242.

243. 452頁.

第七章　自然学の諸原理

1.『実在的現象を想像的現象から区別する仕方について』(*De modo distinguendi phaenomena realia ab imaginariis*), P. VII, p. 319 以下.

2.『人間的経験と物理的因果性』(*L'expérience humaine et la causalité physique*), p. 191.

3.『知性新論』第4部第6章第13節, P. V, pp. 386–387. 確実性はもはや明証性の同義語ではなくなっている.

4.『批評』「第4節について」, P. IV, p. 356:「〈感覚的なものごとについては, それらがお互いの間でも, また疑い得ない諸理由とも合致しており, それゆえに過去の諸事象から未来の諸事象がある程度は予見し得るであろう, ということ以上の何ごともわれわれは知り得ないであろうし, また望むべきでもないのである.〉」

5. スピノザ『エティカ』第2部定理44を参照. ライプニッツ本人も自らがスピノザ主義に近づいていると感じていた.「〈私は, 何ごともたまたま, あるいは偶然によって生じることはなく, そう見えるのはある特定の諸実体だけに注目するからであり, 運命とは区別された偶運などは空虚な名称だと考えていたので……,〔その頃は〕次のように考える人々とほとんど同じ見解を抱いていた. すなわち, 一切は絶対的に必然であり, たとえ必然性のもとに置かれていようとも強制を免れてさえいればそれで充分自由であると判断して, 絶対間違いのないこと, すなわち確実に真であると知られたことを必然的なことから区別しないような人々である.〉」『自由について』(*De libertate*), FOUCHER DE CAREIL, *Nouvelles letters et opuscules inédits de Leibniz*, p. 178［A, VI, 4–B, p. 1653］.

6. ヴォルテールは「〔シャトレ夫人の〕『物理学教程』の解説」(*Exposition du livre des Institutions physiques*) の中で次のように皮肉った. ライプニッツは「各々のモナドが残りの世界全体と関係をもつと主張する. そこで次のような問題を解くよう求められた. ある要素が与えられたとき, そこから宇宙の現在, 過去, 未来の状態を決定せよ. この問題はただ神によってのみ解かれる」.『ヴォルテール全集』第44巻 (*Œuvres complètes*, éd. cit), p. 189.

7.『人間的経験と物理的因果性』(*L'expérience humaine...*), p. 224.

8.「デカルトは生命的諸現象と心理的な諸事実との間に, 明晰判明な観念による方法では乗り越えがたい異質性という障壁を打ち立てた. ……精神的世界の諸現象と物質的世界の諸現象との間では, 法則の一般性が表現し得るのは……ただ継起の規則性ということだけである」. *Ibid*., pp. 241–242.

9. A. T. XI, p. 37〔『世界論』第7章〕:「……これらの変化がしたがう諸規則を, 私は自然の法則と名づける」とデカルトは述べている. ライプニッツは『形而上学叙説』において, とりわけ7, 16, 17, 28, 30の各節で「準則」,「下位の準則」について述べている. また, 第14節では, 各実体は神が見定めた「一定の諸理由あるいは諸法則」に従うと言われている. ただし, ライプニッツでは法則という語は論理学的な意味と結びつけられている. (cf. COUTURAT, *Op*., p. 15:「〈諸関係の法則〉」; p. 72,「記号学の諸記号にあてがわれた諸法

則」; p. 193,「〈三段論法の諸法則〉」等々.)

10. A. T. XI, p. 37〔『世界論』第 7 章〕.

11.「この世界について語るとき，私はそれを，事象の始まり以来の，物質的なものも非物質的なものも一緒に捉えられた被造物の宇宙全体，と解しています」.『クラークへの第四返書』「15 について」第 59 節，P. VII, p. 406.

12.「〈実際，系列の本質的で例外なく真であるような最初の諸法則は，宇宙を選択した際の神のすべての計画を内包しており，それゆえに諸々の奇跡までも含んでいるが，それらの諸法則からは，自然学的な必然性しか有していないけれどもより有力な何らかの目的原因を考慮した奇跡によるのでなければ破られることのない，下位の自然法則を導出することができる．さらに，これらの諸法則からは普遍性においてさらに劣る他の諸法則が導き出されるが，この種の中間的な普遍性を有するものの相互によってなされるそれら諸法則の論証は,（その一部が自然学となるのだが）神により被造物にも啓示され得るのである〉」. Couturat, *Op*., p. 19.

13. 例えば，次の箇所を参照.「私が説明した三つの法則（＝原理）以外には……」(A. T. XI, p. 47〔『世界論』第 7 章「この新しい世界の自然法則について」〕).『哲学原理』第 2 部第 36 節も参照せよ．同様に，ライプニッツも力（mv^2）の保存原理に「下位の準則あるいは法則」という名称を与えている（『形而上学叙説』第 17 節標題).

14.『哲学原理』「仏訳者への著者の手紙」A. T. IX（B), p. 2. 実を言えばここには両義性がある．すなわち,「原理」の定義が存在論的（「第一原因」）であると同時に認識論的（演繹の原理）なのである．もう少し後の 8 頁では，われわれは「重さと呼ばれるもの，すなわち〔物体を落下させる〕原因ないしは原理の本性が何であるか」をまったく認識していない，と書かれている.

15.「〈仮説とは，大きな有用性と成果を有し，それら自身に関わっていて他から知られた結論との一致によって確証されるような，ただし，まだわれわれには充分厳密に論証することができず，それゆえに，さしあたり仮定されるような，そのような諸命題のことである〉」. Couturat, *Op*., p. 33.

16. *Ibid*.

17.『世界論』, A. T. XI, p. 37.

18. *Ibid*., p. 38.

19. *Ibid*., pp. 38–43.

20. *Ibid*., pp. 43–47. 以下の最後の部分（pp. 46–47）を再読されたい.「現にある限りでの，そして直線運動である限りでのこの世界にあるすべての運動の作者はただ神のみであるが，物質のさまざまな状態がそれらの運動を不規則なものにし曲線的なものにする，と言わなければならない．同じように神学者たちも，神はまた，現にある限りでの，そして何らかの善を含む限りでのわれわれのすべての行為の作者である，と教えている」．つまり，われわれの意図が

まっすぐ（droit）である限りは，ということである．ライプニッツは1686年5月13日付のアルノーからの手紙について次のように注記した際，デカルトのこの一節を想起していたように思われる．「運動法則に依存する諸帰結や，あるいは，すべての精神は自らにとって最善にみえることへと向かう，という道徳の原理に依存する諸帰結」は，仮定的な必然性と結びつけられねばならない（P. II, p. 38）．

21．*Ibid*., p. 47:「すでに説明した三つの法則のほかには私は，数学者たちが自分たちのこの上なく確実で明証的な証明をいつもそれに依拠させてきた，かの永遠真理から間違いなく帰結する諸法則以外は何も仮定しようとは思わない」．

22．Couturat, *Log*., pp. 227–237.

23．すなわち，それらの諸原理は充足理由律から導き出される，ということである．「私は哲学者として出発するが，最後は神学者になる．私の大原理の一つは，何ごとも理由なしには生じない，というものである．これは哲学の原理である．しかしながら，結局は，それは神の叡知を認めることに他ならない．私はそのことを最初から語りはしないけれども」．ボーデマン『ライプニッツ手稿集』（Bodemann, *Der Leibniz-Handschriften*...），p. 58.

24．原子論者たちはニュートンよりもより多くの物質を世界に帰属させていた．「この点において彼ら〔の説〕はより好ましかったと私は考える．というのも，物質が多くあればあるほど，神には自らの叡知と力能を行使する機会がますます増えることになるからである．そして，他の理由よりもまさにこの理由から，私は空虚〔真空〕はまったく存在しないと主張する」．「クラークへの第二の手紙」，P. VII, p. 356. Cf. *Ibid*., pp. 365, 378, 396–397.『批評』第2部第8節から第9節についての箇所も参照．

25．アルノー宛1671年11初旬（R. II, I, p. 172）：「〈……静止している物体は存在せず，空虚な空間と異ならない，ということに私は気づきました〉」．

26．『第一哲学の改善と実体概念について』P. IV, p. 470.「〈……したがって物体的実体それ自体は（精神的実体に少しも劣らず）作用するのをやめることは決してないのであって，物体的実体の本質をただ延長のみに，あるいはそれに加えて不可入性のみに置き，つねに静止している物体を考えることを良しとしてきた人々は，この点を充分に見て取っていなかったように思われる〉」．

27．『形而上学叙説』第17節．さらに以下の『弁神論』第3部第346節（P. VI, pp. 319–320）を参照．「結果はその原因と力においてつねに等しい，あるいは同じことであるが，同一の力がつねに保存される，と想定することによって，これらの諸法則を説明できることが分かった．ただし，この公理は高次の哲学に属し，幾何学的には論証できないであろう」．

28．アダンの『ベーコンの哲学』（Ch. Adam, *Philosophie de Bacon*）について論じているブロシャールの『古代哲学と近代哲学の研究』（V. Brochard,

Etudes de philosophie ancienne et de philosophie modern, Paris, 1926), pp. 312–318. を参照．彼らの，機械論を介したベーコン的形相の解釈に対しては，ソルテの『近代哲学』第1巻（G. SORTAIS S. J., *La Philosophie moderne*, t. I, p. 388.）が反論している．

29．ライプニッツは1694年にトイツェルへの手紙の中で以下のように述懐している．「私はモリエールが死んだ当時，ちょうどパリに滞在しており，彼が演じるのも，またその後には彼の幽霊〔精神〕が演じるのも観ました」．グーラウアー『ライプニッツ』第1巻「補遺」（GUHRAUER, *G. W. Freiherr v. Leibniz*, t. I, Beilage）p. 20に引用．

30．「……第二元素の球体とか，有溝粒子とか，同じような虚構……」．P. IV, p. 348.

31．P. IV, p. 325.

32．「これに加えて，デカルト氏は化学を軽視していたが，化学なくして現行の自然学を進歩させることは不可能である．彼が塩類について述べていることは，それらに精通している者に哀れを催させるほどであって，彼がそれらの間にある差異を知らなかったということがよく分かる」．P. IV, p. 302. Cf. *Ibid*., pp. 308, 325, 348.

33．*Ibid*., pp. 328, 347.

34．*Ibid*., p. 308.

35．『批評』第2部第54–55節．さらに，『自然そのものについて』（*De ipsa Natura*...）第13節（P. IV, p. 514）では，はっきりと以下のように述べられている．絶対的な固体性は不可識別者〔同一〕の原理に反することになろう．そこからの帰結として，「〈……極端な固体性をもった微粒子も，最高度の稀薄性をもった流体も，至るところに浸透した微細な物質も，ある人々が第一元素もしくは第二元素と呼ぶ究極の元素も，自然のうちには見いだされない〉」．

36．『批評』第2部第40–44節（末尾）．P. IV, p. 375. さらに，1702年5月付けの断片も参照，*ibid*., p. 399. 自然の中では何ごとも飛躍しては生じないとしても「自然の美は際立った表象を必要とするので，飛躍という外見と，いわば現象における音楽的抑揚を求め，種を混ぜ合わせるのを楽しむ」．ただし，この『知性新論』第4部第16章第12節（P. V, p. 455）の一節は，変化の連続性よりはむしろ種の多様性に関するものである．

37．『自然そのものについて』第11節，*loc. cit*., pp. 510–511.

38．「渦動説はよく考えられてはいるが，レウキッポスやジョルダーノ・ブルーノやコペルニクスやギルバートやケプラーの考えをつなぎ合わせたもので，まだ性質についての語り方をしていた何人かの優れた著作家の表現を幾度か翻案して微細な物体についての語り方に直せば，考え方に大きな変化を加えなくても必ずや到達できたものである．というのも，知っての通りデカルト氏はかなりの書物を，自分が装っていた以上に多くの書物を読んでいたからである」．

P. IV, p. 348; P. II, p. 395. デカルトは「〈彼なりの流儀で著者を隠してはいたが〉」，ケプラーの諸発見を利用することができた．「〈ところで，私はデカルトが，自分の見解と充分に調停できなかったからなのか，それとも発見の成果に無知であったため，かくも見事に自然が〔それらの法則に〕従っているとは思わなかったからなのか，知られている限りでは，ケプラーにより発見された天体法則の説明をしようともしていないことにしばしば驚いた〉」．M. VI, p. 148, p. 162, さらに p. 195 も参照．

39. レオン・ブロック『ニュートンの哲学』（Léon BLOCH, *La Philosophie de Newton*, Paris, 1908）を参照．336 頁に次のような要約がある．「渦動についての仮説が覆されざるを得なかったのは万有引力の理論による．この理論によってデカルトの全体系は少しずつ信用を失っていった」．ホイヘンスは 1690 年 2 月 8 日付けでライプニッツに自らの『光についての論考』（*Traité de la Lumière*）を送った際，この点について以下のように警告していた．ホイヘンスは言う．あなた〔ライプニッツ〕はご自身の理論の中に「デカルト氏の渦動を取り入れておいでですが，これは私の見るところでは，もしもニュートン氏の体系を認めるならば余分なものになります．ニュートン氏の体系では惑星の運動は太陽に向かう重力とそれに釣り合う〈遠心力〉とによって説明されます．私の注記からもお分かり頂けるように，またそれなしでもあなたはお気づきにならずにはいられなかったでしょうが，デカルトの渦動説は多くの困難を生じさせたばかりか……」．『ホイヘンス全集』（Christian HUYGHENS, *Œuvres complètes* publiées par la Société hollandaise des sciences, 22 vol., La Haye, 1888 sq.）第 9 巻，p. 368.

40. A. T. X, p. 218, VIII, p. 325. モラン宛，1638 年 9 月 12 日，A. T. II, p. 368.

41. 『哲学原理』第 4 部第 201 節．A. T. IX（B), p. 319. ただし，この一文はラテン語版原典にはない（A. T. VIII, p. 324）．ピコ神父の翻訳が提起している諸問題に関しては，C. アダンの「緒言」を参照．A. T. IX（B), pp. vii sq.

42. 『哲学原理』第 4 部第 201 節．*Ibid*. ラテン語版ではただ次のように言われているだけである．「〈しかしながら，成長している木に一日の間に付け加わった微粒子がいったいどのようなものであるかを，かつて誰が感覚によって捉えたであろうか〉」．

43. 『動物の発生についての基礎的考察』（*Primae Cogitationes circa generationem animalium*），A. T. XI, pp. 534–535 を参照．そこでは「植物がそれらから生成する物質の部分」が引き合いに出されている．さらに，『解剖学抜粋集』（*Excerpta Anatomica*），p. 628 にある「粒子」も参照．

44. 『哲学原理』第 4 部第 201 節．Cf.〔ヘンリー・〕モア宛，1649 年 2 月 5 日，A. T. V, p. 268; 4 月 15 日，*ibid*., p. 341; 8 月，pp. 402 sq.

45. 『屈折光学』，A. T. VI, p. 111〔110 とあったのを訂正〕.

46. 刺激の力は感覚〔神経〕網の微細さとその末端を保護している皮膚の厚

さとに相対的である．『人間論』A. T. XI, p. 145.

47．『人間論』，*ibid*., p. 144.『哲学原理』第 4 部第 201 節．

48．『屈折光学』，p. 133.

49．*Ibid*., p. 134.

50．『人間論』，p. 145.

51．『哲学原理』第 4 部第 201 節．この同じ分割可能性が感覚〔神経〕網の微細な末端に適用されることで，白い表面が暗い表面よりも大きく見えることも説明されている．『屈折光学』，p. 146.

52．『哲学原理』第 4 部第 203 節．『人間論』，p. 121 には，次のようにある．「微細さのために」目にみえない人体の諸々の「部品」は，「それらに依存する運動」を論じることによって知られる．

53．『哲学原理』第 4 部第 205 節および第 206 節．

54．『批評』第 2 部,第 56 節，第 57 節．

55．『クラークへの第四返書』「38 について」，P. VII, p. 414.

56．P. IV, p. 302.

57．『知性新論』序文，P. V, p. 49. Cf. 同書第 4 部第 6 章第 7 節，p. 383.

58．メルセンヌ宛，1639 年 2 月 9 日，A. T. II, p. 497. ニューカスル侯宛，1646 年 11 月 23 日，A. T. IV, p. 570:「……というのも私は，すべての物体は同一の物質から作られており，それらの間の相違を生じさせているのは，ある物体を構成しているその物質の小さな部分が別の物体を構成している部分とは別の形をしているか，あるいは別の仕方で配列されているか，のいずれかによる以外にはない，と考えているからです」．

59．『気象学』第 3 講「塩について」，A. T. VI, pp. 263–264.

60．ニューカスル侯宛，1646 年 11 月 23 日，A. T. IV, p. 571–572:「水銀の性質につきましては，それを精確に知るために必要な実験をすべて行ったわけではありませんが，水銀があれほど流動的である理由は確言できると思っています．すなわち，それを構成している微細な諸部分が，きわめて一様できわめて滑りやすく，お互いと結びつくことがまったくできないからなのです……」等々．同様にデカルトはメルセンヌに対して（1640 年 12 月，A. T. III, p. 256〔257 とあったのを訂正〕)，自分は「金の諸部分が匂いの強い水の中でどのように動くのかを決定できるほどには金の性質を」知らず，ただ『気象学』の塩についての章を参照してもらうことしかできない，と認めていた．というのも，「目には見えない水の諸部分の運動を証明し得る実験は無数にある」からである．

61．『認識，真理，観念についての省察』，P. IV, pp. 422–423. 複数の感覚に共通する概念として，このテクストでは，数，大きさ，形態，希望や恐れのような魂の変状の多く，が挙げられている．「説明可能な」という語が取り上げられ，あわせて「知解可能な」とも言われている別のテクストでは（Coutu-

RAT, Op. p. 38), 堅さ, 流動性, 柔らかさ, 靱性などが列挙され, さらにその説明可能な, あるいは知解可能な特性のために, それらの概念は幾何学や力学において考察されるにふさわしい, と説明されている.

62. クーチュラ『ライプニッツの論理学』第4章および第9章を参照. pp. 87–88の註3には, 以下の引用がある.「〈表出 (*expressio*) とは, 表出されているものを表現する記号の集合体である. 表出の法則とは, 表出されるべきものの観念が〔当のものを構成する〕諸々のものの諸観念から構成されるように, 当のものの表出は, それらの〔当のものを構成する〕諸々のものの記号から構成されていなければならない, というものである.〉」

63.『知性新論』第3部第6章第14節, 第35節, 第10章第17節, 第11章第24節, 第4部第6章第4節, 第8節〔第7節とあったのを訂正〕.

64. 同書第4部第6章第8節.

65. 同書第3部第6章第24節. 同箇所ではデカルトが, 魂を人間の実体的形相とした点では是認され, 自然の中にその唯一の形相しか認めなかった点では批判されている. その上でライプニッツは次のように付け加えている.「生命のある身体も生命なき組織も, 内的構造によって種別化されるであろう」. 第13節では〔第6節とあったのを訂正〕言外に実体変化〔化体〕のことを念頭におきつつ,「内的構成に基づいていないような外的現れはないにもかかわらず」, 異なった構成から同一の現れが結果し得ることを認めていた. さらに後の第39節では次のように繰り返すことになる.「あなた方にあっては, どうしていつも徳性や真理や種をわれわれの臆見なり認識なりに依存させようとするのか, 私にはわからない. われわれがそのことを知っていようがいまいが, 認めようが認めまいが, 徳性や真理や種は自然のうちにあるのである」.

66. つい今し方の490頁を参照.

67.『知性新論』第4部第6章第4節, P. V, p. 381.

68. 同書第3部第6章第14節〔第13節〕, P. V, pp. 288–290.

69.『プロトガイア』では (*Protogaea*, éd. Engelhardt, Stuttgart, 1949, p. 40), 自然の創造物の生成が化学者により実験室で研究されている生成物と対比されている.「〈実際, 自然の世界のこの上もなく豊かな造物主は, 同じものを生み出すために多くの原因を用いることができるとはいえ, やはり多様性の中にも一貫性を愛する. さらに, ものごとを知るために重要なのは, それを生み出す方法をせめて一つでも手に入れることである. ちょうど幾何学者が図形を描く一つの作図法から当の図形のすべての特質を導き出すように〉」.

70.『プロトガイア』が示しているのは, 化学が, 種子〔諸々の基本成分〕(*semina*) から始められるこの種の考察を,「〈金属の生成〉」たとえば金の生成へ拡張することを可能にしている, ということである (*Ibid*., p. 42).『気象学』第3講で展開されている塩についてのまったくの機械論的な説明には,『プロトガイア』(pp. 12–16) が展開している, 塩の生成についてのガラス化による

化学的説明が対比されるべきである．「〈今までまったく観察されたことのないこうした自然の世界の生成から海の塩の起源も生じる〉」．

71. 先の 462 頁を参照．

72. エリザベト宛，1647 年 7 月，A. T. V, p. 65.

73. シャニュ宛，1647 年 6 月 6 日，A. T. V, p. 57.

74. 先の 431 頁を参照．

75. 『批評』第 2 部第 36 節，P. IV, p. 370:「〈……前に A がもっていただけの力を B が今もっているであろう．すなわち，現在の力と以前の力とは等しいであろう……〉」．

76. これはまた，プラトンの『パルメニデス』の三番目の仮定の中でも述べられていることである（156 d–e）．

77. ブランシュヴィック『人間的経験と物理的因果性』p. 186.

78. P. IV, p. 308. ゲルー『諸理由の順序によるデカルト』第 1 巻，p. 273 を参照せよ．

79. デ・フォルダー宛，1704 年 1 月 21 日，P. II, pp. 263–264.

80. Couturat: *Op*., p. 445.

81. 「1704 年 3 月『トレヴー紀要』のある箇所についての予定調和の体系の著者による注記」P. VI, p. 595:「デカルト派に対して，彼らによれば神が直接的に魂と身体の間に維持している一致は真の結合ではない，と反論したとすれば，私は大いに間違っているということを認めねばならない．なぜなら，私の予定調和説でも，確かにそれ以上に真の結合をもたらすことなどできないであろうから．……私が説明しようと試みたのは単に現象について，すなわち魂と身体の間にあるとわれわれが気づく関係について，にすぎない」．

82. 先の 480 頁参照．

83. 『形而上学叙説』第 13 節．

84. L. リアール『デカルト』（L. Liard, *Descartes*）第 2 巻第 4 章．

85. A. コイレ「概算の世界から精密さの領域へ」『クリティーク』第 28 号（1948 年 9 月）（A. Koyré, "Du monde de l'à peu près à l'univers de la précision", *Critique*, nº 28），p. 810.

86. C. E. アダン『デカルト，スピノザ，ライプニッツにおける方法について』（C. E. Adam, *De Methodo apud Cartesium, Spinozam et Leibnitium*, Paris, 1885），p. 26. 1624 年よりはむしろ 1629 年の方が想起されるかも知れない．その年〔1629 年〕の 3 月 20 日にシャイナーがフラスカーティで幻日を観察し〔，デカルトはこの現象についてレネリやメルセンヌから意見を求められ〕ている．Cf. A. T. I, p. 250.

87. シャニュ宛，1646 年 3 月 6 日，A. T. IV, p. 377.

88. G. ミヨー『科学者デカルト』（G. Milhaud, *Descartes savant*），pp. 199–210.

89．メルセンヌ宛，1640 年 3 月 11 日，A. T. III, p. 33. Cf. A. T. II, p. 589.

90．メルセンヌ宛，1639 年 4 月 30 日，A. T. II, p. 530. さらに，*ibid*., p. 29.

91．メルセンヌ宛，1640 年 1 月 29 日，A. T. III, p. 7. Cf.『規則論』XII, A. T. XI, p. 427.

92．メルセンヌ宛，1639 年 2 月 20 日，A. T. II, p. 525.

93．メルセンヌ宛，1646 年 11 月 2 日，A. T. IV, p. 555.

94．エリザベト宛，1648 年 1 月 31 日，A. T. V, p. 112.

95．X 宛，1648 年あるいは 1649 年，A. T. V, p. 261. Cf. pp. 170–171,『ビュルマンとの対話』.

96．シャニュ宛，1646 年 6 月 15 日，A. T. IV, p. 442.

97．フロモン宛，1637 年 10 月 3 日，A. T. I, p. 421. メルセンヌ宛，1640 年 8 月 30 日，A. T. III, p. 173.

98．メルセンヌ宛，1638 年 7 月 13 日，A. T. II, p. 224.

99．メルセンヌ宛，1632 年 5 月 10 日，A. T. I, p. 251, 同，1630 年 12 月 3 日，*ibid*., pp. 195–196.

100．Cf. A. T. V, pp. 99, 366, 367, 391. さらに，ミヨー『科学者デカルト』pp. 204–210 も参照．

101．シャニュ宛，1646 年 3 月 6 日，A. T. IV, p. 377:「雪の六角形〔結晶〕について 1635 年に私が行ったたった一度の観察が，私がそれについて論文を書くきっかけとなりました」．

102．G. ミヨー『科学者デカルト』p. 104, pp. 108–109.

103．*Ibid*., p. 196.

104．*Ibid*., pp. 208–212.

105．*Ibid*., p. 199.

106．*Ibid*., p. 194.

107．J. F. スコット『ルネ・デカルトの科学的業績』による引用（J. F. Scott, *The scientific Work of René Descartes*, London, 1952, pp. 164–165）．

108．『規則論』XIII の，振動する弦についての分析を参照．A. T. X, p. 432. ジルソンが註解している．ジルソン『序説註解』, pp. 205–206. デカルトは 1646 年 4 月 20 日にメルセンヌに宛てて次のように説明している（A. T. IV, p. 392）．「……経験〔実験〕を吟味する際に利用できる主要な手だては，さまざまな原因に依存することが少なく，真の理由をもっとも容易に発見できるような経験〔実験〕を選ぶことにある，と私は考えています」．

109．A. T. IV, pp. 380, 389, 391–392, 419, 511–512, 547–548, 552, 559 sq.

110．リアール，*loc. cit*., ブランシュヴィック『人間的経験と物理的因果性』, chap. cit., レオン・ブロック『ニュートンの哲学』, pp. 432 sq. ジャン・ヴァールも，実に見事に次のように述べている．「……一方における直観と他方における経験は，それぞれわれわれが自らの思考を，一方によって凝縮し，他方に

よって制限することが可能な手段であることになろう」．『デカルト哲学における瞬間の観念の役割について』（Jean WAHL, *Du rôle de l'idée de l'instant dans la philosophie de Descartes*, Paris, 1920），p. 3.

111．メルセンヌ宛，1639年2月9日，A. T. II, p. 497.

112．ジルソン『序説註解』，p. 451.

113．『方法序説』〔A. T. VI〕，p. 63. メルセンヌ宛，1630年12月23日，A. T. I, p. 196:「ある題材に関してあらゆる些細な特徴」まで探ろうとするほどに詮索好きであるべきではなく，「もっともありふれた，きわめて確実で，労なく知られるようなすべてのことがらを広く蒐集することを，主として行うべきでしょう」．

114．1631年夏のヴィルブレッシュー宛書簡のバイエによる要約，A. T. I, pp. 213–214:「われわれにはもっとも単純であるように見えるすべてのことがらが生起する原因と，自然の中におけるもっとも明晰であり，複合的であることがもっとも少ない諸結果とを考察する……．真正の力学とは（彼によれば）われわれが一般に自然と呼んでいる神の作品の表面に神自らが刻み込んだ秩序に他ならないので，彼の考えたところでは……」．

115．ピエール・デュエム『物理理論の目的と構造』（P. DUHEM, *La théorie physique, son objet et sa structure,*）p. 247.〔（邦訳）小林道夫・熊谷陽一・安孫子信訳，勁草書房，1991, p. 218.〕

116．L.ブロック『ニュートンの哲学』，p. 420.

117．クリスチャン・ホイヘンス宛，1691年3月2日，『ホイヘンス全集』第10巻，p. 52.

118．『批評』〔第2部〕第53節，P. IV, p. 381:「〈自らの諸規則が経験にはまったく反する，ということを見て取っていたであろうから，それらを用いるのは困難であるとデカルトは認めていた．しかし，運動の真なる諸規則においては理性と経験の間の一致は驚くくらいであって，デカルトが恐れていたように見えるほど，周囲の状況が真なる諸規則の成功を妨げることはないのである．ところが，彼は〔それを恐れて〕逃げ道となる例外を準備していたのである．〉」

119．P. IV, p. 307:「……多くの実験を行ったり知ったりすることなしに自然的な諸物体の細部についての認識を期待するのは無茶というものである．」

120．『知性新論』第3部第6章第25節．Cf.『認識，真理，観念についての省察』，P. IV, p. 423.

121．『知性新論』第3部第6章第14節．

122．フリードリヒ・シュラーダー宛，1681年4月（?），R. II, I, p. 519.

123．『知性新論』第3部第6章第32節，第35節．

124．P. IV, p. 316.

125．*Ibid*., p. 348. ニケーズ宛，1692年6月5日，P. II, p. 535.

126．このようなイメージをクリスチャン・ホイヘンスに示唆したのはデカ

ルト自身であったように思われる．すなわち，デカルトは『世界論』第6章において（A. T. XI, pp. 31 sq.），自分は「私が……想像上の諸空間の中に生じさせるであろう」新しい世界を提示しているのであり，そこでわれわれは遠慮なく空想のままに物質〔のありよう〕を思い描いてみる，等としているのである．この「寓話」はダニエル神父により，彼の『デカルトの世界への旅』（*Voyage du Monde de Descartes*, 1691）で論戦のために利用されることとなった．

127．P. IV, 各所，例えば p. 349.

128．われわれが註解を付して公刊した〔ライプニッツの〕『風変わりなアイデア』（Drôle de pensée）を参照（*Nouvelle Revue Française*, nº 70, octobre 1958, pp. 754–768）．併せて，リヴォー『〔ライプニッツ手稿〕校訂目録』p. 252,「12. 応用数学」の項の摘要も参照されたい．ライプニッツの観察とは，そこでは結局は読書ノート〔書物から得た知見〕のことである．

129．ジャン・ガロア宛，1682年10月末，R. II, I, pp. 530–531.

130．ジャン・トルレ博士『ルネ・アントワーヌ・フェルショー・ド・レオミュールの生涯と著作の年譜』（Dr. Jean Torlais, *Chronologie de la vie et des Œuvres de René-Antoine Ferchault de Réaumur*, Rev. Hist. sc., t. XI, nº 1, 1958），p. 2. ライプニッツが提案し1711年にレオミュールが実施した実験は，「液体中に浸された物体は，液体中に支えられている限りは液体と同じ重さを示し液体全体の重さの一部となっているが，支えるのをやめて沈めた場合にはもはや液体の重さの一部にはならないことを証明する」ものであった．

131．『ヴォルテール全集』第43巻（*éd. cit.*），pp. 10–11. 周知の通り『プロトガイア』はビュフォンに影響を与えた．

132．例えば『哲学原理』第3部第46節；A. T. IX（B），p. 124:「そこから演繹されるであろう一切が経験と完全に一致しさえするならば」，いかなる仮説でも自由である．ラテン語版の方は，それほどの強調を示してはいない．A. T. VIII, p. 101:「〈そこから帰結する一切が経験と一致しさえすれば……〉」．

133．フリードリヒ・シュラーダー宛，1681年4月（?），R. II, I, pp. 518–519. その方法が提供してくれるであろう進歩についての同様の表現は1676年中頃のクロード・ペロー宛書簡にもある．*Ibid*., p. 263.

134．ロピタル宛，1696年1月15日，M. II, p. 308.

135．フーシェ宛（1687年），P. I, p. 393; デ・フォルダー宛，1699年4月3日，P. II, p. 174.

136．1693年2月26日付のホイヘンスからボイルへの書簡（『ホイヘンス全集』第10巻，p. 399以下）が，ライプニッツの考えを細部に至るまで明らかにしていると言えるかもしれない．「デカルト氏は自分の推測や虚構を真理と思わせる手段を見出していました．そして，『哲学原理』を読んだ人々には，面白くて本物の歴史と同じような印象を与える物語を読む人々に起こるのと似たようなことが起こりました．デカルトの微小粒子の諸形態と渦動説の目新し

さが彼らには大いに気に入ったのです……」.

137. すでに見てきたとおり，ライプニッツは経験〔実験〕の「過剰」を恐れていた.「充分なだけの所与の現象」を手に入れたと信じるのと同じく，「純粋数学，すなわち数と図形と運動を含んだ数学がついに完成され，あとに残るのは若者が推論を身につけるための訓練だけになる，と言い得る」とも信じていた. ドゥ・ラ・シェーズ神父（?）宛，1680 年 5 月（?），R. II, I, p. 511.

138. こうした言い回しは，すでに 1676 年にはライプニッツがデカルト的な静力学から動力学へと移行していたことを確証しているように思われる.

139. クロード・ペロー宛，R. II, I, p. 267.

140. フリードリヒ・シュラーダー宛，*loc. cit.*

141. ニケーズ宛，*loc. cit.*

142.『弁神論』「緒論」第 1 節，P. VI, p. 49.

143. *Ibid*., 第 2 節，p. 50:「かくして，自然〔学〕的必然性は慣習〔道徳〕的必然性に，すなわちその知恵にふさわしい賢者の選択に基づいていると言うことができる……」.『知性新論』第 4 部第 6 章第 13 節も参照. ここから歴史的な確実性の可能性が引き出されている. 同書第 4 部第 11 章第 1–10 節.

144. 例えば,『規則論』V（A. T. X, p. 380）を参照.「〈経験を蔑視し，まるでミネルヴァがユピテルの頭から生まれ出たように，真理が自分の頭から生まれるとでも思っている，かの哲学者たちもまた同様である〉」.

145.『弁神論』*ibid*.

146. ジビュー神父宛，1642 年 1 月 19 日，A. T. III, p. 479.

147.『認識，真理，観念についての省察』，P. IV, p. 426:「〈……その表象は，もっぱらこの上もなく微細な形態と運動の表象から構成されており……〉」. Couturat, *Op*., p. 190:「〈……混濁した性質がこうした構造から帰結する……〉」.

148.『認識，真理，観念についての省察』，*ibid*., Couturat, *Op., ibid*.『知性新論』第 4 部第 6 章第 7 節，P. V., p. 384:「それはちょうど，時計職人のもとで私が気づいた，歯車の素速い回転によってできる人工的な半透明の知覚の中から歯車の歯すなわち原因の観念を見分けることができないのと似たようなものである」.

149. Couturat, *Op*., p. 38.

150. *Ibid.*

151.〔『省察』〕「第 4 答弁」（アルノーに対する），A. T. IX（A), p. 177. エリザベト宛，1643 年 6 月 28 日，A. T. III, p. 694.『ビュルマンとの対話』1648 年 4 月 16 日，A. T. V, p. 163. アルノー宛，1648 年 7 月 29 日，A. T. V, p. 222.『哲学原理』第 2 部第 2 節.

152. M. ゲルー『諸理由の順序によるデカルト』第 2 巻，p. 12.

153.『〔世界論または〕光についての論考』の冒頭で既に，デカルトは感覚的所与と物理的実在の間の並行論を断ち切っている. Cf. ブランシュヴィック

『人間的経験と物理的因果性』第 92 節．

154．『実在的現象を想像的現象から区別する仕方について』，P. VII, pp. 319 sq.

155．「現実存在」についての以下のテクストを参照．フーシェ・ド・カレイユ『ライプニッツの哲学について』第 1 巻，p. 11:「現実存在についての明晰な概念とは，感覚されるということの概念」に他ならない（フーシェ・ド・カレイユは 1666 年のものとしている）．Cf. ヤゴディンスキー編『ライプニッツ神秘哲学原論・至高の存在について』〔A. VI–3, p. 466〕, 1675 年 12 月：「〈存在するとは知覚され得るということに他ならない〉」．Grua, *T.*, pp. 267–268〔A. VI–3, pp. 587–588〕,「現 実 存 在 に つ い て」（*De existentia*）（1676 年 12 月?）:「〈われわれは，ものが感覚されていると知解することの他には，いかなる現実存在の観念ももってはいない……．感覚する者がなければ，何ものも現実存在していないということになっていただろう〉」．

156．『哲学原理』第 1 部〔第 2 部とあったのを訂正〕第 4 節，A. T. IX（B），p. 26. ラテン語版（A. T. VIII, pp. 5–6）では，より簡潔に次のように述べられている．「〈……最初に，何らかの感覚的なもの，あるいは想像的なものが実在するかどうかを疑うことにしよう〉」．

157．『哲 学 原 理』第 4 部 第 204 節．ラ テ ン 語 版（A. T. VIII, p. 327）の「〈……私が書いたことが，すべての自然現象に精確に対応しさえするならば……〉」が，〔フランス語版では〕「……私が説明してきた諸原因が，それらの生み出し得る諸結果のすべてが世界においてわれわれが目にする諸結果と類似のものと認められるような諸原因であるならば……」（A. T. IX（B), p. 322）と訳されていることは意味深い．

158．後の 540 頁以下を参照．

159．*Ibid*.

160．『知性新論』の「序文」でライプニッツが注記しているように（P. V, p. 53），ロックが自らの『人間知性論』〔第 2 部〕第 8 章第 11 節の「物体は〔衝突の〕衝撃によるのでなければ作用しない」という主張を修正し，われわれには理解困難な引力についての仮説が，「神の力能をわれわれの限られた考えによって限定しようと望むのはあまりに傲慢であること」を証明している，としたのはニュートンを読んだ結果である．神や自然が意のままに使用できる無数の手段について 18 世紀が力説することになるのは，『哲学原理』第 4 部第 204 節に見られたようなデカルトの精神からではなく，逆に，ニュートンとロックを読んだ後で，デカルトの自然学全体を覆す可能性に依拠してのことである．すなわち，互いに還元不可能なさまざまな種類の力（衝撃力，引力，磁力，化学力，生命力）が存在する，ということである．

161．『批評』第 1 部第 4 節，P. IV, p. 356.『知性新論』第 4 部第 4 章第 2 節，P. V, p. 373:「偶然的で個別的な事象についての真理の基礎は，感覚的な諸現

象が，まさに叡知的諸真理が要求する通りに結びつくようになっている，その結果のうちにある」．

162．ただし，「表出的類似」は除く．それは写しではなく「秩序の関係」である．『知性新論』第2巻第8章第13節，〔P. V,〕p. 118.

163．この表出の観念を充分に考察しなかったために，デカルト派やロックは感覚的諸性質とそれらが表出している運動の間に恣意的な関係しか設定していない，とされる．『知性新論』「序文」（P. V, p. 49），第2部第8章第13節（p. 118），第4部第6章第7節（pp. 383–384）．

164．『哲学原理』第2部第3節の標題：「感覚はわれわれに事物の本性を教えず，ただ，それらがどのような点で有益であり有害であるか，を教える」．本文中では，「おそらくごくまれにか，あるいは偶然にか，でなければ」〔本性を教えない〕との留保が付けられている．

165．ゲルー『諸理由の順序によるデカルト』第2巻，とりわけ，pp. 127–156, 177–183を参照．

166．『知性新論』「序文」，P. V, p. 48.

167．Grua, *T.*, pp. 267–268〔A. VI–3, p. 588〕,「〈（現実存在についての）これ以外（の観念）はあり得ない．というのも，現実存在が本質そのものに含まれているのはただ必然的存在者の場合のみだからである〉」．

168．ゲルー『諸理由の順序によるデカルト』第1巻，p. 379, 第2巻，p. 97, p. 212.

169．『規則論』XII, A. T. X, p. 427. 同じく，メルセンヌ宛，1632年5月10日，A. T. I, p. 251; 天文学においてまず必要なのは，ベーコンが望んだように「いかなる理由も仮説も設定せずに」現象を蒐集することである．

170．『知性新論』第4部第7章第7節，P. V, p. 392.

171．Couturat, *Op.*, p. 38:「〈それゆえ，単純な諸性質は自然誌的記述（hisitoria）において扱われるべきである．〔すなわち，〕それらの諸性質が互いの間でも，また他の知解可能なものとの間でもいかにして結びつけられることを常としているか，が列挙されるのでなければならない〉」．《histoire》という語の（17世紀における）同様の用例が，すぐ上で引いたメルセンヌ宛書簡（1632年5月10日，A. T. I, p. 251）にある．「ヴェルラム〔フランシス・ベーコン〕の方法に従って，天体現象の自然誌的記述（histoire）を……」．

172．『弁神論』「緒論」第1–2節．

173．先の502頁を参照．

174．『世界論』，A. T. XI, p. 43.

175．メルセンヌ宛，1638年7月27日，A. T. II, p. 268; 同，1640年3月11日，A. T. III, p. 39; 同，1640年8月30日，*ibid.*, p. 173.

176．Couturat, *Op.*, pp. 335, 153; マルブランシュ宛，1699年3月13/23日．Cf. コンリング宛，1678年1月3日，P. I, p. 187:「〈実際，自然哲学はいわば

具体的数学に他なりません．具体的とはすなわち実践的な題材における，一言で言えば光学や音楽学のような，ということです〉」．

177．『哲学原理』第1部第57節．

178．同第55節．

179．同第55節，第58節．

180．同第59節．

181．同〔第2部〕第4節．

182．同〔第1部〕第65節．

183．同第69節．

184．モラン宛，1638年9月12日，〔A. T. II, p. 365.〕

185．メルセンヌ宛，1638年11月15日，A. T. II, p. 440:「私は微細な物質の諸部分は，その大きさの物体がそうであり得るのと同じ程度に硬い固体であると想像しますが，それらはわれわれの感覚を動かさず，性質についての名前はわれわれの感覚に関するものですから，厳密に言えば，そうした名前を物質の諸部分〔粒子〕に帰すことはできません．例えば，埃は硬くて重いとは言われず，むしろ小石との比較では柔らかく軽いと言われますが，しかしその部分の各々は小さな小石と同じ本性を有しています」．

186．メルセンヌ宛，1640年3月11日，A. T. III, p. 37.

187．『規則論』XII（A. T. X, p. 412）では，量を考察する抽象的なやり方と具体的なやり方とが区別されている．「〈それはちょうど，あなたがたが幾何学で何らかの量について……あることを仮定する場合には，たとえ自然学においてはしばしばその量の本性について別様に考えていたとしてもそうするのと同様である〉」．Cf. *ibid*., p. 418.

188．A. コイレ「概算の世界から精密さの領域へ」『クリティーク』第28号，p. 807.

189．R. II, I, p. 470.

190．*Ibid*., p. 472.

191．ドゥ・ラ・シェーズ神父宛，1680年5月（?），R. II, I, p. 511:「人はこれまで力学の問題を純粋な幾何学の問題に還元することができませんでしたが，それは運動法則が決定されていなかったからです」．

192．数学的要素（数，大きさ，形）と自然学的要素（運動，固さ）の区別については，Couturat, *Op*., p. 190を参照．理由律による数学から自然学への移行については，「クラーク宛第二書簡」，P. VII, pp. 355–356を参照．

193．Couturat, *Op*., p. 185.

194．第一質料と第二質料の区別については，ゲルー『ライプニッツの形而上学と動力学』及び，われわれの『ライプニッツ』229頁以下を参照．

195．Cf. メルセンヌ宛〔ブルダン神父へ〕，1640年7月29日，A. T. III, p. 112:「〈あたかも，形は量とは区別されなければならないと私が述べたことか

ら，一方はしかし他方とは切り離されない……ということをまるで私が思い起こす必要が大いにあるかのように……〉」．また，同，p. 113:「〈たとえ形は量なしには存在しないにしても，しかし量は変えずに形は変えられうるように〉」．——他方，コンリング宛，1678 年 3 月 19 日，P. I, p. 197:「〈運動は量ではありませんし，ましてや形もそうではありません．もっとも，どちらも量を受け入れはしますが〉」．

196. Couturat, Op., p. 348:「〈想像力は一般に二つのものに関わる．質と量，ないしは大きさと形にである．それらに基づいて，あるものとあるものは相似あるいは非相似，相等あるいは不等と言われる．そして相似についての考察が相等についての考察に少しも劣らず一般的数学に属していることは，幾何学のような特殊的数学がしばしば図形の相似を探究することからも明らかである〉」．

197.『形而上学叙説』第 6 節．

198.『幾何学』，A. T. VI, p. 412.

199. Couturat, *ibid*.「〈……いわば想像力の論理学に……〉」．

200. Couturat, *Op*., p. 525.（同じく，pp. 590–593 の『〈運動学者あるいは自然の力能と諸法則について（対話）〉』も参照．）——*Ibid*., p. 38.——ゲルー『ライプニッツの動力学と形而上学』pp. 24–26.

201. 同様に，デカルトの運動体は実在の原理，すなわち不可識別者〔同一〕の原理にも反することになるだろう．「〈延長ないしは大きさ及び形とそれらの変様以外には何も内在していないような物体的実体は存在しない．というのも，もしもそうであるとすれば互いに完全に同じような物体的実体が二つ現実存在し得ることになるが，それは不条理だからである．ここから，物体的実体の中には魂に類比的な，形相と呼ばれる何ものかが存在することが帰結する〉」．Couturat, *Op*., p. 522.

202.『批評』第 2 部第 54–55 節，P. IV, p. 388:「〈……固さないしは凝集性の理由……〉」．

203. *Ibid*., p. 385.

204. ライプニッツが諸々の定義の目録の中に入れたと思われる定義に次のものがある．Couturat, *Op*., p. 475:「〈同時に存在し得るものは〔互いに〕親和的（*consistens*）である〉」．

205. P. II, pp. 161–162. そこでは弾性が〈事象の秩序と形而上学的原理から〉導き出されている．

206. 運動は「延長の変様にして近傍の変化でしかない限りにおいては，何かしら想像的なところを含んでいますから，運動の原因となっていて物体的実体の中にある力に訴えるのでなければ，変化しているもののうちのどの主体に運動が属しているのかを決定することはできません」．アルノー宛，1687 年 4 月 30 日，P. II, p. 98.

207. この「必ずや」をデカルトはガリレオに反対して否定している（メル

センヌ宛，1638 年 10 月 11 日，A. T. II, p. 399)．彼は自由な〔他と連動していない〕運動においては速度があらゆる度合いを経ることを認める．例えば，空気の粒子と火の粒子の間に精気と呼ばれる粒子が存在することを証明するために（ヴォルスティウス宛，1643 年 6 月 19 日，A. T. III, p. 687)．衝突の運動においては彼はそのことを否定する．静止している球を叩く木槌の例において（メルセンヌ宛，1640 年 1 月 29 日，A. T. III, p. 9, 同，1641 年 11 月 17 日，*ibid.*, p. 451)．あるいはきわめて微小な物体に空中でぶつかる砲弾の例において（同，1642 年 11 月 17 日，*ibid.*, pp. 592–593)．

208.『パキディウスからフィラレーテスへ』，COUTURAT, *Op.*, p. 621:「〈私は幾何学においてこれらの無限に小さな空間や時間を，たとえ想像的なものであるとしても発見のためには認めたいと思っています．ただし自然の中においても認められるかどうかについては躊躇しますが．〉」――『ベール氏の批評的辞典第二版ロラリウスの項に所載の予定調和説についての見解への回答』〔以下，『ベール氏への回答』と略〕，P. IV, pp. 568–569.

209. ドゥ・ラ・シェーズ神父宛，1680 年 5 月（?），R. II, I, p. 511.――1691 年 9 月 11/12 日付けのホイヘンス宛書簡ではライプニッツは次のように続けている．「私は，まだ今世紀のうちにわれわれが数と図形についての解析を少なくとも主要な点に関しては完成させ，〈人類をこの関心事から解放して〉，これからは人間精神の洞察力の一切を自然学に向けられるようになることを期待しています」(M. II, pp. 107–108)．さらに同年 12 月 29 日付けの書簡では，幾何学と算術の完成ということで何を考えているかを説明している．「常に解法を与えられること，あるいはそれが不可能なことを証明できること……」，例えば，「ディオファントスの問題と類似の問題を有理数の範囲で解くことができるかどうか，あるいは通常の幾何学によって求積ができるかどうか〔を見て取れること〕」がそれである．ただしその完成とは，われわれが「最善のやり方によって」，「もっとも近道をして」解法を導いたりその不可能性を証明したりできることを意味しているわけではない（*Ibid.*, p. 125)．

210. P. IV, p. 569. ここで思い起こされるのは，微分量という観念を形成しようとする際の想像力の困惑――ライプニッツは数学を〈想像力の論理学〉と定義していた――を描き出しているバークリーの『アナリスト』である．「知性はその分析でもってこの捉えどころのない観念を追求すればするほど，ますます道を見失い途方に暮れてしまう．最初から捉えがたくきわめて小さかった対象は目に見えないところに消え去ってしまう」(ルロワ訳，p. 11)．ヒュームの方は，『人間本性論』第 1 巻第 2 部第 1 節〔「われわれの空間と時間の観念の無限分割可能性について」〕で次のように述べている．想像力は最小のものへと至るが，それはさらなる分割を考えることができず「完全な無化によるのでなければ」減少させることもできないようなものである．

211. COUTURAT, *Op.*, p. 334.

212. テオドール・クラーネン宛，1679 年 6 月，R. II, I, p. 471.

213. フランス・ファン・スホーテンからクリスチャン・ホイヘンス宛，1658 年 9 月 19 日，『ホイヘンス全集』第 2 巻，pp. 221–222. Cf.『知性新論』第 4 部第 7 章第 11 節，P. V, p. 396:「もしも発見者が個別的な真理しか見出さないのなら，その者は生半可な発見者でしかない」.

214.『批評』第 2 部第 64 節，P. IV, p. 391:「〈これら〔完全な理由の諸原理〕が一般的な考察の中でまさに最初に確立され，その後で，自然現象の理由が与えられたときに，一切は機械的に説明され得る……〉」.

215.「第三省察」，A. T. IX（A）, p. 31.

216. L. ブロック『ニュートンの哲学』p. 338, p. 348. Cf. p. 450.

217.「第 5 省察」〔仏語版〕末尾.

218. ゲルー『諸理由の順序によるデカルト』第 2 巻，p. 97.

219. それ自体として取り上げられた感覚の真理は，現れの中でしか成り立たないことをデカルトは強調する．かくして，色に関しては，「私は哲学者たちが，真の色と偽りの色あるいは見かけだけの色とがある，と言う場合の区別を認めることができない．というのも，色の真の本性はすべてそう見えるということに他ならないのだから，色が偽りでありかつ色は見かけだけのものであると言うのは矛盾であるように私には思われるからである」.『気象学』第 8 講，A. T. VI, p. 335.

220.『気象学』，*ibid.*, pp. 330–334.『屈折光学』〔第 1 講〕でも詳述されている．*Ibid.*, pp. 84–85. Cf. メルセンヌ宛，1638 年 12 月，A. T. II, p. 468:「色の違いは，これらの球が左から右へよりもむしろ右から左へ，あるいはその他の仕方で押されることに由来するのでも，またそれらの球がより強くあるいはより弱く動かされることに由来するのでもなく，ただ，それらの直線運動と回転運動の間に成り立つさまざまな比率にのみ由来するのです．」

221. L. ブロック『ニュートンの哲学』pp. 355 sq.

222.「さらに，青や赤は，われわれがそれらについてもっている観念が混濁しているために，それらの観念によって論証のための素材を提供することはできない．これらの色は何らかの判明な観念を伴っていることが経験により見出される限りにおいてのみ推論に素材を提供しはするものの，その場合に色そのものの観念との結びつきは明白なものではない」.『知性新論』第 4 部第 2 章第 9–12 節，P. V, p. 352.

223.『モナドロジー』第 17 節.

224.『ベール氏への回答』，P. IV, p. 560. この箇所は，デカルトの『哲学原理』第 4 部第 188 節の以下の箇所への応答となっているように思われる．A. T. IX（B）, p. 310:「というのも，これまで私は，この地球および一般的に可視的世界の全体を，あたかもそれが機械にすぎず，そこには諸部分の形と運動以外考察すべきものは何もないかのように記述してきたからである．しかしなが

ら，われわれの感覚は他の多くのもの，すなわち色や匂いや音やその他すべての感覚的諸性質をわれわれに示していることは確かである……」.

225. ライプニッツがあたかもそうであるかのような言い方をするのは，『モナドロジー』第 17 節で用いていたような仮構の場合だけであり，形而上学的な厳密さを放棄している場合である．例えば，Couturat, *Op.*, p. 190:「〈……このような構造から結果する……〉」.

226.『ベール氏への回答』，*Ibid.*

227.『批評』第 2 部第 64 節，P. IV, p. 391.

228. P. VII, p. 10〔オルデンバーグ宛，1675 年 12 月 28 日〕:「〈実際，私は，一般に代数が証明することは何であれ，もっぱら，私が最近は記号法的結合法と呼び慣わしている，より高次の学の効用に他ならない，ということに気づきました．この学は，その名前を聞いて直ちに思い浮かびそうなものとはまったく異なったものです〉」.

229. P. VII, p. 23. Cf. Couturat, *Op.*, p. 155, pp. 190–191. 本書では，先の質記述学（Poeographie）についての箇所を参照.

230. 1678 年 3 月 19 日付のコンリング宛書簡において，ライプニッツが色の理性的認識について自問するとき，デカルトの『気象学』が念頭にあったことはおそらく間違いない．P. I, p. 197:「〈ある天使が私に，色の本性について判明に説明しようと望んだとしましょう……〉」．加えて，Couturat, *Op.*, pp. 190–191 も参照.

231. 結合法と代数という二つの方策の組合せについては，Couturat, *Op.*, pp. 335–336 を参照.

232. 先の第 6 章を参照.

233. A. コイレ「計測による実験」（“An experiment in Measurement”, *Proceedings of the American Philosophical Society*, vol. XCVII, 1952, nº 2）, p. 224 *b*.

234. L. ブロック『ニュートンの哲学』p. 352.

235. 1639 年 2 月 20 日と 4 月 30 日付でデカルトはドゥボーヌに「屈折の精確な計測」を感謝している．A. T. II, p. 512, p. 542.

236. L. ブロック『ニュートンの哲学』pp. 356–358.

237.「……私が扱ったのはまさに，とりわけ『気象学』の全体のようなもっぱら哲学のみに関わる主題であり，私の考えでは，哲学的な題材において数学的な証明があること以上に望ましいことはありません」．メルセンヌ宛，1640 年 8 月 30 日，A. T. III, p. 173. しかしながら，「著者の哲学的著作を理解するために数学は必要ありません．ただし，『屈折光学』の若干の箇所はおそらく例外です．それらは数学的ですので」．『ビュルマンとの対話』，A. T. V, p. 177.

238. 帰納に関しては，Couturat, *Log.*, p. 263 を参照．しかし後で見るように，実験的な帰納の役割はきわめて二義的である.

239. Cf.『実在的哲学に与しスコラ的諸性質や空想的な霊的存在の復興に反対する反野蛮の自然学者』(*Antibarbarus Physicus pro Philosophia Reali contra renovations qualitatum scholasticarum et intelligentiarum chimaericarum*), P. VII, p. 338:「〈しかしながら物体の真の力はただ一種類，すなわち，インペトゥスの圧力によって働く力のみである〉」.

240. L. ブロック『ニュートンの哲学』p. 318:「ライプニッツはこの道をさらに先まで進めた．数学が自然学において果たす機能は結合法的なものに他ならない．各々に記号法による徴表をあてがわれた一定数の観念が与えられれば，論理的諸法則により，あるいは結局は同じことになるが，数学的諸法則により，自然が実現し得るすべての観念の組合せを見出すことが可能になる……」.

241. ドゥボーヌ宛，1639年4月30日，A. T. II, p. 542:「……私の自然学の全体は力学に他ならないのですが，にもかかわらず私はこれまで速度の計測に依存する問題について特に吟味したことはありません」.

242. A. コイレ，前掲諸論文 *Critique*, nº 8, nº 28, *Proceedings of the Am. Philos. Society*, vol. XCVII.

243. A. コイレ「計測による実験」, *Proceedings*..., p. 234 *b*.

244. ゲルー『諸理由の順序によるデカルト』第2巻，p. 119; ジルソン『序説註解』, p. 197; J. ラポルト『デカルトの合理主義』, p. 320. 意味深いことに，アダン・タンヌリ版の『補遺』の「総索引」にもジルソンの『スコラ・デカルト索引』にも，「蓋然性」(probabilitas),「真らしさ」(verisimilitude),「蓋然的」(probable),「確からしさ」(vraisemblance), といった言葉は見つからない.

245. ジルソン『序説註解』, p. 234.

246. ラポルト，*ibid*. cf. p. 41, p. 216. 著者はデカルトが「確からしい」,「より合理的」,「より蓋然的」をやむを得ず受け入れている6つのケースを以下のように整理している．1. 動物＝機械仮説；2. 魂の不死性と死後の生の諸条件；3. 人間の胎児の意識状態；4. 総論を離れて後の自然学における実際上の確実性；5. *mv*〔運動量〕の保存；6. 動いているのは星々であるという一般民衆の臆見.

247.『知性新論』第4部第16章第5–9節，P. V, p. 448.

248. バーネット宛，1697年2月1/11日，P. III, p. 194.

249. Cf. M. カントール『数学史講義』(M. Cantor, *Vorlesungen über Geschichte der Mathematik*) 第2巻，ルカ・パチョーリ，カルダーノ，タルタリアの最初の試みについて.

250. *Ibid*., 第3巻第84章，pp. 35–53 (1668年から1699年まで)，第96章，pp. 316–346 (1700年から1726年まで).

251.「確率〔蓋然性〕を計算する新しい科学の最初の輪郭は，パスカル，ド・フェルマ両氏とともに」クリスチャン・ホイヘンスに負っている（第3巻，p. 382). ヤコブ・ベルヌーイの『推測法について』(*De Arte conjectandi*) は p.

356の註で言及されている．最後に「デ・ウィット氏は自分の祖国の国事を指導する立場にあり，もっぱら興味の対象としての幾何学的研究に没頭している時間はもはやなかった．しかし数学的才能に恵まれており，それを有益な目的の方へと向けた．そしてわれわれは彼を，寿命〔の長さ〕の見込み〔蓋然性〕や終身年金の掛金について検討した人々の筆頭に見出す…….さらに彼はこの主題のためにオランダ語の小さな著作を出版した…….ライプニッツ氏は，この点に関するわれわれの情報の入手先であるが，その著作を見てみたいと強く望んだ．だがそれはもはやオランダにおいてさえ見つからないと思われる」(p. 124)．その小論文とは『償還債券との比較による終身年金の価値』(*Waerdye von lyf-renten nar proportie van losrenten*) である．〔『数学の歴史』の〕ジェローム・ド・ラランドにより改訂された訂正第2版（〔革命暦〕10年，1802年5月）は，モンチュクラの残した書類に基づき，第3巻第5部第1冊の最後の46頁を確率〔蓋然性の〕計算に割いている．その歴史を回顧した後で (pp. 380–417)，編者は以下のような内容を締め括りとしている (pp. 417–426)．「この計算のさまざまな経済的・政治的問題への応用，例えば一人あたりもしくは複数あたりにおける終身年金の算定，生残移譲年金の算定，判決の正しさの蓋然性，選挙，保険その他への応用」．こうした応用の大部分はライプニッツの時代より後になって生まれたものである．すべて人文科学に関わり，自然学に関わるものは何もない．

252．そうした列挙は，COUTURAT, *Log*., pp. 239–252に見出せよう．

253．*Op. cit*., 第3巻，p. 342.

254．『単利についての法律的・数学的省察』(*Meditatio juridico-mathematica de interusurio simplice*)，M. VII, pp. 125–132. ブランシュヴィックによる注釈がある．『数理哲学の諸段階』，pp. 205–207.

255．『終身年金について』(*De reditibus ad vitam*)，M. VII, pp. 133–137.

256．K. V, pp. 326–327.

257．『人間の寿命及び親族の寿命に関する政治的計算の諸問題』(*Quaestiones calculi politici circa hominum vitam, et cognatae*)，*Ibid*., pp. 337–340. Cf. COUTURAT, *Log*., pp. 274–275.

258．MONTUCLA, *ibid*., pp. 147–148.

259．ロジャー・コーツ『平面及び球面の三角形の部分の変動を用いた混合数学における誤差の算定』(*Aestimatio errorum in mixta mathesi per variations partium trianguli plani et sphaerici*)，1722年．コーツの研究は天文学と測地学に応用されている．Cf. M. カントール，第3巻，p. 346.

260．ヤコブ・ベルヌーイ宛，1703年12月3日，M. III, pp. 83–84.

261．*Log*., p. 275.

262．ブルゲ宛，1714年3月22日，P. III, p. 570. 男女の出生率の等しさは，お気づきのように〈ア・プリオリ〉に仮定されている．

263.『方法序説』第 5 部, A. T. VI, pp. 45–46.

264. COUTURAT, *Log*., p. 250, 註 4 を参照．この必然性を強調しているテクストがリストアップされている．例えば,「カルダーノとともに，蓋然的なものについての論理学には必然的真理についての論理学とは別の推理があると言い得るだろう．しかし，それらの推理の蓋然性それ自体は必然的真理についての論理学の推理により論証されなければならない」(『知性新論』第 4 部第 17 章第 6 節).

265.『批評』第 2 部第 53 節〔第 63 節とあったのを訂正〕. 補間法についてモンチュクラ――あるいはラランド――によれば（『数学の歴史』第 2 版，p. 301),「その名称の最初の作者と思われるのは」ウォリスである．

266.『人間の寿命と人口についての若干の新たな推論の試み』, K. V, p. 328.

267. クーチュラによれば（*ibid*., p. 275)，ライプニッツにとって確率〔蓋然性〕の〈ア・ポステリオリ〉な使用についての問題は,「偶然性は決定論を妨げるのかどうか，あるいは，大数の法則は個別的には偶然的な現象を見かけ上の決定論に従属させるのかどうか」を知ることに帰着したが,「ライプニッツは自ら，偶然性は決定論を何ら排除せず，それを含意さえすると告白していただけに，この後者の命題を受け入れない理由などなかった」とされる．われわれはクーチュラにしたがうことはできない．偶然性は存在論の領域に属するのであり，その水準においては個別的な偶然は存在しない．すなわち一切は結びついており，一度創造された世界においてはすべては決定されている．決定論の問題は現象にしか関係せず，それゆえにわれわれの判断の様相にしか関係しないのである．

268.『知性新論』第 4 部第 15 章第 1–4 節，P. V, p. 439.

269.「第 5 省察」, A. T. IX（A), p. 51. 現実存在なしに本質を思考する能力については，ただしその逆はないことについては，1645 年ないしは 1646 年の宛先不明の書簡（A. T. IV, pp. 348–350）を参照．ここでわれわれは本質について，可能的な現実存在との関係においてのみ考察している．

270.『知性新論』第 4 部第 11 章第 13 節，P. V, pp. 428–429.

271. 同上，*ibid*., p. 428:「理性の一般的命題は必然的であるが，理性はまた，絶対的に一般的ではなく単に確からしいにすぎないような命題ももたらす．例えば，ある観念は，より厳密な探究によってその反対のことが発見されるまでは可能である，とわれわれが仮定するような場合である」.

272. ゾフィー選帝侯妃宛，1700 年 6 月 12 日，P. VII, pp. 553–554:「長い数列を試してみてこのことが成り立つと分かった」場合に,「人が無限に至るまで常にそうであろうと推測するのはもっともなことです．けれども，だからといって人はそのことの必然性も，源泉から汲み取られた，すなわち〈ア・プリオリ〉に論証的な理由に基づく原因も，見て取ってはいません」. 暗号文の解読については,『知性新論』第 4 部第 12 章第 13 節及び，デカルトの『哲学原

理』第4部第205節を参照.

273. 確からしさについて判断するためには,「諸々の想定それ自体が何らかの評価を受け,比較のための同質性へと帰着させられる必要がある」. P. VII, p. 167. 概念の同質性については, COUTURAT, *Op.*, pp. 141–142, 476, 564 を,記号の同質性については, pp. 102, 142 を,それぞれ参照.

274. 後の註291(p. 168)を参照.

275. 〈仮説ないしは可能的な原因〉. コンリング宛, 1678年1月3日, P. I, p. 186.

276. 『知性新論』第3部第6章第13節〔第14節とあったのを訂正〕, P. V, p. 289:「……現象それ自体は実在なのだから」. デカルトは「第三省察」で観念について同様のことを述べている.

277. 『哲学原理』第3部第15節, A. T. IX(B), p. 108. ラテン語版では以下の通り(A. T. VIII, p. 85).「〈諸々の想定は真なるものとしてではなく,ただ単に現象を説明するために好都合なものとして考察されている〉」.

278. 〔『哲学原理』第3部第44節.〕ラテン語版では以下の通り(A. T. VIII, p. 99).「〈もしも……一切が経験と合致するならば〉」.

279. 仮説はまた「寓話」としても登場し,「新しい世界の記述」へと至る.「さて,しばしの間,あなた方の思考をこの世界の外に向けて,私が想像上の空間の中で眼前に生じさせるまったく新しい別の世界をご覧いただきたい」.『世界論』〔第6章〕, A. T. XI, p. 31. こうした類の言い回しが,ダニエル神父に『デカルトの世界への旅』(*Voyage du Monde de Descartes*, Paris, 1691)を書かせるきっかけを与えることになった.

280. 『哲学原理』第3部第44–45節, A. T. IX(B), p. 123. 同じテーマは第4部第204節でも再度取り上げられている. *Ibid.*, p. 322. 天文学者たちが現象を記述するために用いる想像上の円の有用性については,『規則論』XII, A. T. X, p. 417 を参照.

281. 『批評』第1部第4節, P. IV, p. 356:「〈感覚的な事柄についてわれわれは,それらが互いに合致していたり,疑い得ない諸論拠と合致しているということ……以外には何も知ることができないし,また知ろうと望むべきでもない〉」.

282. Cf. M. ゲルー「デカルトとマルブランシュにおける形而上学と力の自然学」(M. GUEROULT, *Métaphysique et physique de la force chez Descartes et Malebranche*, Revue Métaphysique et Morale, 1954, nº 1), pp. 19–20.

283. 『哲学原理』第3部第43節,第4部第203節.

284. P. VII, p. 167.

285. 『哲学原理』第3部第43節.

286. 『哲学原理』「仏訳者への著者の手紙」, A. T. IX(B), p. 8.

287. 『知性新論』第4部第11章第13節, P. V, p. 428.

288. 『哲学原理』第 3 部第 43 節の標題：「それらからすべての現象を演繹し得るような諸原因が偽であるなどということは真には見えない〔確からしくない〕，ということ」．(ラテン語版では以下の通り．「〈それらから……諸原因が真でないなどということはほとんどあり得ない，ということ〉」．)

289. 『哲学原理』第 4 部第 199 節〔以降〕，とりわけ第 205 節．また「仏訳者への著者の手紙」，A. T. IX（B), p. 11.

290. 『知性新論』第 4 部第 16 章第 11 節，P. V, p. 451:「しかし，さまざまな民族の歴史が，一方が他方を写したようには見えない場合に互いに一致しているとき，それは真理の大きな証しである」．

291. 『知性新論』第 4 部第 12 章第 4 節，P. V, p. 432. Cf. コンリング宛，日付なし，P. I, p. 174:「〈仮説に，すべての現象を説明するに十分な簡潔さと明晰さ以外の何が望み得るでしょうか〉」．同，1678 年 3 月 19 日付，*ibid.*, pp. 195–196:「〈しかしながら仮説は，理解するのがより単純でありながらその力ないし力能においては豊かなほど，すなわちより多くの現象をより少ない想定から説明し得るほど，それだけ蓋然性を増すということは認めなければなりません〉」．Couturat, *Op.*, p. 515 には次のような犀利な表現もある．「〈要件がより少ないもの，ないしはより容易なものはより蓋然的である〉」(ライプニッツは〈より容易〉を，より実現可能という意味で解している)．

292. 『哲学原理』第 4 部第 203 節，A. T. IX（B), p. 321:「そしてその後に，われわれの感覚によって知覚される物体のうちにこれと似た結果を認めたときに，私はそれらがそのようにして生じ得たはずであると考えた」．〔ラテン語版では以下の通り〕「〈……それらはこれらの物体の同じような集合から生じたのだと判断した〉」．A. T. VIII, p. 326.

293. *Ibid.*「次に，自然の全体のうちにそれらを生じさせることができる他のいかなる原因も見いだすことはできないと思われたときに，私はそれらが間違いなくそのように生じたと信じた」．〔ラテン語版では以下の通り〕「〈とりわけ，それらを説明する仕方が他にまったく考え出され得ないと思われたときに〉」．

294. 『哲学原理』第 4 部第 204 節．

295. 同第 206 節．

296. 物体が世界の中に存在することの確実性に関して，第 206 節（『哲学原理』第 4 部）は「第 2 部冒頭で説明された既述の論拠」を指示している［A. T. IX（B), p. 324］．ライプニッツはこの論拠に対して，神はわれわれを欺く正当な動機をもち得る，と応じている．「〈……〔神は〕何らかの重大な理由のために別の悪を許容するように，われわれを欺くことも許容し得るのであり，そのことで欺く者と名指されはしないのである〉」．『批評』第 2 部第 1 節，P. IV, p. 367.

297. 『知性新論』第 4 部第 17 章第 6 節，P. V, p. 466.——第 4 部第 12 章第

4 節，*ibid.*, p. 432. Cf. COUTURAT, *Log.*, pp. 265–269.

298. 〔ヘンリー・〕モアからデカルトへ，1649 年 3 月 5 日，A. T. V, p. 309:「〈私の見るところでは，確かにあなたの自然学の真理性は，あれやこれやの事項の中で明白かつ露わに示されているというよりはむしろ，ご自身が〔『哲学原理』の〕第 4 部第 205 節できわめて正当にも警告されているように，全体の普遍的な構成や構造の中から輝き出るもののようです〉」．デカルト自身は『原理』第 4 部第 206 節で（A. T. IX（B), p. 324），自らの諸原理の明証性は，そこから演繹された「少なくとも主要でもっとも一般的な」事柄にまでは及んでいることが認められる，と期待している．

299. 『知性新論』第 4 部第 12 章第 13 節，P. V, p. 437.

300. J. ラポルトがこの偶然性から，*mv* という定式化がたんに妥当と見なせるものにすぎなかったと結論づけているのは，誤っているように思われる（『デカルトの合理主義』pp. 215–216）．というのも，このことの偶然性それ自体（神は別の世界も創造できた）は，創造された世界に関して誠実な神がわれわれに可能にしてくれている確実な認識とは何の関係もないからである．さらに，ジルソンが『方法序説』p. 76, l, 8–9 における「想定」という語を註解して引用している以下の各所も参照．A. T. I, pp. 563–564, VIII, p. 99, II, p. 142.「デカルトが自らの諸原理は想定であると言いたいのは，それらの依存している形而上学的な諸原理との関係においてであって，それらの原理に由来する自然学との関係においてではない……」．『序説註解』pp. 470–471.

301. 『批評』第 2 部第 54，55 節，P. IV, p. 385:「〈……なにがしかの真理も含まれてはいるが，あらゆる点で正しいとは私は思わない〉」，「〈……それゆえ〔堅さが〕物体の様態である〔とデカルトが推論した〕のは正しい〉」，「〈……それ（堅さ）がある部分の別の部分を伴わない運動にもっとも対立することを私は認める……〉」，p. 386:「〈それゆえ，堅さにおいて考察されるべきなのは静止よりもむしろ力であり，それによって，ある部分は別の部分を伴って動くのである〉」等々．

302. 『知性新論』第 4 部第 12 章第 1 節．一般的な理由は事例の中に「いわば組み込まれ色づけを施されている」．

303. 『哲学原理』第 4 部第 203 節，A. T. IX（B), p. 321.

304. 『知性新論』第 4 部第 16 章第 12 節，P. V, pp. 454–455.

305. 『哲学原理』「仏訳者への著者の手紙」，A. T. IX（B), p. 17.

306. 『知性新論』第 4 部第 12 章第 1 節，*loc. cit.*

307. ジルソン『序説註解』，pp. 210–213 を参照．

308. 『規則論』XI, A. T. X, p. 408:「〈……これ（＝演繹の複雑で曖昧な結論）に，われわれは枚挙ないしは帰納の名を与えたが，それは，この場合に演繹は知性により全体が同時に把握され得ず，その確実性はある程度記憶に依存するからである．すなわち，枚挙された個々の部分についての判断すべてから

何か一つの判断が導き出されるには，それらの判断が記憶に保持されていなければならないからである〉」.

309.『規則論』XII, A. T. X, pp. 430–431.

310.『知性新論』第3部第6章第14節，P. V, p. 291; 第4部第6章第8節，p. 385.

311.『知性新論』第4部第6章第8節，第3部第11章第11節.

312. ヤコブ・ベルヌーイ宛，1703年12月3日，M. III, p. 84:「〈……自然には確かに，さまざまな原因の反復から生じながらも，やはり〈たいていの場合にそうであるような〉（ὡς ἐπὶ τό πολὺ）習慣があるのです〉」.

313.『弁神論』「緒論」第65節，P. VI, p. 87.

314.『規則論』XII, A. T. X, p. 424.

315. デカルトについては『哲学原理』第4部第205節，A. T. IX（B）, p. 324, および1646年5月付エリザベト宛書簡の次の箇所を参照. A. T. IV, p. 407:「……血液の運動がいかなるものかを解読するために私が用いた自然学の原理のすべて……」. ライプニッツについては『知性新論』第4部第12章第6節，COUTURAT, *Log*., pp. 254, 269を参照.

316.『規則論』XII, A. T. X, p. 424.

317.『知性新論』第4部第16章第12節，P. V, p. 455.

318.『光学，反射光学及び屈折光学の唯一の原理』, *loc. cit*., p. 186:「〈それゆえ，デカルトともに自然学において目的因を退ける人々は，より重大なことはさておいたとしても，やはり非常に大きな誤謬をおかしているのであって，それというのも，目的因は，神の叡智を讃えるということばかりではなく，われわれがもっとも近接した作用因を利用したり，創造者がそれらの結果を産出し自らの目的を達成するために用いた仕組みを説明したりすることができるほどには，まだその内的な本性が充分明晰に認識されていない事物の諸性質を発見するための，きわめて美しい原理を提供してくれるからである〉」. さらに，『形而上学叙説』第22節，及び本書の451頁も参照. デカルトの衝突の法則は矛盾律に背いてはいないが，完全性の原理には背いている点で誤っている.「〈すなわち〔デカルトの規則には〕矛盾律に直ちに反するわけではないにしても，連続性の法則あるいはまた完全性の法則に反する点があるのである〉」. ボーデマン『ライプニッツ手稿集』（BODEMANN, *Der Leibniz-Handschriften*...）, p. 59. もちろん，合目的性によってわれわれが慣習的確実性を乗り越えることはない.「〈目的ないしは事象の秩序や生物の起源から得られることは，たとえ形而上学的な必然性をもたないとしても，慣習的確実性を提供してはくれるのである〉」. ヴォルフ宛，1710年，『ライプニッツ=クリスチャン・ヴォルフ往復書簡集』（ed. Gerhardt）, p. 126.

319. *Log*., p. 271.

320.『規則論』XII, A. T. X, p. 424. われわれに「〈必然的結合〉」を示すこと

のないこの不完全な演繹が，実際のところ帰納である．「〈個別的ないしは偶然的な事柄から〉」は，「個別的すなわち偶然的な……」と訳すべきかもしれない．

321．『知性新論』第4部第11章第13節，P. V, p. 428.

322．Couturat, *Op*., p. 174:「〈しかるに類比は，多くの場合に一致ないしは対立している事柄は類似の所与においてもまた最初の事例の通りに一致ないしは対立している，とわれわれが推量することに基づいている〉」．以下のカントによる定義と比較されたい．カントの定義によれば，類比とは「二つの事物の個別的類似から，種別化の原理にしたがい全体についての」結論を引き出すものである．「たとえば，多くの一致点が知られている一つの類に属する事物は，われわれがその類に属する若干のものにおいては知っているがその他のものについては気づいていない残りの点に関しても一致する，というように」．「多くの事例において，あることが成り立つならば，それはすべての事例についても成り立つ，とするのが帰納である．一つの事例において（他の事例においても成り立つ）多くのことが成り立つならば，それ以外のことも当の同じ事例において成り立つ，とするのが類比である」．『論理学』第84節（カッシーラー版第8巻，pp. 436–437）．類比が単なる論理的な「推量」になってしまうのは，ライプニッツにとってそれが蓋然的なものとして規定されているからである．「〈私は……確実性ないしは真理を全体のようなものとして，蓋然性を……部分のようなものとして考察する〉」．Cf. Couturat, *Log*., p. 245.

323．『哲学原理』「仏訳者への著者の手紙」，*loc. cit*.

324．『知性新論』第4部第11章第13節，*loc. cit*.

325．Couturat, *Op*., p. 40:「〈……地政学とは実のところ，……全人類と関連づけられたわれわれの国土の状態について〔の学問〕であり，歴史の全体と地理とを包括する〉」．

326．ダヴィエ（*op. cit*., p. 353）は，歴史を前にしたライプニッツに関して次のように述べている．「しかしながら，彼は歴史を真の学知と考えていたのだろうか．そう断定するのは難しい」．

327．P. IV, p. 348.

結　論

1．P. IV, p. 326.

2．*Ibid*., p. 330:「〈さらに，このあれほど自賛されたデカルトの方法（と信じられているもの）とは，宝物の代わりに炭を差しだすような代物である〉」．

3．*Ibid*., p. 278.

4．*Ibid*., p. 282, p. 276.

5．*Ibid*., p. 301.

6．*Ibid*., pp. 301, 313–314.

7. *Ibid*., p. 275:「〈自然哲学においてデカルトは，もっとも当然の権利をもって勝利を誇ることができる．ガリレオを別にすれば，デカルトに優っているどころか比較できるだけの相手を見つけるのも容易ではない，と言えるほどである〉」．

8. *Ibid*., pp. 302, 308; 276, 307.

9. *Ibid*., pp. 282, 316, 325; 307, 308–309, 313; 291, 298; 302–303.

10. *Ibid*., pp. 308, 313, 348; p. 276, p. 328.

11. *Ibid*., p. 313.

12. *Ibid*., pp. 302, 306, 318.

13. *Ibid*., p. 348.

14. *Ibid*., pp. 302, 309, 348.

15. *Ibid*., p. 397; pp. 339, 339–340; pp. 302, 316, 348; p. 314.——マサム夫人宛，1705年7月10日，Klopp, X, p. 290:「形成的自然に関してですが，私はそれを一般に受け入れておりますし，カドワース氏と同じく，動物はデモクリトスやデカルト氏が考えたように何か非有機的なものから機械的に形成されたのではないと考えています」．——ボーデマン『ライプニッツ手稿集』，p. 58.

16.『モナドロジー』第14節．

17. P. IV, pp. 405–406; pp. 275, 290, 292–294.

18. *Ibid*., pp. 285, 299.

19. *Ibid*., pp. 274, 284–285, 299, 314, 329, 344, p. 285.

20. *Ibid*., p. 469.

21. *Ibid*., p. 300,『モナドロジー』第14節．

22. P. IV, p. 300.

23. *Ibid*., p. 345.『弁神論』「緒論」第68–69節，P. VI, pp. 88–89.

24. *Ibid*., pp. 274, 308, 313, 393; p. 345; pp. 283, 289, 340, 393.

25. *Ibid*., p. 275.

26. A. T. I, pp. 136, 202, II, p. 152, IV, p. 411.——II, pp. 94, 388, 391, III, p. 283, IV, pp. 58–59.——I, p. 157, II, pp. 13–15, IV, pp. 392–393, 510.——III, p. 126, IV, pp. 141, 224.——I, p. 158…

27. F. de C., IV, p. L:「彼は生まれながらの外交官であった，とヴェラ氏は語り，これほどうまい言い方はないと考えていた」; p. XXXI:「デカルトには疎遠であった権利〔法的正義〕の観念がライプニッツの哲学を特徴づけているが，とりわけその政治学の根幹をなしている」．

28. A. リヴォー「ライプニッツの著作の批判的・年代的目録の準備」（A. Rivaud, *La préparation du Catalogue critique et chronoloique des Œuvres de Leibniz*, Extrait du Journal des savants, juillet-août 1906），p. 11.

29. P. IV, pp. 305, 311–312; pp. 302, 304, 322.

30. *Ibid*., pp. 347, 349, 286.

31. *Ibid*., pp. 287, 297, 304, 337, 348.

32. ハーコート・ブラウン『17世紀フランスにおける科学組織』(Harcourt BROWN, *Scientific Organizations in Seventeenth Century France* (1620–1680)) を参照.

33. P. IV, p. 297. また，ボーデマン『ライプニッツ手稿集』，p. 65では以下の点が付け加えられている．それら〔のアカデミー〕は「論証あるいは実験を求めると表明している」.

34. L. フォイエルバッハ『ライプニッツ哲学の叙述，発展，批判』(L. FEUERBACH, *Darstellung, Entwicklung und Kritik der Leibnitz'schen Philosophie*, Leipzig, 1844), pp. 4–8 を参照．フォイエルバッハはそこでヤコプ・ベーメの『宗教とその表象の限界内における哲学』を，カントの名高い『理性の限界内における宗教』と印象深い仕方で対比している.

35. ボーデマン『ライプニッツ手稿集』，p. 65, p. 58.〔引用原典中にはある「スピノザ」が抜け落ちていたので訳者が補った.〕——Klopp, IV, p. 454にも同様の記述がある.

36. 『弁神論』「緒論」第23節，第1–2節，P. VI, p. 64, pp. 49–50.

37. 『第一哲学の改善と実体概念について』，P. IV, 468–469.

38. P. IV, p. 286.